档案管理理论与研究

李飞翔 康馨心 王 剑 著

吉林科学技术出版社

图书在版编目（CIP）数据

档案管理理论与研究 / 李飞翔, 康馨心, 王剑著
. -- 长春 : 吉林科学技术出版社, 2022.9
ISBN 978-7-5578-9780-2

I. ①档… II. ①李… ②康… ③王… III. ①档案管
理—研究 IV. ①G271

中国版本图书馆 CIP 数据核字(2022)第 179494 号

档案管理理论与研究

著	李飞翔 康馨心 王 剑
出 版 人	宛 霞
责任编辑	孟祥北
封面设计	树人教育
制 版	北京荣玉印刷有限公司
幅面尺寸	185mm×260mm
字 数	320 千字
印 张	14
印 数	1–1500 册
版 次	2022年9月第1版
印 次	2023年4月第1次印刷

出 版	吉林科学技术出版社
发 行	吉林科学技术出版社
地 址	长春市福祉大路5788号
邮 编	130118

发行部电话/传真　0431-81629529 81629530 81629531
　　　　　　　　　81629532 81629533 81629534
储运部电话　0431-86059116
编辑部电话　0431-81629518
印　刷　三河市嵩川印刷有限公司

书 号	ISBN 978-7-5578-9780-2
定 价	80.00元

编审会

前　言

PREFACE

　　档案可以作为过去事件的文献证据，并协助解释和理解历史。档案一般是没有出版或公开的，并且和有很多相同复制本的书本或杂志不同，它很多时候只有一份。这意味着档案库和图书馆在职能和管理上颇为不同，档案库不能随便进入查看，但是图书馆可以凭借个人身份有效信息借阅书籍等资料。

　　针对档案本身的特殊性，由此衍生出了档案工作。档案工作就是用科学的原则和方法管理档案和档案事业的活动。全国档案工作，由各级档案管理机构集中地，分级、分专业负责地进行指导和监督。这些档案工作机构，在全国范围内形成一个星罗棋布、结构严密、体系完整、渠道畅通的档案事业体系。档案的收集就是按照党和国家的规定，通过例行的接收制度和专门的征集办法把各个地方的档案收集起来。当我们收集好档案之后，就要对档案进行相应的整理工作，档案整理工作，就是按照一定的原则和方法，把处于相对零乱状态的档案系统起来，以便于保管和利用。再整理好档案之后，就要对档案进行价值评估，档案价值的鉴定工作，就是档案馆（室）按照一定的原则标准和方法，甄别和判定档案真伪和价值，确定档案的保管期限。档案作为一种特殊的材料，在进行保管时必须要额外谨慎。同时在档案整理好之后，检索是存储和查找档案信息的过程，在档案工作中有着重要地位。档案除了作为一种文档，同时还能提供利用价值。所谓档案提供利用工作，就是指通过一定的方式和方法直接提供档案给利用者服务的工作，又称为"档案利用工作"。当档案数量庞大的时候，我们还要学会对档案进行统计。比如人事档案一般是指国家机构、社会组织在人事管理活动中形成的，记述和反映个人经历、德才能绩、工作表现的，以个人为单位集中保存起来以备查考的文字、表格及其他各种形式的历史记录。随着现代化的不断发展，档案的管理也进入新阶段，档案工作的现代化是社会发展的要求，是档案事业发展的必然趋势，将给档案工作带来巨大的变革。

目　录

第一章　档　案 ……………………………………………………… (1)

　　第一节　档案的定义 ……………………………………………… (1)

　　第二节　档案的作用 ……………………………………………… (3)

　　第三节　档案组成与分类 ………………………………………… (9)

第二章　档案工作概述 …………………………………………… (12)

　　第一节　档案工作的内容和性质 ………………………………… (12)

　　第二节　档案工作的基本原则 …………………………………… (17)

　　第三节　档案工作的组织 ………………………………………… (19)

第三章　档案的收集 ……………………………………………… (26)

　　第一节　档案收集工作概述 ……………………………………… (26)

　　第二节　档案馆（室）藏建设 …………………………………… (29)

　　第三节　档案室的收集工作 ……………………………………… (34)

　　第四节　档案馆的收集工作 ……………………………………… (37)

第四章　档案的整理 ……………………………………………… (43)

　　第一节　档案整理工作概述 ……………………………………… (43)

　　第二节　全宗 ……………………………………………………… (46)

　　第三节　全宗内档案的分类 ……………………………………… (53)

　　第四节　立卷 ……………………………………………………… (63)

　　第五节　立卷方法的改革 ………………………………………… (71)

　　第六节　卷内目录、案卷目录与档号 …………………………… (77)

　　第七节　档案整理中的组织管理 ………………………………… (83)

第五章　档案价值的鉴定 ………………………………………… (87)

　　第一节　档案价值鉴定工作概述 ………………………………… (87)

　　第二节　档案价值的特点和档案价值的因素 …………………… (88)

　　第三节　鉴定档案价值的原则与方法 …………………………… (94)

　　第四节　档案保管期限表 ………………………………………… (97)

　　第五节　档案鉴定工作的制度与组织 …………………………… (99)

第六章　档案的保管 ……………………………………………… (102)

　　第一节　档案保管工作的意义和任务 …………………………… (102)

第二节　档案保管的基本物质条件 ……………………………………… (104)

第三节　库房管理 …………………………………………………………… (107)

第七章　档案的检索 ……………………………………………………… (111)

第一节　档案检索工作概述 ………………………………………………… (111)

第二节　档案检索工具的作用和质量要求 ………………………………… (113)

第三节　档案检索工具的种类和符号 ……………………………………… (115)

第四节　档案著录 …………………………………………………………… (118)

第五节　档案标引 …………………………………………………………… (126)

第六节　中国档案分类法 …………………………………………………… (132)

第七节　中国档案主题词表 ………………………………………………… (137)

第八节　卡片式检索工具 …………………………………………………… (140)

第九节　书本式目录和指南 ………………………………………………… (147)

第十节　档案的计算机检索 ………………………………………………… (152)

第八章　档案的提供利用和编研工作 …………………………………… (155)

第一节　档案提供利用工作概述 …………………………………………… (155)

第二节　档案利用服务的方式 ……………………………………………… (158)

第三节　档案提供利用的宣传和参考咨询 ………………………………… (161)

第四节　开放档案 …………………………………………………………… (164)

第五节　档案馆（室）的编研工作 ………………………………………… (166)

第九章　人事档案 ………………………………………………………… (171)

第一节　人事档案和人事档案工作 ………………………………………… (171)

第二节　人事档案的收集和鉴别 …………………………………………… (176)

第三节　人事档案的整理与清理 …………………………………………… (181)

第四节　人事档案的保管范围、转递和查阅 ……………………………… (185)

第十章　档案工作的现代化 ……………………………………………… (193)

第一节　档案工作现代化概述 ……………………………………………… (193)

第二节　档案工作技术现代化 ……………………………………………… (195)

第三节　档案工作标准化 …………………………………………………… (198)

第四节　电子档案管理 ……………………………………………………… (206)

参考文献 …………………………………………………………………… (213)

第一章 档 案

第一节 档案的定义

一、档案的定义

根据《中华人民共和国档案法》及档案工作者的长期实践经验，档案界对档案定义的多次讨论，综合各方面的意见，对档案的定义表述如下：

档案是国家机关、社会组织和个人从事政治、军事、经济、科学、技术、文化、宗教等活动直接形成的对国家和社会有保存价值的各种文字、图表、声像等不同形式的历史记录。

这一定义的基本含义有以下几点。

（一）档案来源的广泛性

档案是各机关、社会组织和个人在其自身活动中形成的。档案的形成者大致可以概括为三种类型：一是官方性质的各种机关；二是半官方或非官方的各种社会组织（社会团体、宗教、公司等）；三是一定的个人（著名人物、著名家庭和家族）。这三种类型的形成者，既包括法律意义上的法人，也包括自然人。

档案又是来源于形成者特定的实践活动。比如国家机关、社会组织和个人，在其实践活动中，为了相互交往，上传下达和记录事情，必然产生和使用许多文件。日后经过整理保存起来，就成为档案。丰富的社会实践活动决定了档案来源和内容的广泛性，一定来源和内容的档案又具有内在的联系性。

（二）档案是由文件材料有条件地转化而来的

档案和文件既有密切联系，又有区别。档案的前身——各种文件材料是由一定的国家机关、社会组织或个人为了现实处理事务的需要而产生的，有些日后还需查考，因此被有意识有目的地保存下来，转化成了档案。"档案是处理事务的有意识的副面材料"，但不是一切文件都无条件地转化为档案，文件转化为档案一般要具备三个条件。

第一，办理完毕的文件才能作为档案保存，正在承办中的文件不是档案。文件是档案的前身，档案是文件的归宿。文件具有现行效用，档案一般地说来是完成了传达和记述等现行使命而备留查考的文件。所谓办理完毕是相对而言的，主要是指完成了文书处理程序，不能理解为一切文件都要把文中所说的事情全部办完才算"办理完毕"，而是指文件的承办告一段落。日常工作中，有三种情况，一是文件中所说的事情需要近期办理的，很快就办理完毕。 第二种是文件中所指的事情需要较长时间才能办完或者需要长期执行的，只要将文件经过签收、传阅，研究讨论和贯彻之后，也算办理完毕。第三种是不需要具体承办的文件，只要收发、圈阅等文书处理手续结束，就算办理完毕。还应指出，文件办理完毕或者转化为档案后，也并非完全失效。归档以后的文件，按其行政和法律效用来说，一部分是失效的，另一部分是仍然有效的。比如，宪法早已归档转化为档案了，但仍有法律效用。有的条约和契约合同，有效期是十年、几十年，虽然归档了，还有效用。

第二，对日后实际工作和科学研究活动有一定查考利用价值的文件，才有必要作为档案保存。工作中形成的文件不能都作为档案保存，只有日后有查考价值的，才能保存下来转化为档案。档案是经过人们鉴别挑选保留下来的文件材料。文件是形成档案的基础，档案是文件的精华，文件概不归档是不对的，"有文必档"也是不必要的。

第三，按照一定的规律集中保存起来，才能最后成为档案。以现代的一般档案来说，它是经过归档集中保存起来的文件。文件是档案的因素，档案是文件的组合。

明确认识文件转化为档案的条件，就可以弄清档案与文件的区别和联系，就会懂得档案的客观形成规律，有助于学会怎样完整地收集档案，怎样科学地鉴定档案的保存价值，自觉地做好档案工作。

（三）档案的形式是多种多样的

任何档案都以一定的物质形式存在和运动，长期的社会实践使档案的形式不断发展和变化，丰富多彩。①从载体材料上看，有龟甲兽骨、竹片木板、丝织缣帛、纸张、磁带、磁盘、光盘、胶片；②从信息记录在载体上的方法上看，有手写、刀刻、印刷、晒制、摄影、录音、录像等；③从表达方式上，可归纳为文字、图像、声音。档案的范围十分广泛，既包括党政机关的公务文件，也包括技术图纸、会计凭证、科学材料、影片、照片、录音带、录像带等。由于科学技术的发展，档案的形式还会更加丰富多彩。

（四）档案的本质属性

档案是人们社会活动的原始记录，原始记录性档案是最本质的属性。主要表现在档案是形成者在自身的职能活动中形成的各种文件材料转化来的，不是事后另行编写和随意收集的间接材料。它具有记录和反映机关、组织和著名人物活动的原始性材料，是历史的真迹和凭证，有着重要的查考使用价值。这也是档案区别于图书资料的主要特点之一。因此，作为档案保存的文件，大多是原本、原稿，而且往往只有一份，这又是档案宝贵的重要原因之一。

了解档案的定义及其含义，可以帮助我们认识档案的特点，弄清什么是档案，明确档案的本质属性和范围，掌握档案的一般形成规律，从而科学地管理档案，维护历史真迹，充分发挥档案在工作中的作用。

第二节 档案的作用

档案是宝贵的文化财富。档案之所以需要保存和世代相传，因为它具备特有的作用，人们在社会实践工作活动中需要利用。

一、档案凭证作用和参考作用

档案的作用是多方面的，概括起来最基本、最重要的是凭证作用和参考作用。这也称为档案的基本价值。

（一）档案的凭证作用

档案是历史的真凭实据，有法律效用，可作凭证。档案之所以有凭证作用，是由档案的形成规律及其本身的特点所决定的。

从档案的形成看，它是由当时直接使用的文件转化来的，记录了当时的原始情况，是工作和生产活动中形成的，不是随意收集和事后编写的材料，是形成者的思想和行为的真实记录，是令人信服的历史证据。所以，作为历史真迹的档案，具有无可置辩的证据作用。

从档案的形式上看，它保留着真切的历史标记。如当事人的亲笔手书或亲笔签字，机关或个人的印信，有的还是原来形象的照片和原声的录音。

由于档案是国家机关、社会组织以及个人从事社会实践活动的原始记录，是以往历史的客观写照，而且档案本身保留着真切的历史标记，因此，它可以成为查考、争辩、研究和处理问题的依据，具有不容置辩的凭证，而且它的这种凭证作用是档案不同于其他文献资料的基本特点。

档案的凭证作用历来受到人们的重视，人们利用档案作为凭证来进行处理各种问题。

（二）档案的参考作用

档案不仅记录了历史活动的事实经过，而且记录了人们在各种活动中的发展、科学研究的经验以及经济、文化艺术的创造成果。档案的内容是相当丰富的，它全面地、历史地反映了社会生活的各个阶段和各个方面，一个机关的档案是一个机关工作活动的历史记录。国家全部档案则是我们国家发展的历史记录。然而档案不是孤立地反映事物内容的单个材料，它是有机联系地反映一定活动的系统完整的材料整体。因此，它对人们查考既往情况，掌握历史材料，研究有关事物的发展进程和规律性，继承历史遗产，总结经验教训，都具有广泛的参考作用。

档案的参考作用，与图书、资料等参考材料相比较，虽然各有所长，但有以下几个特点：

第一，原始性和较强的可靠性。由于档案是文件转化来的，如实地记录了历史活动的真实情况，是宝贵的第一手原始材料，一般说来，这就比事后回忆、专门编写或口头介绍等资料具有更强的可靠性。

第二，可供参考内容的广泛性。档案来源于各个历史阶段和人类社会实践活动的各个方面，它是人类历史保存下来的精华记录，内容无所不包，能从多方面起参考作用。

第三，档案是从事工作和生产活动的必要依据，有时甚至是不可缺少的参考材料。

档案所具有的凭证和参考作用，在任何时期、对任何档案都是存在的，对于今天的档案建设同样有很大作用，档案的凭证与参考作用，构成了档案的基本价值——凭证与参考价值。

（三）怎样理解档案的真实性

由于档案是历史凭证，具有广泛的参考作用，所以人们把档案称作真实的历史记录。但档案的真实性和可靠性也是相对的，须用辩证法去理解。从总体来说，档案是一种比较可靠的历史材料，它反映了当时历史活动的客观进程。但从具体的档案材料来说，由于人们认识水平的局限性和复杂性以及其他各种原因，有些档案所记述的内容并不符合客观实际与历史事实，有的甚至是歪曲和诬陷。这种情况在旧政权档案中比较明显。我们党和国家机关以及其他单位形成的某些档案中，内容不真实的情况也并非个别现象。即使在正常的情况下，档案材料的某些内容也有失真之处是很难避免的。所以，只要档案上有的，不加分析，就认为百分之百正确，立即做出结论，也是不够客观的。但是，档案是历史上形成的，即使内容不够真实，它还是表达了当事人的意图，留下了当事人行为的痕迹，反映了当时的历史情况，就此而言，档案仍不失为真实的历史记录，仍然是有用的。档案是可以从正反两个方面进行研究和利用的，档案工作人员应坚持辩证唯物主义和历史唯物主义，既要辩证地看待档案的真实性和可靠性，又不能因为某些档案内容不真实或有问题，就把档案销毁，在档案中人为地造成一段"历史空白"；也不能认为档案内容有错误，就用现实的观点去加以"改造"，在档案上任意涂抹勾画，弄得面目全非，破坏了档案的原貌，影响对档案的研究和利用。档案无论内容是否真实，是不允许涂改的，只能进行某些考证，用备考表等形式加以说明，在提供利用的过程中，需要审慎从事，避免以讹传讹。总之，档案工作者应认识到，档案形成的真实性并不等于档案在反映社会史实方面的真实性。档案的可靠性，就是要从档案形成的真实性与档案内容的真实性的相互关系中考察。只要档案本身是真实的，即使内容不真实，也可以批判地加以利用。应当指出，档案中的赝品只是极少数，档案内容失实也是少数，绝大部分还是可靠的。

二、档案在社会主义革命和社会主义建设中的作用

档案的作用可表现于形成和使用的一切领域，具体表现在以下几个方面：

(一) 档案是单位工作必须查考的材料

党政机关、团体、社会组织为了有效地进行工作，必须加强调查研究，充分占有材料⌃档案是单位过去工作活动的记录，单位领导和工作人员熟悉情况，总结经验，制定计划，处理问题，常常需要从档案中查考过去的记载。如果有档案可查，许多问题就可以迎刃而解，工作得以顺利进行。20世纪七八十年代落实干部政策时，有的机关档案材料比较齐全，很快就解决了问题。一些落实干部政策的工作人员深有感触地说："这个难题，没有出楼，没有外调，没花一分钱，就解决了历史上遗留的这些时间久远的复杂问题。"有些单位由于档案散失，"无案可查"吃了苦头，给工作增加了许多困难。无数事实证明，单位各项工作都需要利用档案材料，充分发挥档案的作用，可以大大提高工作效率，有助于克服官僚主义，没有档案可查，就会给工作造成很大困难和损失。

(二) 档案可作为生产活动的依据和参考

档案记载了各种工作和生产活动的相关情况、成果、经验和教训，既是工作的记录，又是继续进行生产建设的必要条件。为了摸清历史和现状，普遍开展调查研究，充分利用当地的条件、优势，卓有成效地进行经济建设，人们纷纷查阅档案。有的制定经济建设规划和措施，要参考过去的档案材料，从中吸取经验教训；有的是因建设商业网点，查名牌产品，搞好企业的改革和适应市场经济的需要，查找利用档案；有的是研究本企业的发展，探讨如何提高生产和技术水平，也要参考档案材料。尤其是科学技术档案，更是进行现代化生产管理和科学技术管理的重要条件和必不可少的依据。在各项工作建设和经济管理中，因有完整的档案而能够节省大量人力、物力、财力，因没有档案或档案材料不全而造成重大事故、重大损失的事例是很多的，教训也很深刻，应当认真吸取。

(三) 档案可作为科学研究的必要条件

无论是社会科学还是自然科学，几乎所有的研究都借助于各种各样的档案。离开了档案，许多科研工作几乎无从谈起。在这里，具有首要意义的是要使科学家得到必要的图书、档案资料、技术资料和其他工作条件。1957年9月，国务院第57次全体会议批准的国务院科学规划委员会提出的《关于改进档案、资料工作的方案》中也说："国家的档案和资料是进行各方面工作和进行科学研究的依据。"

科学研究的发展，主要依赖于人类的实践，但同时它又有继承性，即继承前人进行科学实验的成果。因此，科学研究工作必须利用记录着前人研究成果的档案资料。所以人们常常比喻说，档案是进行科学研究不可缺少的"粮食"或"能源"。档案是历史的真实记录，是最可靠的第一手材料。编史修志更离不开档案，如果没有档案做依据，就难以准确地阐明历史事件，科学地总结历史发展规律。古人谓六经皆史，我国的史学名著，如《役记》《汉书》等，都是利用了档案才写成的。当代一些著名历史学家，都要求档案部门公布和提供档案材料。

(四) 档案可作为对群众进行宣传教育的生动素材

档案以原始性、真实性和可靠性的特点见长，可成为宣传教育的生动素材。利用档案写回忆录、著述、演讲，进行文艺创作，举办各种展览，都富有说服力和感染力。多年来，在宣传党的光荣历史、革命传统和老一辈无产阶级革命家的英雄事迹，对人民群众进行爱国主义教育等方面，档案都发挥了广泛的教育作用，取得了良好的效果。档案的内容是极为丰富的。在旧政权档案里，记载着反动统治阶级对广大劳动人民的残酷剥削和压迫以及劳动人民进行不屈不挠的英勇反抗斗争的史实；在革命历史档案里，记载着革命先辈在极其艰难困苦的情况下，为了实现崇高的革命理想和远大的革命目标而英勇奋斗的光辉业绩；在中华人民共和国的档案里，记载着我国人民在党的领导下，取得民主革命、社会主义革命和社会主义建设的伟大成就和经验教训，利用这些档案对广大人民群众进行宣传教育，能使我们看到革命胜利来之不易，更加热爱党，热爱社会主义祖国它可以激发起人民大众的革命激情，使人民坚定地沿着社会主义道路，为实现社会主义现代化而努力奋斗。

（五）档案是维护国家、集体、个人权益的法律信证

档案是人们从事社会实践活动的原始记录，以其内容和外形特征如实地反映以往既成事实，可以作为证实国家、集体和个人权益的法律信证。例如法律、法规、条约、协议、合同、名单、记录、报告、书信、账本、单据、存根、人事文件、各种证书、所有权状等，这些原始材料记载了人们的政治、经济和社会关系，各种事情的来龙去脉，各方面的权利义务以及当事人的资历、待遇和名誉。对过去工作与生产上成败得失的查证，行政人员违法渎职的审理，人们争执纠纷的评断，合同协议的履行，均可依此追查与分清责任。所以，档案是最有力的证据，它是法理与事实上最佳的法律信证。

三、档案发挥作用的特点

档案工作者不仅要了解档案最基本的作用，能在哪些方面起作用，而且应该研究和掌握档案发挥作用的特点。根据近年来档案界的探讨，档案发挥作用的特点可简要地概括为以下几个方面：

（一）档案作用的逐渐扩展

档案具有双重的作用，它的形成单位和社会都需要利用。档案形成之后，在一定时间内，主要使用者是形成单位。因为，档案作为单位履行职能活动的原始记录，是本单位了解既往情况，开展各项工作与生产活动，处理各种问题必须查找和利用的依据材料，形成单位对档案的利用，被人们称为档案的第一价值，它是促进本单位收集与保存档案的一种动力。随着时间的推移，档案对于形成单位的作用日趋淡化，但并不意味着档案作用的消失。档案作为党和国家的文化财富，其作用则逐渐向社会各方面扩展，国家各部门、各项工作和人民群众都需要利用档案，不仅今天要用，将来也要用，档案保存的时间越久远就越珍贵。社会各方面对档案的利用，被人们称为档案的第二价值，它是人们对档案的长远和全面利用。档案作用的逐渐扩展是就档案的第一价值向第二价值的转化而言的。

正确认识档案对它的形成单位与社会的双重作用以及处理好两者之间的关系，对

于档案工作有着重要的意义。形成单位利用档案主要在单位档案室阶段，社会利用档案主要在档案馆阶段。为了便于形成单位与社会对档案的利用，必须妥善界定两者之间的过渡周期，过渡时限的过早或过迟，都会影响档案作用的发挥。经过长期实践，我国已形成一整套档案管理制度，使档案的功能从服务于形成机关的职能需求逐渐扩展为服务于社会的多元需求，充分发挥档案长远的全面的利用价值。档案工作者应以辩证的观点认识档案作用的时效性与扩展性，全面地估计档案对建设和将来的作用，正确处理好局部与整体、当前与长远的关系。不

能因形成单位不用了就以为没有用而把档案烧掉，也不能只顾形成单位的需要，将重要的档案留在单位保存，而不向档案馆（室）移交；档案馆（室）接收档案又要考虑到形成单位利益的方便，不能过早地接收，给机关工作造成困难。集中保存起来的档案，既不能只顾眼前的利益，不采取各种保护措施，很快把档案原件损坏了，也不能只考虑长远保存，把档案锁起来，不提供利用。档案在单位档案室和在档案馆，发挥作用的对象与形式有所不同，管理方法也略有差异，单位档案室提供利用的对象是本单位工作人员，利用的主要方式是调阅原件，也可以短期出借给本单位的使用者，档案馆提供利用的对象是面向全社会，利用的方式，除了限于馆内阅览，一般不外借，还要更多地对外宣传报道，提供复制件、汇编等。

（二）档案机密程度的递减

档案信息具有内向性，无论是在单位档案室还是档案馆阶段，从整体上看，大都具有一定的保密性。档案在单位档案室阶段，只限于本单位使用，一般不对外提供。档案进入档案馆阶段，除某些特定涉及党和国家机密的档案仍需要保密外，大部分档案的机密性日益减弱直至消失，最终可以开放，广泛提供利用。

档案的机密性不是一成不变的，随着时间的推移和条件、地点的变化，档案的机密性也在发生变化，有的档案仍具有机密性，有的机密性减弱，降低了保密等级，有的则完全丧失机密性，可以开放。从总的趋向看，档案形成的时间愈久远，机密性愈弱，机密程度与保存时间成反比例。在社会实践中，忽视档案的机密性，应该保密的不保密，那是错误的，但档案确定密级后，就永远保密下去，看成一成不变，也是形而上学的。因此，应该不断地研究档案内容，合理地调整密级，逐渐扩大利用档案的范围，直至最终开放，广泛地发挥档案的作用。

档案作用的逐渐扩展和档案机密程度的递减，是档案开放的理论依据，也是档案馆由封闭型向开放型转变的理论基础。正确界定档案信息内向性向公开性转变的时限，做到既坚持适度的保密观念，又树立档案开放的思想，处理好利用与保密的关系，是档案工作一项长期的重要内容。

（三）档案在经济建设与科学研究方面的作用日益强化

档案是一种进行生产和繁荣科学文化的必要条件。随着历史的进程，特别是社会主义建设事业的发展，档案在经济建设、科学研究和文化教育方面的作用日益突出。档案主要服务于经济建设事业，充分发挥档案在社会主义现代化建设中的作用。

（四）档案作用的发挥取决于一定的条件

档案作用的发挥具有一定的潜在性，何时何地发挥作用，是难以预期确定的。档案的潜在作用能否发挥，发挥的大小，决定于社会的客观需求性和档案管理的条件性。

1. 受社会制度和社会发展水平的限制

社会制度与社会发展水平在一定程度上代表着社会文明程度，在科学技术和社会生产力高度发展的情况下，档案不仅是物质生产的动力，而且是人们社会精神生活的直接需求。因而，社会制度与社会发展水平越高，档案的作用就实现得越充分。社会主义制度的优越性为充分发挥档案的作用，使它造福于人民，开辟了广阔的道路。但要将可能性转化为现实性，仍需要有正确的路线、方针政策与合理的制度以及档案工作的较高发展水平等多种因素。如果指导思想有偏差，没有集中统一或集中统一过死，对利用与保密的关系处理不当，也会限制档案作用的发挥。1987年，《中华人民共和国档案法》以法律条文的形式做出开放档案的明确规定。由于路线和方针政策正确，档案的作用继续得到很好的发挥。档案工作者的光荣职责，就是通过多种渠道，开辟档案发挥作用的途径，不能局限在过去习惯的范围甚至僵化的概念之中。

2. 受社会档案意识强弱的影响

档案意识代表着人们对档案、档案工作的认识水平。档案的作用是客观存在的，但它的作用能否充分发挥，又受人们对档案、档案工作认识水平的限制和影响。半个多世纪档案工作的实践经验证明，档案的作用是随着人们对档案的重视和档案管理水平的提高而逐步扩大的。凡是人们对档案有认识的地方或单位，档案的作用发挥就较好。反之，有些人不了解档案的用处，有档案而不用，或者任意丢失与销毁档案，会给工作带来困难或造成损失。因此，档案部门应当经常宣传档案的作用，介绍本馆（室）收藏档案的内容，使人们知道档案的用处，知道档案馆（室）有什么档案可用。要做到这一点，必须解放思想，破除神秘观念。外国的档案部门通过做报告、展览、广播、电影、电视等方式介绍档案馆馆藏，吸引使用者到档案馆来利用档案，这样的经验很值得吸取。档案馆（室）不能坐等使用者上门，被动提供利用，要以多种方式积极主动地提供利用。

3. 受档案管理水平的制约

档案管理方法的科学与否，档案管理手段的先进与落后，档案管理物质条件的优劣，都制约着档案作用的发挥。档案工作开展得好，档案收集得齐全，整理得科学，又有各种检索工具，利用时间地点检索一索即得，档案的作用就能较好地发挥。反之，如果档案管理不善，成箱成包成捆，杂乱无章，查找一份文件或一个案卷犹如"沙里淘金""大海捞针"，档案的作用根本无法发挥。目前，我国档案管理水平还不够高，技术手段还不够先进，许多基层单位基本上还是手工管理，这在很大程度上影响了档案工作作用的发挥。我们必须努力改善档案管理的物质条件，强化科学管理，提高管理水平，加速实现管理手段现代化，以便使档案的作用能发挥出来。

第三节　档案组成与分类

一、档案全宗的组成

我国的档案数量庞大，内容丰富，是中华民族各族人民征服自然、改造自然伟大实践的原始记录，是炎黄子孙的历史记忆，也是中国人民长期从事生产建设、科学文化活动的经验凝结。面对这些内容丰富而又珍贵的档案宝藏，如何进行科学管理，如何开发档案信息资源，服务于社会主义现代化建设，这是当代档案工作者肩负的历史重任。档案分类在解决档案的科学管理与档案信息资源的开发利用中占有比较突出的地位。

二、档案分类的含义

档案分类是根据档案内容和形式的异同，分门别类地、系统地组织与揭示档案材料或信息的一种方法。它将彼此属性相同的档案材料或信息分别集中在一起，把彼此相异的档案材料或信息分开，成为有条理的系统，以满足特定的需要。

档案分类可以区分为广义和狭义。广义的档案分类，一是国家全部档案的分类，通常多称为档案种类的划分；二是档案实体分类；三是档案信息分类。狭义的档案分类是特指上述某一种分类。

国家全部档案的分类，是指对我国领土范围内从古至今形成的，各种载体形式、制作方法的全部档案材料的分类。它既包括归国家管理的档案材料，也包括归集体和个人管理的档案材料。国家全部档案分类是对我国现有全部档案材料进行最高层次的种类划分，用以从不同角度帮助人们具体地、形象地认识国家全部档案的面貌和特色，其作用主要是有助于国家对档案和档案工作的宏观管理。这对全国各级各类档案馆的设置，对档案馆网的组织以及对档案实体分类和档案信息分类具有一定的指导作用。

档案实体分类就是依据一定的标准，按照档案的来源、时间、内容和形式特征的异同点，对实实在在的档案进行有层次的区分，并构成一定的体系。它按照档案的本来形态，将内容作为一个整体来分类。档案实体分类能体现档案的形成规律与特点，最大限度地保持档案之间的历史联系，把以件（卷）（盒）档案组成的实体单位置于不同类别之中，确定档案的物理位置，然后依此顺序编制文件或案卷目录，使之系统化、固定化，实现了档案从分散到集中，从无序到有序，以整齐的排架分类，为档案实体的科学管理奠定基础。

档案信息分类是指以档案所记述的信息为对象进行分门别类，也称为档案目录信息的检索分类或简称档案检索分类。它将档案的载体形式与内容相分离，使后者脱离其前者的外壳而独立，从而失去了原有的物质形态而仅存其信息内容分类。档案信息分类在实际工作中主要表现为对每份文件或案卷进行分类标引，组织分类目录或索引，建立目录中心，完善检索体系，以便深入开发档案信息，实现资源共享。

三、档案种类的划分

人们根据档案的不同属性和科学管理档案的需要，分别采用不同的标准，从各种角度划分档案的种类。

1. 以历史进程的时间次序为划分标准，可划分为古代档案、近代档案、现代档案；或按我国现存的档案，朝代划分为唐朝档案、宋朝档案、元朝档案、明朝档案、清朝档案、民国档案、中华人民共和国档案；也可划分为中华人民共和国成立以前的档案和中华人民共和国档案。

2. 以档案形成者的性质为划分标准，可以划分为国家机关档案、党派团体档案、企业档案、事业单位档案、名人（人物）档案等。

3. 按照档案内容为划分标准，可分为党务档案、行政档案、军事档案、外交档案、科学技术档案、会计档案等多种门类或从宏观上划分为普通档案（党务档案、政务档案……）、专门档案（科学技术档案、人事档案、会计档案、公安档案、诉讼档案……）两大门类。

4. 按照档案的所有权为划分标准，可以分为国家所有档案、集体所有档案和个人所有档案。

5. 按照档案的载体形式为划分标准，可分为甲骨档案、金石档案、简牍档案、缣帛档案、纸质档案、胶片档案、磁带档案等。

6. 常用档案种类划分，有的分为文书档案、技术档案（也可以称为科技档案）；或分为文书档案、科技档案、影片照片录音档案（亦称声像档案）；还有的划分为文书档案、科技档案、专门档案。

上述档案种类的划分方法，各具一定的特点，尚在研讨之中。档案种类的划分是明确概念全部外延的逻辑方法，是将属概念分为所包含的种概念，从而使属概念的外延明确起来。档案种类的划分是在形式逻辑与实用性原则的指导下，由人们依据实践的需要而决定的。当某种划分失去时效时，它是可以改变的。档案划分具有临时性、不稳定性的特点。档案种类的划分可以用档案的任何一种属性或特征作为划分标准，其目的是从不同角度、不同侧面加深对档案概念的认识，随机性比较大，不必强求划一。只要这种划分有利于对档案的科学管理就应承认其合理性。

四、国家档案全宗

国家档案全宗是指归国家管理、监督和控制的一切档案财富的总和。国家档案全宗的实质，是解决档案所有权和国家档案管理的原则问题。建立国家档案全宗的目的，是为了统一、分级管理国家档案，维护国家档案的完整与安全，便于社会各方面的利用。

中华人民共和国国家档案全宗的构成，根据党和国家的有关文件，按历史时期划分为两大部分，如图1-1所示：

$$\text{国家档案全宗}\begin{cases}\text{中华人民共和国成立后的档案}\\\text{中华人民共和国成立以前的档案}\begin{cases}\text{革命政权档案}\\\text{旧政权档案}\end{cases}\end{cases}$$

图 1-1　档案全宗的构成

中华人民共和国成立后的档案。包括新中国成立以来党和国家的各机关、部队、团体、企业和事业单位的档案以及由国家征集或个人捐赠的某些著名人物形成的档案。这部分档案全面系统地反映了我国政治、经济、军事、科学、文化等各方面的情况，是我国进行社会主义革命和社会主义建设的历史记录。它是国家档案全宗中，数量最多、内容最丰富、保存最完整、实际利用价值最大，还在源源不断地产生着的最重要的组成部分。

在中华人民共和国成立以前这个大的历史时期内形成的档案，通常按其所属政权性质大致划分为革命政权档案和旧政权档案两种类型。

革命政权档案，又习惯称为革命历史档案。它主要是从 1919 年五四运动到 1949 年 10 月 1 日中华人民共和国成立以前整个新民主主义革命时期，中国共产党及其领导的人民政权、军队、团体、企业、事业单位和革命活动家所形成的档案。这部分档案记录了中国共产党领导全国人民进行革命斗争的历史，是研究党史、革命史、思想史，总结我国革命斗争经验，对人民进行革命教育的珍贵史料由于长期的革命战争和敌人的破坏，这些档案资料迄今保存下来的数量不多了。

旧政权档案是一个习惯称呼。它包括中华人民共和国成立以前历代王朝、"中华民国""北洋军阀""日伪时期"的所有机关、军队、企业、事业单位、反动党、团、会道门的档案以及社会团体、私营企业、私立学校、官僚资本企业和为国家所接收的外国在华的侵略性机关、团体、企业、事业单位的档案。这部分档案反映了我国奴隶社会、封建社会、半封建半殖民地社会的历史。它是研究中国古代史、近现代史的不可缺少的史料。但由于历届反动政府的破坏及帝国主义的入侵，大量档案被毁损，残缺不全了。

第二章　档案工作概述

第一节　档案工作的内容和性质

一、档案工作的内容

档案工作就是用科学的原则和方法管理档案和档案事业的活动。

档案工作的内容，一般从广义上说，包括机关档案室工作、档案馆工作、档案事业管理工作、档案教育工作、档案科学研究工作、档案宣传和出版工作。从狭义上说，是指档案馆和档案室从事的档案业务工作，即档案的收集、整理、鉴定、保管、统计、检索、提供和利用、编研等。上述各项工作互为联系、相辅相成，共同构成了档案工作的有机整体。随着档案工作的开展和社会需求的变化，档案工作的结构和内容也会发展和变化。

档案业务工作的各项内容，都是根据社会利用档案的客观要求和科学管理档案的实践需要而形成。各机关在工作和生产活动中不断地形成大量文件，人们在各项工作中经常需要查找利用。文件的形成，虽然为社会利用提供了物质基础，但文件形成后的自然状况，被实际利用时还存在局限性，不能满足提供利用的需要。因此，必须对各机关形成的文件进行科学管理，这就形成了档案工作，并构成了档案工作的一系列内容。

各机关在工作和生产活动中形成的文件，是由机关内部的各个组织机构分散形成的，数量很多，而查找利用档案，则要求文件一定要集中。为了解决文件形成后的分散状态和利用要求集中的矛盾，就需要将分散的文件经过挑选，按照一定的制度集中保存起来，这就形成了档案的收集工作。

收集起来的档案内容十分复杂，数量很大，有的甚至成包成捆，如果原封不动，还是处于相对零乱的状态，不好管理且无法提供利用，需要将其加以系统化。为了解决收集来的档案的零乱状态与条理系统才便于查找利用的矛盾，必须把这些档案进一步分门别类，这就形成了档案的整理工作。

随着各项工作的发展和时间的推移，新的档案不断补充，使档案的总量日益增长，而档案材料保存一定的时间以后，有些还需要继续保存，有些已经失去保存价值，致使库存档案庞杂。为了解决档案庞杂和实际利用只需要有价值的档案的矛盾，就要对档案进行审查鉴别工作，去粗取精，将确实已失去保存价值的档案剔除，经过一定的手续，予以销毁，这就形成了档案的鉴定工作。

由于自然的和社会的各种原因，档案总是处于渐进性的自毁过程中，或者可能遭受到突变性的破坏。而社会则需要长远利用档案，要求尽可能延长档案的寿命。为了解决档案的不断毁损和需要长远利用的矛盾，就需要采取各种保护措施，防止档案遭受损失，保证档案的完整与安全，想方设法使其"延年益寿"，这就形成了档案的保管和保护工作。

档案的数量很多，如果只是收集、整理、鉴定、保管等工作，对档案的基本情况还是处于不清楚的状态。要科学地管理档案，还须对档案进行调查研究，全面地了解档案的情况，做到心中有数。为了解决数量不清的状态与要求心中有数的矛盾，就要对档案的状况进行数量的观察和分析研究，这就形成了档案的统计工作。

档案数量浩瀚，类型复杂，载体多样，内容分散。每个使用者面对堆积如山的档案，要查找和获得自己所需要的档案犹如"大海捞针"。为了解决浩瀚的档案和使用者的特定需求之间的矛盾，推动着人们去探索查找档案的方法，这就形成了档案的检索工作。

保存档案的目的，是为了提供档案给使用者各项工作利用，但是收集、整理、鉴定、保管、检索等工作，只是为提供利用奠定了基础和可能性，为了把可能性变为现实性，满足社会利用档案的需要，更好地开发档案信息资源，于是就需要通过各种方式介绍和实际地提供档案，这就形成了档案的提供利用工作。

使用者来档案馆（室）利用档案，需要什么就提供什么，这只是被动服务。为了积极主动地提供利用，更好地发挥档案的作用，可以编辑、公布、出版档案，这就形成了档案的编研工作。

辩证地认识档案工作各组成部分（或各环节）的特点与共性，充分发挥其特有功能与妥善处理好相互之间的关系，对于科学地组织档案工作，发挥档案的社会效益和经济效益，使档案工作更好地服务于社会主义现代化建设事业，有着重要的实际意义。

二、档案工作的性质

档案工作是什么性质的工作，这对档案工作者来说是一个重要的问题，为了做好档案工作，必须了解档案工作的性质。因此，我们应该从档案工作自身的特点和档案工作同其他工作的关系中认识档案工作的性质和规律。

对档案工作性质的认识，这里列举出不同时期有代表性的提法。较早出现的是1956年4月16日国务院《关于加强国家档案工作的决定》，指出："档案工作是一项专门业务，又是一项机要工作。"1956年12月18日全国档案工作会议上，曾三提出："我们的档案事业，是文化事业的一部分，是一项专门工作"。1959年6月1日，曾三在全国档案资料工作先进经验交流会上的报告中说："档案工作虽然是一门带有专门性、技术性的工作，同时也是一门带有强烈的政治性的工作，是直接为政治服务、为社会主义建设事业服务的，机关档案室首先就是为机关的各项工作和生产服务。"1962年12月，在全国档案工作会议上，曾三的五年总结报告中提出："档案工作是一项重要的政治性很强的工作，是政治斗争、经济建设和科学研究不可缺少的重要条件……同时，我们还应该认识到档案工作只是各项工作和生产的一个助手和条件，是为各项工作服务的……档案工作又是一项机要工作，因为不但有许多档案是十分机密的，而且就整体说来，档案就是党和国家的机密。"1980年《中共中央、国务院批转国家档案局关于全国档案工作会议的报告》中指出（又称中共中央16号文件）："档案工作是一项很重要的专门事业，是实现社会主义现代化建设，开展历史研究，进行各项工作的必要条件。做好档案工作，不仅是当前工作的需要，而且是维护党和国家历史真实面貌的重大事业。

从上述列举的对档案工作性质的叙述，可以看出新中国成立初期，由于接收明清档案、"民国"档案和机关档案室工作的建立以及档案在政治斗争方面发挥的突出作用，自然认为档案工作是一项政治性的工作。后来随着档案事业的发展，特别是档案馆事业的发展，提出了档案事业是"文化事业的一部分"的观点，也就是说，档案工作具有科学文化事业性质。1958年后，由于"左"的思想的影响以及档案馆事业的发展还不充分，机关档案室工作在档案工作中还占很重要的地位等原因，十分强调档案工作的政治性、机要性。"文化大革命"中只承认档案工作是机要性、政治性很强的工作，反而批判"文化性""科学性""服务性"的提法，直到1980年中共中央16号文件，才全面揭示了档案工作的性质。档案工作，就其基本性质来说，可以概括为管理性、服务性和政治性。

（一）档案工作是一项管理性的工作

什么叫管理？就是人们根据事物的客观规律、劳动对象和工作特点，运用计划、组织、指挥、协调、控制等基本活动，有效地利用人力和物力，并促进其相互配合，达到最佳的结合，发挥最高的效率，以顺利地达到人们预期的任务和目标。也就是"管辖""处理"的意思。凡是许多人在一起共同劳动，都必须有管理。档案工作的管理性表现为：

1. 档案工作是专门负责管理档案的一项专门业务

国务院《关于加强国家档案工作的决定》中指出："档案工作的任务就是在统一管理国家档案的原则下建立国家档案制度，科学地管理这些档案，以便于国家机关工作和科学研究工作的利用。"这里讲的档案工作的任务，实际上就是管理任务。从宏观上讲，就是科学地管理好全国的档案，把档案信息资源开发出来，服务于社会主义现代化建设。从微观上讲，就是管理好一个单位的档案，为本单位各项工作服务。所以，档案工作确切地说是档案管理工作。014这种管理工作，有特定的工作对象和整套管理档案的原则和方法，不同于一般的人、财、物的管理工作。它是通过对档案的科学管理，发挥档案的作用，来为党和国家各项工作服务的专业工作。

2. 档案工作在一定的机关单位，是机关工作的组成部分

机关的档案工作，具有双重性质。一方面，它是国家档案事业的组成部分；另一

方面，又是某种管理工作的组成部分。比如：会计档案，它是整个财会活动的记录和反映，是进行财务工作的工具和手段，是财务工作不可分割的组成部分，没有账簿、凭证、财务报表，财务机关是无法进行管理工作的。在科研和生产部门，科技档案则是生产管理、技术管理、科研管理的组成部分。一个科研机关没有各种科学实验的记录和各种科研文件材料，一个设计单位没有各种设计图纸，那就寸步难行，无法开展工作。所以，任何机关和部门，档案工作就是某种工作管理的组成部分。正因为如此，由中共中央办公厅、国务院办公厅1983年4月颁发的《机关档案工作条例》指出："机关档案工作是机关工作的组成部分，是提高机关工作效率和工作质量的必要条件，是维护机关历史真实面貌的一项重要工作。"

3. 档案工作是专门管理档案的科学性工作

档案工作就是要"分理擘肌、鉴貌辨色；规圆矩方，依时顺序"地按照科学方法进行管理。采取一套科学的原则和技术方法，组织档案的集中，进行系统化和鉴别挑选，采取科学的保护措施，遵循档案和档案工作的客观规律进行科学管理。做到管理方法科学化、管理机构高效化、管理工作计划化、管理手段现代化，充分发挥档案的作用，满足社会利用档案的需要。因此，档案工作是一项科学性的管理工作。

档案工作的管理性，要求档案工作人员必须掌握档案学知识，特别是档案管理的理论、原则和方法，积极地学习档案管理现代化的知识与技能，以适应档案工作的开展。

（二）档案工作是一项服务性的工作

从档案工作同其他工作的关系来说，它属于一项服务性的工作。社会上的服务工作有很多，其中文献资料服务工作也不止一种，而通过提供档案这种文献资料来为各项工作服务，是档案工作区别于其他工作的特点之一。

档案部门管理档案是为了满足社会主义事业对档案利用的社会需要为人们了解情况、总结经验、研究问题、制定方针政策提供档案材料。它是通过收藏和提供档案材料这种特定的方式，为党和国家各项工作服务，为社会主义各项事业服务，属于资料后勤性的服务工作。档案工作同整个革命和建设的关系，是齿轮、螺丝钉同机器的关系。它既是党和国家所领导的革命和建设事业一个不可缺少的组成部分，又是从属于并服务于革命和建设事业的，只有这样认识，才能摆正档案工作同整个革命和建设的关系。社会主义档案事业的产生、建立是由社会主义革命和建设事业的需要所决定的，档案事业的发展规模和速度是受社会主义建设事业的规模和速度制约的。档案事业的开展，要服从革命和建设事业的需要并为其服务。总之，从档案工作和其他各项工作的关系来说，档案工作是一项服务性的工作。

档案工作的服务性，是档案工作赖以存在和发展的基础。在社会发展的各个阶段，档案工作能为一定社会的经济、政治、文化服务，为各项工作提供档案材料，才能赖以存在和发展。如果档案工作不为他们服务，本身就不能存在，也谈不上发展。古今中外档案工作发展的历史，完全证明了这一点。新中国成立以来档案工作在为社会主义革命和建设服务的过程中，得到了空前的发展，便是有力的证明。有时也与此相反，在不能充分发挥档案工作应有服务作用的情况下，档案工作就会发生停滞和倒退的现象。国家的重视以及各行业的关心和支持，归根到底还是因为各行各业工作的开展，都离不开档案工作为之服务。

讲档案工作的服务性，并不降低档案工作，而是说明这一专门业务的社会地位和作用，它是社会主义事业所不可缺少的工作。档案工作者了解档案工作的服务性，就要正确地认识自己的岗位，树立明确的服务思想，热爱档案工作，钻研档案业务，搞好档案工作，为社会主义革命和社会主义现代化建设服务，并在服务中求得档案工作本身的发展。

当前，全党全国人民的总任务是全面建设小康社会，加速推进社会主义现代化，使社会主义中国发展和富强起来，为人类进步事业做出更大贡献。它既是全党全国各族人民为推进中华民族的伟大复兴而肩负的历史使命，也是新的历史时期档案工作的服务方向。档案工作必须贯彻执行党的基本路线，必须把工作重点切实转移到为服务于全面建设小康社会，开创中国社会主义事业新局面上来，为把我国建成富强、民主、文明的社会主义国家这一伟大事业做出应有的贡献。

档案工作也是一项具有机要性质的工作。机要性是档案工作政治性的表现之一。档案工作的机要性是由档案内容的特点和国家利益所决定的。古今中外，任何国家的档案工作都有一定的保密要求。1956 年国务院《关于加强国家档案工作的决定》中指出："档案工作是一项专门业务，又是一项机要工作。"我们党和国家机关的档案，记载了党、政、军的领导活动以及经济、政治、军事、文化、科学研究等活动，其中有不少内容是机密的。所谓机密，概括地说，凡涉及党和国家的安全和利益，尚未公布或不准公布的政治、经济、军事和科学技术方面的重大事项，都是党和国家机密。一切敌视社会主义的分子和其他破坏分子，国际上的反动势力，都在时刻窥探我国的机密。他们不惜一切代价，使用各种卑劣手段，无孔不入地刺探和窃取重要机密材料，妄图阻碍我国社会主义现代化建设的进程，阻止中华民族的伟大复兴。随着科学技术的发展，各种现代化技术的采用，窃密与反窃密的斗争更为尖锐复杂，必须提高警惕。严守党和国家机密，是关系到国家安危的大事，是巩固安定团结，保卫社会主义现代化建设的大事，也是档案工作的大事和必要的政治任务。每个档案工作人员都必须树立正确的保密观念，自觉维护党和国家机密。

档案工作是维护党和国家历史真实面貌的一项重大事业。档案是历史的记录和见证，是在历史发展过程中自然形成的，不是人们随意收集和制造的。历史怎样发展，档案就怎样记录，既不能擅自增加，也不能擅自削减。历史是不断发展的，人、事、物都将随着历史的推移而成为过去。后来人要研究和了解历史上的事情，就要查考历史记录，其中主要是靠档案。从这个意义上说，档案工作就是保存历史记录和人类记忆的一种工作。

维护历史真实面貌，是每个档案工作者肩负的一项光荣而又艰巨的任务。要实现这一任务，档案工作者应做好本职工作，把档案管理好，不丢失，不损坏，及时地把档案材料提供给使用者，用以维护历史真实面貌；利用档案来编史修志、印正历史、校正史实，使档案的作用充分发挥出来。档案工作者必须坚持辩证唯物主义和历史唯物主义，要同一切窃取、破坏档案，歪曲、篡改历史的人和事件做斗争。

第二节　档案工作的基本原则

我国档案工作的基本原则，是在长期实践中，为了适应社会主义事业发展的需要，统一指导全国档案工作，逐步形成和确定的。根据 1955 年 1 月 17 日中共中央批准的《中国共产党中央和省（市）级机关文书处理工作和档案工作暂行条例》中规定，机关"档案工作的基本原则，是集中统一地管理机关档案，维护档案的完整与安全，便利机关工作，反对分散保存。"中央在批准这个条例时还指出："这一暂行条例的原则，对国家机关和军事机关也是基本上适用的，国家机关和军事各部门可仿照这些原则来建立和改革自己的文书处理和档案工作。"这一富有历史意义的文件，在我国第一次明确规定了档案工作的基本原则。当时，中央和地方的各级档案馆刚开始着手筹建，档案工作主要还局限于机关。随着档案工作从机关的范围发展到全国规模，1956年 4 月 16 日国务院颁布的《关于加强国家档案工作的决定》中，明确规定全国范围内"档案工作的基本原则是集中统一地管理国家档案，维护档案的完整与安全，便于国家各项工作的利用"。1959 年 1 月 7 日中共中央《关于统一管理党、政档案工作的通知》中指出："党的档案和政府、军队、群众团体以及企业、事业单位的档案都有不可分割的联系……把党的档案工作和政府的档案工作统一起来是完全必要的。在档案工作统一管理之后，各级档案管理机构既是党的机构，又是政府机构。"该文件明确了党政档案工作统一领导，党政档案统一管理，进一步充实了档案工作的基本原则。

1987 年 9 月 5 日公布的《中华人民共和国档案法》规定："档案工作实行统一领导、分级管理的原则，维护档案完整与安全，便于社会各方面的利用。"这是新中国成立以来，我国档案工作理论与实践的总结，也是在新的历史时期对档案工作基本原则的进一步发展和完善，而且首次用法律的形式确定下来。

我国档案工作的基本原则的内容结构，由以下几个部分组成：

一、统一领导、分级管理档案工作

统一领导、分级管理是我国档案工作的组织原则和管理体制。它的具体内容可以概括为以下几点。

（一）国象全部档案由各级、各类档案保管机构分别集中管理

档案是国家和社会的历史文化财富是宝贵的信息资源，必须实行分级集中、统一管理。分级集中基本上是两种形式：一是以机关、团体、企业、事业单位内党、政、工、团组织和业务部门形成的档案，必须由机关档案室集中统一管理，不得分散保存，更不许任何人据为己有；二是机关、团体、企业、事业单位形成的需要长期保存的档案，必须定期移交给有关档案馆（室），由各级、各类档案馆（室）集中保管。一切档案都按规定和批准手续，不得任意转移和销毁。

在现阶段，我国的档案存在着属于国家、属于集体和属于个人三种所有权。除了国家所有的档案需要集中管理外，根据《中华人民共和国档案法》规定："集体所有的和个人所有的对国家和社会具有保存价值的或者应当保密的档案，档案所有者应当

妥善保管。对于保管条件恶劣或者其他原因被认为可能导致档案严重损毁和不安全的，国家档案行政管理部门有权采取代为保管等确保档案完整和安全的措施；必要时，可以收购或者征购。"

（二）全国档案工作在各级人民政府领导下，由各级档案事业管理机关统一地、分级分专业负责地进行指导和监督

所谓统一管理，就是在全国范围内进行统一的业务指导和监督。具体说就是全国档案工作事务由国家档案局掌管，它根据党中央和国务院的指示和规定，对全国档案工作全面规划、统筹安排，提出档案工作的方针、任务，制定统一的档案管理的规章制度和办法，指导、监督和检查全国的档案工作。所谓分级负责，就是地方各级档案事业管理机构，按照全国的统一规定和要求，根据本地区党政领导机关的指示，提出本地区档案工作的规划和任务，制定具体的工作制度和办法，指导、监督和检查本地区的档案工作。所谓分专业负责，是指一些中央、国家机关有很强的专业性、行业性特点，这些机关的档案部门除做好本机关的档案工作外，还承担对本专业、本行业档案工作的监督和指导工作。对本专业、本行业的档案工作，制定有关的管理办法、规章以及业务标准和系统规范；制定规划和计划，召开档案工作会议，组织经验交流；组织并指导档案工作理论研究与交流以及对档案干部的培训等。

要对全国的档案工作统一地进行业务指导和监督，各级各系统的档案机构，都要按照统一规定的基本规章制度和基本办法进行档案管理工作，不得各行其是。在集中统一管理原则下，实行分级、分专业负责，相互配合。有利于发挥各级档案管理机关的积极性，有利于发挥专业主管机关的积极性，把"块块"和"条条"的作用都发挥出来，推动档案工作的迅速发展。条块结合的档案工作管理体制，具有中国特色，是国家档案工作网络内的基本结构形式。

（三）实行党政档案和党政档案工作统一管理

1959年以前，我国档案工作是由党委系统和政府系统分别管理的。1959年以后，全国各系统、各部门、各级的档案工作逐渐统一起来，实行党、政档案工作统一管理。其具体内容是：一个机关党、政、工、团的档案，由机关档案室集中管理；各级党政机关形成的具有长远保存价值的档案，由中央档案馆和各级综合档案馆集中管理；党的系统、政府系统的档案工作由档案事业管理机关统一进行指导、监督和检查，制定统一的规章制度。

实行党政档案的统一管理，这是我国档案集中统一管理的特点。它的主要根据是，党是领导核心，党的机关和政府机关在工作活动中形成的档案有密不可分的联系，实行集中统一管理，便于收集和利用，同时也节省人力，符合精简原则。

二、维护档案的完整与安全

这是对档案工作的基本要求，是各级档案部门的首要任务，档案工作的方针、任务、规章制度以及各项具体工作，都必须体现这一要求。只有保证档案的完整和安全，才能给档案工作提供必要的物质基础。

维护档案的完整，有两方面的含义：一方面，从数量上要保证档案的齐全，应该集中和实际保存的档案不能残缺不全；另一方面，从质量上要维护档案的有机联系和历史真迹，不能人为地割裂分散，零乱堆砌，更不能涂改勾画，使档案失真。这两方面是互相联系、相辅相成的。档案材料数量齐全，才能保证档案的系统完整性。只有维护档案的有机联系，才能使档案数量齐全有科学根据。

维护档案的安全，也有两方面的含义。一方面从物质上力求档案不遭受损害，尽量延长档案的寿命。随着时间的推移，档案一直受自然和人为因素的影响，处在不断地损坏和毁灭的渐进性过程中，档案永远不受损坏是很难办到的，但使之"延年益寿"却是可能的。另一方面要保证档案的安全，档案机密不被盗窃、不丢失、不泄密。

维护档案的完整与安全，是互相联系的统一要求。维护档案的完整，才能有效地保证档案的安全。档案的散乱、丢失，会造成档案的损坏和不安全。只有维护档案的安全，才能确保档案的完整。维护档案的完整与安全，既关系到党和国家的利益，又关系到为子孙后代留存历史文化财富，这是档案工作者的责任和光荣的历史使命。

三、便于社会各方面对档案的利用

这是档案工作的根本目的。社会主义国家的档案工作，最终是为了提供档案给社会主义事业各项工作利用。因此，便于社会各方面对档案的利用，是整个档案工作的基本出发点，支配着档案工作的全部过程，表现于档案工作的归宿。档案工作规章制度的建立，各个方面业务工作的开展，都是为了实现这一目的。整个档案工作的好坏，也主要应从是否便于利用去检验和衡量。从这个意义上说，便于社会各方面对档案的利用，是档案工作原则的一个重要方面。

上述三个方面的内容是辩证统一的。档案工作实行统一领导、分级管理，维护档案的完整与安全，都是为了便于社会各方面工作利用档案。要做到便于利用，必须实行统一领导、分级管理和保证档案的安全。从这个意义上说，前二者是手段，后者是目的。没有统一领导、分级管理和档案的完整、安全，就没有便于利用的组织保证和物质基础；离开了便于社会各方面的利用，前二者就失去了意义和方向。所以，我们必须完整地理解档案工作的基本原则，在整个档案工作中切实贯彻和遵循该基本原则。

第三节　档案工作的组织

按照《档案法》等法律法规的规定，依据统一领导、分级管理的原则，对国家全部档案和全国档案工作，设置全国规模的档案工作机构进行管理。各机关的档案，由机关档案机构集中统一管理；各机关形成的需要长远保存的档案，由国家设立的各级各类档案馆集中统一保管；全国档案工作，由各级档案管理机构集中地，分级、分专业负责地进行指导和监督。这些档案工作机构，在全国范围内形成一个星罗棋布、结构严密、体系完整、渠道畅通的档案事业体系。

一、机关档案机构

各机关、团体、学校、工厂、企业、事业单位，为了统一保存和管理本组织机构在工作活动中形成的档案，均在办公厅（室）下设立档案机构。大体有两种类型：一种是纯属负责集中保存和管理本单位档案的内部机构——机关档案室；另一种是某中央机关、国家机关和地方专业主管机关设立人档案处、科、室等档案部门，除负责管理本机关档案外，还承担对本专业、本行业的档案工作进行指导和监督，负责制定规划、规章制度和干部培训等工作。这部分工作，实际上属于档案行政管理机构的职能。机关档案机构最多的是档案室。它既是机关工作的组成部分，又是全国档案工作组织体系中最普遍、最大量、最基层的业务机构。

（一）机关档案工作的性质

1983年4月28日中共中央办公厅国务院办公厅印发的《机关档案工作条例》指出："机关档案工作是机关工作的组成部分，是提高机关工作效率和工作质量的必要条件，是维护机关历史真实面貌的一项重要工作。"这个提法科学地阐明了机关档案工作的性质，摆正了它在机关中的地位，是认识和进行机关档案工作的依据。

关于机关档案工作的性质，过去曾经有过几种提法，比如说：它是一项"专门工作"，是为"本机关服务的一项机要工作"，是"机关秘书工作的一部分"，是"属于机关秘书部门性质的辅助性工作"等。这些提法虽没有错，但它不能完全反映机关档案工作的性质和作用。机关档案工作不仅是机关领导工作的助手，也是机关工作的组成部分，这是机关档案工作本质的属性。各机关在其工作活动中都要形成数量不等的档案，这些档案记录和反映了机关工作活动的情况和历史真实面貌。它是机关工作活动和机关工作成效的客观见证。比如：公检法机关形成的案件档案，是立案和审判过程（包括侦察、预审、公诉、审判等活动）的记录和反映，是进行审判工作必不可少的工具和手段。机关档案工作科学管理这些档案，发挥它的作用，是机关工作的组成部分，应当纳入工作的议事日程，使其能更好地为机关工作服务。

（二）机关档案机构的职责

《中华人民共和国档案法实施办法》第九条指出：机关、团体、企业事业单位和其他组织的档案机构依照《档案法》第七条的规定，履行下列职责：

1. 贯彻执行有关法律、法规和国家有关方针政策，建立、健全本单位的档案工作规章制度；

2. 指导本单位文件、资料的形成、积累和归档工作；

3. 统一管理本单位的档案，并按照规定向有关档案馆移交档案；

4. 监督、指导所属机构的档案工作。

上述职责是针对整个机关档案机构来说的，机关档案机构是一个总称，具体指的是各机关设立的档案处、档案科、总档案室和档案室。除了一部分机关有业务指导、干部培训任务以外，大部分机关主要还是集中统一管理本机关的全部档案，维护档案的完整与安全，便于机关工作利用，并为党和国家积累史料。这里需要特别指出两点。第一，强调机关档案机构统一管理的是"各种门类和载体的档案"。即一个机关党、政、工、团等组织和内部机构所产生的档案（包括科技档案、会计档案、声像档案等）都实行集中统一管理。过去《机关档020案室工作通则》中由于没有强调"各种门类和载体的档案"，有些机关就片面认为，只集中统一管理党、政档案，而不包括人事、保卫、财会等方面的文件材料和有关规章制度；只对纸质档案进行管理，忽视了对新型载体形式档案的管理，致使这些文件材料长期分散在各业务部门，甚至个人手中，影响了档案的完整与安全。第二，按规定向档案馆移交应进馆的档案。这是因为机关的档案具有两重性，一是指在一定时期内由本机关管理和利用；二是在本机关保存一定时期以后，把需要长期保存的档案要集中到档案馆（室）。所以，机关档案机构管理的档案是党和国家档案史料的重要来源。机关档案机构向档案馆移交档案的数量和质量如何，直接关系到档案史料的完整齐全。我们只有用国家的全局观点来看待机关的档案，才能把各机关的档案既完整又精练地保存下来，才能使档案馆档案得到源源不断的补充。

（三）机关档案工作机构和体制

1. 机关档案工作的机构

按照《机关档案工作条例》规定："机关必须建立档案工作，成立相应的档案工作机构。不需要建立档案机构的机关，应配备专职或兼职的档案人员。"强调了每个机关都必须建立档案工作，因为机关不论大小，只要它行使职能活动，都会产生档案。产生了档案就得有机构和人员去做收集、整理、鉴定、保管、提供利用等工作。建立什么样的机构，应根据具体情况而定。中央和地方的专业主管机关，内部组织机构多的大机关，须成立档案处或档案科，或总档案室，才能担负起机关繁重的档案工作任务，而一般中小机关应成立档案室。

档案室是国家机构、企事业单位或其他社会组织内部设置的集中管理本单位档案的专门机构。它管理着各种不同类型的档案，一般可以分为以下几种类型。

（1）机关档案室。指中央、省、地、县、乡各级机关和人民团体建立的档案室，负责管理本机关形成的各种门类和各种载体形式的档案。机关档案室在全国最普遍，数量最多。

（2）科技档案室。它是管理科技档案的专门档案室。在工厂、矿山、科研部门一般都设置这种档案室。

（3）音（声）像档案室。专门管理影片、照片、唱片、录音带、录像带的档案室。在电影公司或制片厂、电视制作中心、新闻摄影部门、广播部门和唱片厂，一般设有这种档案室。

（4）人事档案室。是某些机关人事部门设立的专门管理机关干部和工人的人事档案。人事档案是指在人事管理活动中形成的，记述和反映机关干部、工人的经历、德才表现，以个人为单位组合起来，以备查考的文件材料。至于人事部门在工作活动中形成的一般人事文件材料，归机关档案室管理。

（5）综合档案室。是机关、团体、企业、事业单位建立的综合档案管理机构。它负责管理本单位的党政工团档案、科技档案、会计档案以及其他专业档案。它比分散设立机关档案室、科技档案室有更多的优点，有利于档案的统一管理，有利于开发档案信息资源，也符合精简节约原则，是机关档案工作机构设置的一种发展趋势。近年来，综合档案室在全国范围内已迅速建立起来。

（6）联合档案室。同一地区，特别是同一市镇的一些机关联合起来设立一个档案机构——联合档案室，负责管理这些机关的档案。这一组织形式，有利于强化被联合单位档案和档案工作的统一管理，也符合精简机构、精减人员的要求。

（7）档案资料信息中心。一些大型企业、事业单位建立统一管理档案，图书、情报、资料的机构，实行信息资源一体化管理，为本单位综合利用信息服务。

2. 机关档案工作体制

机关档案工作受机关的办公厅（室）领导，机关档案部门是办公厅（室）的直属机构。各机关档案部门的业务工作，受同级以及上级档案业务管理机关的指导、监督和检查。对驻在地方的上级直属单位的档案工作，实行以专业主管机关为主，地方管理机关为辅的管理体制。

二、档案馆

（一）档案馆的性质

1983年4月26日，国家档案局颁发的《档案馆工作通则》规定："档案馆是党和国家的科学文化事业机构，是永久保管档案的基地，是科学研究和利用档案史料的中心Z具体指明了档案馆的科学文化事业性质的特点以及它是永久保管档案和各方面工作利用档案的文化事业单位。档案馆的科学文化事业性质，主要表现在以下几方面。第一，从管理对象上看，档案馆是党和国家永久保管档案史料的基地，其工作对象——档案，属于宝贵的文化财富。第二，从工作内容上看，档案馆是科学管理档案，并对档案内容进行系统研究考证，编辑出版档案史料，参加编史修志，举办各种形式的档案展览，积极参加或开展各种学术研究活动等。第三，档案馆不是党政领导机关，也不是企业生产部门，它是面向社会，为各方面提供档案，为繁荣科学文化，为党和国家各项工作服务的一种文化事业。

还应该指出，档案馆所保存的档案，有一部分是具有机密性的，特别是保管党政档案的档案馆和保管尖端科学技术档案的专业档案馆，机密性较明显。从这个意义上说，某些档案馆也具有一定机密性。

（二）档案馆的任务

根据《档案馆工作通则》规定："档案馆的基本任务是在维护党和国家历史真实面貌的前提下，集中统一地管理党和国家的档案及有关资料，维护档案的完整与安全，积极提供利用，为社会主义现代化建设服务。"

《中华人民共和国档案法实施办法》第十条指出："中央和地方各级国家档案馆，是集中保存、管理档案的文化事业机构，依照《档案法》第八条的规定，承担下列工作任务：

1. 收集和接收本馆保管范围内对国家和社会有保存价值的档案；

2. 对所保存的档案严格按照规定整理和保管;

3. 采取各种形式开发档案资源,为社会利用档案资源提供服务。"

按照国家有关规定,经批准成立的其他各类档案馆,根据需要,可以承担前款规定的工作任务。

上述档案馆的任务,既指出了档案馆的基本任务,又明确了档案馆的具体工作,并把档案馆的任务和党的总任务、总目标联系起来。档案馆要为社会主义现代化建设服务,这是档案馆工作的根本方向。

(三) 档案待的种类

我国档案馆的设置,是对国家档案全宗进行科学的划分,按照档案形成的时间、地区、部门、载体种类和记录方式等特征来组成不同类型的档案馆。档案是在一定的历史时期形成的,按时期分类是最普遍的分类特征,我同有些档案馆就是只保存某一历史时期的档案。档案又是产生于某一行政区划内的机关、团体、企业、事业单位,因此,在组建档案馆时,要考虑到国家行政区划的设置,并把它作为建立国家档案馆网的基础。我国档案馆大多按中央、省、地、县来设置。档案是由一定的部门形成的,不同的部门形成不同内容的档案材料,建设档案馆时要加以考虑,需相应成立某些部门档案馆。在国家档案全宗内还包括大量的照片、影片、录音档案,由于制成材料与记录方式都和纸质档案不同,在保管上也有特殊的要求。所以,在我国也建立了影片、照片档案馆。

我国现有的档案馆,其主要类型有:

1. 综合档案馆。它是按照行政区划或历史时期设置的管理规定范围内多种门类档案的文化事业机构。中央级档案馆,负责集中保管历史上各个时期和中华人民共和国建立以来,具有全国意义的党、政、军和著名人物的档案。目前已建立的中央级档案馆,有中央档案馆、中国第一历史档案馆(负责保管明清档案)、中国第二历史档案馆(负责保管"民国"档案)。地方档案馆,有省(市、自治区)、市(地、自治州、盟)、县(市、旗)档案馆,分别集中保管具有省、地、县的历史档案和中华人民共和国新中国成立以来形成的需要长期保存的档案。

2. 专业档案馆。它是管理特定范围专业档案的档案馆。如中国照片档案馆、中国人民解放军档案馆以及在大中城市设置的城市建设档案馆。

3. 部门档案馆3它是专业主管部门设置的管理本部门及其直属机构档案的档案馆。如外交部档案馆、国家广播电影电视总局所属的中国电影资料档案馆等。

4. 企业档案馆(室)。它是企业设置的管理本企业档案的档案馆(室)。

5. 事业单位档案馆(室)。它是事业单位设置的管理本单位档案的档案馆(室)。

三、档案事业管理机构

档案事业管理机构是具有政府行政管理职能的档案行政管理部门。在我国,党和政府的档案工作是统一管理的。因此,档案事业管理机关,既是党的机构,又是政府机构。

（一）档案事业管理机构的设置及相互间的联系

为了对国家和地区的档案事业实行有组织有计划的指导与监督，并协调其内部与外部关系，我国从中央到地方已建立起一整套档案事业管理机构。在中央设立国家档案局，掌管全国档案事务；在省、自治区、直辖市设立档案局；在地、市、州、盟设立档案局（处）；在县、旗设立档案局（科），负责管理本地区档案事务。档案事业管理机构及其职责，《档案法》规定："国家档案行政管理部门主管全国档案事业，对全国的档案事业实行统筹规划，组织协调，统一制度，监督和指导。县级以上地方各级人民政府的档案行政管理部门主管本行政区域内的档案事业，并对本行政区域内机关、团体、企业事业单位和其他组织的档案工作实行监督和指导。乡、民族乡、镇人民政府应当指定人员负责保管本机关的档案，并对所属单位的档案工作实行监督和指导。"

各级档案事业管理机构，只负责管理档案业务。上级档案事业管理机构对下级档案事业管理机构，只是业务上的指导关系，而不是领导与被领导关系。因此，关于各级档案机构的设立和编制、档案干部的配备、档案事业的经费、档案馆库房的建设、档案保管与复制设备等问题，都应该由同级党委和人民政府去解决。上级档案业务部门只能提出意见，无权决定最终结果。

各级档案事业管理机构，是各级党委和人民政府领导档案事业的参谋和助手。它应该在党的路线、方针、政策的指导下，在党中央、国务院确定的档案工作原则、方针、任务下，积极主动地考虑档案事业建设和发展的各种问题，并向党和人民政府提出报告，争取领导的重视和支持，采取各种措施，把所属范围内的档案工作做好，不断推向前进，开创档案事业发展的新局面。

（二）档案事业管理机构的职责

1. 国家档案局的职责

《中华人民共和国档案法实施办法》第七条指出：国家档案局依照《档案法》第六条第一款的规定，履行下列职责：

（1）根据有关法律、行政法规和国家有关方针政策，研究、制定档案工作规章制度和具体方针政策；

（2）组织协调全国档案事业的发展，制定发展档案事业的综合规划和专项计划，并组织实施；

（3）对有关法律、法规和国家有关方针政策的实施情况进行监督检查，依法查处档案违法行为；

（4）对中央和国家机关各部门、国务院直属企业事业单位以及依照国家有关规定不属于登记范围的全国性社会团体的档案工作，中央级国家档案馆的工作以及省、自治区、直辖市人民政府档案行政管理部门的工作，实施监督、指导；

（5）组织指导档案理论与科学技术研究、档案宣传与档案教育、档案工作人员培训；

（6）组织、开展档案工作的国际交流活动。

2. 地方档案行政管理部门的职责

《中华人民共和国档案法实施办法》第八条指出：县级以上地方各级人民政府档案行政管理部门依照《档案法》第六条第二款的规定，履行下列职责：

（1）贯彻执行有关法律、法规和国家有关方针政策；

（2）制定本行政区域内的档案事业发展计划和档案工作规章制度，并组织实施；

（3）监督、指导本行政区域内的档案工作，依法查处档案违法行为；

（4）组织、指导本行政区域内档案理论与科学技术研究、档案宣传与档案教育、档案工作人员培训。

四、档案机构之间的相互关系

各级各类档案机构之间的关系是：上级档案事业管理机构，对下级档案事业管理机构是业务指导和监督关系；档案事业管理机构，对档案馆和档案室是业务指导和监督关系；档案室和档案馆是档案交接关系；各级各类档案馆（室）之间，均无隶属关系，只有一定的协作关系。

第三章　档案的收集

第一节　档案收集工作概述

一、档案收集工作的内容

　　档案的收集是接收、征集档案和有关文献的活动。具体讲，就是按照党和国家的规定，通过例行的接收制度和专门的征集办法，将分散在各机关、组织、个人手中和散存在社会其他地方的档案，有组织有计划地分别集中到各有关机关档案室和各级各类档案馆，实现档案的统一领导和分级管理。档案收集工作的内容主要包括以下三个方面：

　　1. 机关、企业、事业单位档案室对本单位需要归档档案的接收；

　　2. 档案馆对所辖区域内现行机关、企业、事业单位和撤销单位的具有永久、长期保存价值档案的接收；

　　3. 对中华人民共和国建立以前各个历史时期形成档案的接收和征集。

　　档案收集工作不是一项简单的事务性工作，而是一项政策性、业务性很强的工作。这是由于以下两个方面的原因：第一，档案收集工作具有明显的选择性。文件转化为档案是有条件的，在档案收集工作中必须严格把握这些条件，在归档和接收过程中认真筛选。档案选择是按照档案馆（室）范围的设计合理并全面进行的。第二，档案收集工作受档案形成者档案意识水平、价值观以及档案馆（室）保管条件等多种因素的制约，需要综合研究统筹规划，提高档案收集工作的质量。

二、档案收集工作的意义

　　档案收集是档案业务管理工作的第一个工作环节，是档案馆、档案室工作的起点，是档案馆（室）取得和积累档案的一种手段，在档案管理工作中处于特殊地位。做好收集工作对整个档案工作有着重要的意义。

（一）收集工作是维护党和国家历史真实面貌的必要手段

档案馆（室）的收藏是一定地区、部门，政治、经济、科学和文化教育等方面的综合反映。收集工作使得档案齐全完整，内容丰富，应该补充的档案及时接收进馆（室），并把散存在不胜感激机关、组织、个人手中的档案材料收集补充到档案馆（室）。档案是维护历史真实面貌的重要凭证，是贯彻执行党的路线、方针、政策的重要工具。收集工作的作用是十分显明的。

（二）收集工作是　存　　信息资源的重要途径

档案是重要的信息资源，它记录着人类社会实践过程中无数有用的事实、数据、理论方法、科学构思，记录着成功和失败的经验教训。人们可以从档案信息中了解和探索未来；可以继承过去的科技成果，发展现代科学技术；可以开拓人们的思路，解决各种疑难问题。

随着科学技术和经济建设的发展，社会对信息的需求量越来越大，对信息质量的要求也越来越高。作为信息载体的档案，负有重要的提供信息的使命。收集工作把大量的、丰富的信息资源贮存起来，为现代化建设提供了重要的信息基地。

（三）收集工作为开I档案馆（k）各项工作，加强档案馆（室）建设莫走物质基础

档案馆要开展档案利用工作，没有一定数量的档案是无法进行的。馆（室）藏不丰富、门类不全，就很难满足社会上各条战线、各种工作、各种人员对档案利用提出的各种要求。编研工作更需要有丰富的档案作为后盾。档案馆（室）其他日常工作，也必须在馆（室）藏丰富的基础上才能做得更好。档案的整理，只有从众多的档案材料中查考才能清楚准确地掌握档案内在的有机历史联系，才能在丰富的材料基础上综观全局、全面考察、权衡利弊，提高工作效率，加快整理工作进度，为档案的利用等工作创造条件。

总之，只有做好收集工作，才能使馆（室）藏丰富，材料齐全，为建设档案馆（室）各项业务，为提高档案工作科学水平提供必要的物质条件。

（四）收集工作促进档案学理论发展，推动档案工作现代化的实现

档案馆（室）作为党和国家保存档案的重要基地，也是发展档案学理论的重要源泉。假若档案馆（室）藏不丰富，档案馆（室）各项工作开展不充分，就不可能为档案学理论的发展和突破提供充足的实践依据。馆（室）藏越丰富，各项工作实践也就越丰富多彩，必然提出许多新问题新要求，提供很多新情况，为档案学理论的发展打下坚实基础，推动档案学理论发展。

丰富的馆（室）藏也是实现档案工作现代化的推动力量。要实现档案工作现代化，最基本的是要有丰富的馆（室）藏和对现代化的迫切需要。馆（室）藏丰富，利用者便将如鱼得水，对实现档案工作现代化起到推动作用。

三、档案收集工作的基本要求

（一）及时、全面地把档案收集进馆（室）

档案馆（室）的收藏是否丰富，档案是否完整，是衡量档案馆（室）工作做得好坏的一个重要标志。档案馆馆藏越丰富、越珍贵，它越能为社会做出更多的贡献，更加受到社会的重视。所以，《档案法》明确规定："对国家规定的应当立卷归档的材料，必须按照规定，定期向本单位档案机构或者档案工作人员移交，集中管理，任何个人不得据为己有。""机关、团体、企业事业单位和其他组织必须按照国家规定，定期向档案馆移交档案。"档案工作人员应根据《档案法》的上述规定，及时、全面地将属于收集范围的档案收集到档案馆（室）之中，杜绝档案的私人占有和分散保存，应该实现归档、接收工作制度化。

丰富馆藏的标准应该是：数量充分、质量优化、成分充实、结构合理。为了使档案馆（室）成为机关工作的必要条件，将其建成永久保存档案的基地和研究利用档案的中心，必须收藏足够数量的档案和资料。档案收藏的丰富性，包括数量与质量的统一要求。只顾大量收罗，而不求质量，材料再多，也谈不上真正的丰富。在强调丰富馆藏的同时，必须强调优选，馆藏处理不当，也会发生档案膨胀现象。所以，在强调丰富馆藏的同时，既要考虑到档案的数量，又要考虑到档案的质量。

（二）加强馆（室）档案来源的调查研究

档案的来源与形成渠道是比较分散的，而档案的提供利用则要求档案应集中管理。档案收集工作主要是解决分散与集中的矛盾。档案工作长期实践的经验说明，及时掌握档案分散、流动、保管和使用的情况，处理好局部和整体、当前和长远需要之间的关系，是做好档案收集工作的关键所在。由于我国档案馆网形成的时间还不长，加上十年动乱的严重破坏，使收集工作停滞多年，本该收集的档案被大批积压下来，已经很不容易集中起来的档案又大量遭到失散的厄运。因此，加强调查研究，根据档案分散的情况和档案馆（室）的条件，从全局出发统筹安排，进行宏观指导，是十分必要的。

档案收集工作中的调查研究、统筹兼顾，还包括研究和掌握档案形成规律和档案发挥作用的规律，不能把档案形成单位尚在使用的档案过早地集中起来；也不能忽视整体的需要，把需要集中的档案长期不向档案馆（室）移交而"据为己有"，甚至有的档案馆（室）对移交来的档案"拒之门外"不愿接收，任其分散或遭受损失。应该从全局出发，全面考虑档案的历史价值和档案的保管、使用方面的现状及客观规律，使各机关、各组织具有历史价值的档案，都有科学合理的归宿，使局部和整体、当前和长远地利用有机地结合起来，从而有利于维护党和国家历史文化财富的安全保管和便于提供利用。

（三）推行入馆（室）档案的标准化

档案管理的现代化是提高档案工作水平的有效途径。档案工作的标准化，是档案管理现代化的基础。档案工作标准化不仅为实行电子计算机管理创造条件，而且有助于提高手工管理水平。档案工作标准化，应该从档案收集工作开始推行。

在收集工作中如何推行档案工作的标准化？对此我国尚处于摸索阶段，国家档案局制定了《机关档案工作业务建设规范》，并就案卷封卷皮格式、档案装具的尺寸制定了专业标准，有的省、市统一规定了案卷验收的质量标准等。诸如此类的做法，将逐渐扩展到较多的项目和较大的范围。全国应逐步统一起来，按照标准化要求去工作，档案管理水平将会大有提高。由于文件与档案的转化关系，档案工作标准化必须从文件形成阶段开始同步推行，直至档案入馆，从机关文件形成阶段开始，对文件结构、文件用纸以及开本尺寸，书写材料的质量和书写规则以及区分全宗、分类、立卷、编目等一系列工作都实行标准化，将会大大提高归档和入馆档案的质量。

（四）保持全宗的不可分散性

全宗是一个立档单位档案的有机整体，保持全宗的不可分散性，是档案管理的一条基本原则，应贯穿于档案管理的全过程之中。因此，在收集工作中，必须把一个立档单位的档案作为一个全宗集中在一个档案室或一个档案馆中，不允许把一个全宗的档案人为地加以分割。如果确实需要从一个全宗中抽出部分档案另行集中，应以复制件代替，原件仍应归回原宗集中管理。

第二节　档案馆（室）藏建设

一、丰富馆（室）藏的重要性

我国的现代化建设蓬勃发展，各单位、各部门要求档案馆（室）提供大量、系统、广泛的档案信息。但是，目前档案馆（室）藏内容单一，数量不多，种类不齐全，时间跨度短，难以适应新形势、新任务的要求。因此，丰富馆（室）藏是档案馆（室）工作的一项重要工作。

造成馆（室）藏不丰富的原因，主要是长期以来对于档案馆（室）的性质、任务和职能缺乏正确、全面的认识，致使一些档案馆（室）仅仅注意为政治服务，忽视了为经济建设、科学研究及其他各项工作服务；仅仅注意为党政领导机关服务，忽视了为业务部门和基层单位服务。凡此种种，造成收集档案范围的狭窄。比如，只注意收集党、政、群团领导机关的档案，而放松所属单位的档案收集；只注意收集撤销机关单位的档案，而放松现行机关的档案收集；只注意文书档案的收集，而放松对科技档案、专门档案的收集；只注意收集纸质档案，而放松对其他载体档案的收集；只注意接收移交来的档案，而放松征集档案；只注意档案材料的收集，而放松与档案有关的家谱、史志、内部资料的收集。

档案馆（室）要适应社会发展需要，就必须扩大接收范围，改善馆（室）藏结构，丰富馆（室）藏。只有把各级各类部门的各种类型、各个历史时期的档案都收集进馆室，实行科学管理，才能把档案馆（室）建成永久保存档案的基地。只有积累丰富的档案资料，档案馆（室）才能具备为社会服务的物质基础，真正成为科学研究和各方面利用档案史料的中心，担负起维护历史真实面貌的重任，在社会主义现代化建设中，发挥出巨大作用。

二、档案馆（室）藏建设的标准

（一）数量充分，质量优化

丰富馆（室）藏，无疑应当增加档案的数量。现在，馆（室）藏贫乏仍是主要问题，在重视数量的同时，也要保证质量。

数量充分，就是要使收藏的档案完整齐全。从时间上，既要广泛征集历史档案，又要全面接收新中国成立后历年的档案，尽可能从时间上反映完整的历史面貌；从空间上，既要保持所辖区域内各条战线、各个部门档案的完整，又要力求每一个进馆单位档案的完整。

质量优化，就是只接收和归档有保存价值的档案，防止鱼目混珠。这里要特别注意进馆档案之间不必要的重复。为了避免这种情况的发生，应对不同级别单位档案的接收分别做出规定。要丰富馆（室）藏应坚持数量与质量并重。

（二）门类齐全，结构合理

门类齐全。就档案的种类来说，既要收集反映党政机关活动的档案，也要收集科技档案和各种专门档案；就档案形成单位来说，既要收集机关、企业、事业单位的档案，也要收集著名人物的个人档案；就档案内容来说，既要收集政治、经济、文化、科学技术、军事、外交等方面的宏观材料，也要收集其微观材料；就载体材料来说，收集包括传统的纸质档案，也应包括胶片、磁带、磁盘、光盘等新型载体的档案。总之门类齐全，就是要把不同来源、内容、形式和载体的档案收集进馆，它们互相补充，互相印证，可以使收藏的档案丰富而充实。

所谓结构合理，就是各级各类档案馆（室）收集的档案资料要能反映出自身的特点。中央级档案馆（室）的档案，反映全面的宏观方面的历史面貌，而省、市（地）以及县级档案馆的馆藏，反映局部的微观方面的历史面貌，内容较为具体。各级档案馆（室）在收集档案时，应有所侧重，以本馆（室）分工的地域、系统产生的，具有全局的或地方特色的档案材料为主要对象。

三、档案馆（室）藏建设的指导思想

（一）反映和维护

一定范围内的历史真实面貌按照国家规定，全国每一个档案馆（室）都保管特定范围的档案，一般说来，相互之间不允许有交叉和大量的重复。这就要求每一个档案馆（室）必须以自身的馆（室）藏档案来反映和维护这个范围的历史真实面貌；如果没有达到这一要求，一般无法从其他馆（室）藏档案中得到弥补。例如：综合性档案馆是按照分级管理的原则建立的，一定级别、一定地区范围内只有一个综合性档案馆。机关档案室也是如此，一个机关档案室只负责保存反映本机关活动的档案，这样该机关的历史面貌则必须依赖该机关档案室的室藏档案给以反映。由于一个档案馆（室）只保存特定范围的档案，或者说，一定范围的档案只属于唯一的档案馆（室），那么，反映和维护特定范围的历史面貌便成了每一个档案馆（室）责无旁贷的历史使命，应作为馆（室）藏建设中最重要的指导思想。

（二）适应利用需求

档案馆（室）保管档案的目的是为了满足社会（机关）的利用需求，因此，在馆（室）藏建设中必须充分考虑利用需求这一因素，使用者需要哪些档案，档案馆（室）就应该对此加以保存。使用者的需求内容和方式是多种多样的，有的需要现实性较强的材料，有的则需要历史材料；有的需要宏观概括性的材料，有的则需要微观的具体的材料；有的需要政治方面的材料，有的则需要经济、文化、科学、技术方面的材料……为此，档案工作者应加强调查研究，掌握利用规律，使馆（室）藏档案尽可能与使用者需求相一致。

（三）力求质量与数量的统一

在馆（室）藏建设中，处理好质量和数量的关系是十分重要的，科学合理的馆（室）藏体系应该是二者的统一。首先，一定数量的档案是决定馆（室）藏质量的基本条件。和其他事物一样，没有数量就无所谓质量。在一定条件下，馆藏档案的数量与质量具有一致性，一定的数量就构成了一定的质量。例如：历史久远的档案留存于世的数量很少，无论什么内容的档案都能反映当时某方面的历史事实，尽管每一份档案所记载的只是一块历史碎片，但这些碎片多一块，对于我们掌握历史事实就多了一份根据和素材。因此，有些珍贵历史档案的数量对于其质量的构成具有重要意义。再如："文化大革命"以后，我国许多档案馆（室）藏档案数量很少，远远不能满足利用需求。经过一段时间的丰富，许多档案馆（室）发现档案数量的增加与利用率的增长成正比。也就是说，在一定条件下，增加档案数量的同时也改善了馆（室）藏档案的质量。任何一个档案馆（室）管辖档案范围内的社会活动都具有其联系性和历史延续性，档案数量太少就不可能全面地反映这个范围的历史面貌。第二，馆（室）藏档案数量与质量的统一是有条件的、相对的。在这对矛盾中，档案质量是矛盾的主要方面。这就是说，档案的质量是构造一个好的馆藏体系的关键。一个档案馆（室）所保存的档案能否全面地反映历史真实面貌，能否满足社会各方面的利用需求，这是评价馆（室）藏质量优劣的根本标准。如果馆（室）内被大量价值较低或内容重复的档案所充塞，那么无论其数量多寡，都不能说这个馆（室）藏的质量是好的。因此，我们在重视馆（室）藏档案数量的同时，必须十分强调档案的质量。第三，就目前情况看，我国馆（室）藏建设的主要问题是贫乏。从数量上看，虽然近几年来我国各级各类档案馆（室）的档案数量有了较大增长，但与许多国家相比较，我国的档案藏量还是较少的。甚至由于有些档案馆（室）的档案数量太少，很难有效地发挥其作用。

四、馆藏结构的基本成分

了解和认识馆藏结构的成分，对于做好丰富馆藏工作具有实际意义。概括地说，馆藏结构应该是多形式、多门类、多层次的。具体地说，馆藏结构成分按不同标准可以划分为多种类型。

（一）以档案形成的历史时期划分

以档案形成时期划分为古代档案（1840年以前）、近代档案（1840~1949）、现代档案（1949年以后）。各个档案馆保存的各个时期的档案数量不一。一般说来，现代档案是馆藏结构的主要成分。

（二）以档案内容划分

馆藏结构按档案内容可以划分为文书档案、科技档案、专门档案和人物档案四大类。

另外在改善馆藏结构时，应当注意接收和采购与档案有密切关系的图书、资料、报刊。收藏图书应以与馆藏档案内容相关的读物、工具书为主。期刊力求齐全、系统，它可以与档案互相补充、订正。内部出版物以及记叙和反映档案馆所在地面貌的公开出版物，也都应该收集。档案馆还应接收和保管与档案有关的一些实物材料，这些实物材料虽然不是档案，但可以补充馆藏内容成分。

综合性档案馆的馆藏成分主要应包括如下几个方面。

（1）旧政权档案：指中华人民共和国成立以前历代政权机关、团体和个人的档案。

（2）革命历史档案：指新民主主义革命时期（1919－1949）中国共产党及其领导的人民政权机关、团体、个人的档案。

（3）现行机关档案：指正在行使职能机关、团体、企业事业单位档案，以与档案馆级别相对应的本级机关档案为主（如省档案馆以省级机关档案为主，县档案馆以县级机关档案为主），同时接收一些二级机关、三级机关中有代表性或典型性的档案。

（4）撤销机关档案：在档案馆收管范围内撤销机关的档案应全部交档案馆保存。

（5）文书档案：指各级机关、团体、企业、事业单位在贯彻执行党的方针、政策和行政管理活动中形成的档案，又称为党政档案。

（6）科技档案：在基本建设、生产技术和科学研究活动中形成的档案。

（7）专门档案：在某种专门业务活动中形成的档案。专门档案种类很多，难以尽数，较为常见的有：会计档案、基建档案、人事档案、诉讼档案、审计档案、教学档案、文化艺术档案、地名档案、人口档案、病历档案等。

（8）人物档案：包括著名人物档案和死亡干部档案。著名人物档案是指出生在该地区或曾在该地区工作过的著名革命活动家、革命烈士、学者、专家以及各行各业中的著名人物在活动中形成的个人档案。死亡干部档案是指：由组织、人事部门管理的死亡干部的人事档案。这类档案在原组织、人事部门保管一段时间后移交所在地的综合性档案馆。

（9）对于该地区典型的，有代表意义的专业户、个体户、经济联合体的档案，该地区流传下来的民俗档案以及其他类型有价值的档案也应接收进馆。

（10）纸质档案：即以纸张为载体的档案。

（11）音像档案：指以声音和图像记录和反映社会活动过程的档案材料，包括照片、录音带、录像带和光盘等。又称声像档案。

（12）缩微档案：一般是指各种类型纸质档案用缩微摄影方法制成的复制品，大多以缩微胶片（卷）形式保存。

（13）机读档案：是用电子计算机记录和识别信息符号、然后以磁性材料为存储介质的档案，其形式有磁带、磁盘等。随着电子计算机技术和办公自动化的普及，这类档案将逐步增多。

（14）图书：档案馆收藏的图书有两类，一类是与馆藏档案内容相关的书，另一类是工具书，如：字典、辞典、手册目录、索引、地图、图表以及百科全书、类书、年鉴等。

（15）期刊：主要收藏本地区出版发行的杂志和报纸。比如新中国成立前后的期刊都应收藏。

（16）内部出版物：即没有公开发行的出版物。它作为内部情况交流的工具，与档案的关系十分密切。

档案馆收集图书、期刊、内部出版物等资料的目的，是为了辅助解决使用者查阅档案过程中遇到的问题；图书、期刊、内部出版物中对一些历史事实的记载，可与档案内容互相补充和订正；工具书可及时帮助使用者解决一些知识性问题。

（17）实物：档案馆在接收和保管档案、资料的同时，也接收和保管与档案有关的一些实物材料，如印章、锦旗、锦标、证物、标本、样品等。这些实物有助于证明某种事实，可作为对馆藏档案内容的补充。

综上所述，在档案的种类方面，既要收集反映党政机关活动的档案，也要收集科学技术和各种专业活动形成的专门档案。在档案形成单位方面，既要有机关、企业、事业单位的档案，也要收集著名人物的个人档案，如手稿、信件、家谱、族谱、地契等。在内容方面，要全面收集政治、经济、文化、科学技术、军事、外交等各方面的宏观和微观材料。在载体方面，既应包括传统的纸质档案，也应包括现代的胶片、磁带、磁盘、光盘形式的档案，这些不同来源、内容、形式和载体的档案，互相补充，互相印证，可以使收藏的档案丰富而充实，馆（室）藏的各种门类和成分的档案，按一定关系组成为一个整体，而且它们之间保持一定的比例。馆藏档案门类与成分的充实，能够改变馆（室）藏档案结构单一的情况，形成合理的馆（室）藏结构和体系。

五、正确处理改善馆藏结构的诸种关系

（一）处理好综合与特色的共系，地方档案馆启突出地方的特邑

我国档案馆网的设置是以中央、省（自治区、直辖市）、市、（地、州、盟）、县（区、旗、市）级综合档案馆为骨干。其中省、市、县等各级地方档案馆首先是综合性的。保存着本地区各机关单位、各种类型、各种载体的档案材料，档案内容能反映本地区的政治经济、科学、文化、宗教、民族等各方面的历史面貌；其次要具有地方特色，每个地区都有自己的疆域沿革、地貌、物产、重大的历史事件和著名人物，有传统的经济产品、名胜古迹、典籍掌故和旅游资源，有民族和宗教特色以及风土人情。重视对反映本地历史面貌档案的收集，形成地方特色，使人一看便知，有利于档案信息的开发利用。

（二）处理好深度与广度的关系

广度是指档案接收的范围要广泛，要扩大接收范围。从档案来源上，既要有党政领导机关及一级主管机关、二级党政与企事业单位和部分具有典型意义的三级单位的档案，又要按照国家规定收集、征购、代管某些集体所有、个人所有以及散落在民间的档案，使馆藏档案的门类和载体丰富多彩。深度是指接收档案内容要深化，除接收内容上具有综合性、指导性、政策性等能反映国家或地区概貌的档案外，还应特别重视收集一些典型性、经验性、地方性的能具体说明在党的领导下社会性质发生的深刻变革和人民群众生产、工作和生活发生根本变化的档案.材料以及一些反映重要活动、重大事件来龙去脉的档案材料。

（三）处理好档案与资料的关系，重视、收集与保存和档案有关的资料

档案馆的主要任务是保管好档案，同时也应保存一定数量的资料，辅助档案用于提供利用。由于多种原因，有些档案残缺现象比较严重，而提供利用工作，尤其是开展编史修志，仅仅依靠档案还不能充分满足要求和圆满完成任务。因此收集与保存和档案有关的资料，可以弥补档案不全和档案内容记载不详的缺陷，深受利用者的欢迎。资料的收集范围，包括各种文件汇集、资料汇编、统计资料、大事记、组织机构沿革、传记、回忆录、报纸、刊物、图片、年鉴、史志、家谱、族谱和反映本地区、本民族的民间习俗、风土人情、宗教信仰、文物古迹等方面的资料。同时与档案关系十分密切的有关实物（例如：标本、印章、奖品等）也可一并接收。

第三节　档案室的收集工作

一、建立归档制度的必要性

归档是办理完毕的文件经系统整理归档案室保存的过程。在我国"归档"已成为党和国家明文规定的一项制度。1956年，《国务院关于加强国家档案工作的决定》指出："各级机关的档案材料（包括机关的收发文电、内部文书、会议记录、电话记录、技术文件、出版物原稿、印模、照片、影片、录音等），应该由机关档案业务机构——档案室——集中管理，不得由承办单位或个人分散保存。""全面推行文书处理部门立卷，以建立统一的归档制度。"1983年中共中央办公厅、国务院办公厅印发的《机关档案工作条例》再次指出："机关应建立、健全文件材料的归档制度。"《中华人民共和国档案法》第十条规定："对国家规定的应当立卷归档的材料，必须按照规定，定期向本单位档案机构或者档案工作人员移交，进行集中管理，任何个人不得据为己有。"使我国的归档制度用法律形式固定下来，在全国范围内切实贯彻执行。

文书立卷归档是文书部门的任务，它是文书工作的终结，又是档案工作的起点。实践证明：没有归档制度，或者归档制度不健全，就没有完整的档案，也就没有健全的档案工作。因为档案是由各种文件材料转化来的，而文件材料转化为档案一般又是通过"归档"来实现的。所以，建立和健全归档制度是非常重要的，它不仅能够确保

档案室有连续不断的档案来源，为开展各项业务工作提供条件，而且也是为国家积累档案财富的重要保证。档案室要做好档案收集工作，首先应该以主要力量搞好机关内文件材料的归档。

二、归档制度的内容

归档范围。凡是本单位工作活动中办理完毕的具有保存价值的各种文件材料均应归档。在归档时应该抓住重点，并不是有文必档，以防止文件过于庞杂。同时，也不要遗漏重要文件，以保证归档的文件能够全面地反映本机关的职能活动和基本情况，便于今后各项工作的利用。

一般情况下，下列文件材料应该立卷归档。

具有保存价值的机关正式收文、发文和收电、发电。除公文的正件外，还应包括它的附件，如：图表、登记表和名单等。机关内部产生的各种文件材料（又称内部文件）：规章制度、调查研究材料、计划、总结、照片、录音带、录像带和光盘等。包括未经收发文登记以及非正常途径形成的文件材料，会议文件和合同契约，也都属于归档范围之内。

除上述文件材料以外，重份文件、事务性文件、临时性文件、参考性文件和无用抄件等都不应归档。.

归档时间。办理完毕的文件材料，应该在第二年内向档案室归档。对于某些专门文件，或驻地分散在外的个别业务单位的文件，为了方便于日常工作，归档时间可以根据实际情况适当延长。在基层单位，由于内部机构简单，工作人员少，办公处所集中，文件材料往往集中统一处理，文书和档案工作由一人兼管，不必规定专门的归档时间，只要把办理完毕的文件材料整理保存起来就算归档。

归档要求。凡属于归档范围内的文件，应该符合下列要求：归档的文件材料，应根据规定分类立卷，立成的案卷能正确地反映机关活动的基本面貌，便于保管和利用；归档案卷，卷内文件应按一定次序排列好，编号、填写卷内目录，并要填好封面，注明保管期限；归档案卷要排列整齐有序、编号并编制案卷目录。

三、档案室在形成文件与组织归档工作中的作用

档案室的基本任务之一，就是对本机关文书部门或业务部门文件材料的归档工作，进行指导与监督。因此应充分发挥档案室在形成文件与组织归档中的作用，是做好档案室收集工作的一个重要组成部分。

（一）档案室对归档工作的超前控制

为了保证归档文件的齐全完整，便于日后提供利用，档案室的工作人员不仅要通过归档工作把已经形成的文件收集齐全，而且要关心机关文件的形成与办理情况。机关在工作和生产活动中，往往有一些工作已经做了，或者经历了某些重要事件和重要活动，但没有记录下来形成文件（如：领导人现场办公处理的重要问题没有记载，电话请示与答复没有记录等）或者记录不全（如：文件上只记有工作活动的内容而没有责任者、日期，或者文件办完而没有注明办理情况等），这些都影响完整档案形成。

档案工作人员有责任及时向有关领导人和业务部门反映和提出意见，解决文书处理工作制度、文件书写格式和书写材料等方面存在的问题，必要时，也可请业务部门采取"亡羊补牢"的措施，做补充记录、拍摄、录音或录像工作，以保证档案文件的完整。档案室对归档工作的超前控制，可以通过监督与促进文件质量标准化、文书处理制度化，协助和督促有关部门做好立卷归档前的准备工作，以及加强对立卷工作的指导和检查等三方面工作而得以实施。

（二）文书部门或业务部门立卷归档制度

在大、中型机关，由文书部门或业务部门在工作活动中形成的具有保存价值的文件材料，进行立卷和整理，并定期向档案室归档，可以发挥文书部门或业务部门熟悉文件的形成与办理过程的优点，提高案卷质量和立卷工作的效率；容易把分散保存在个人手中的文件材料收集齐全，便于堵塞遗失文件的漏洞，有利于保守机密和维护文件材料的完整；这些部门暂时保存本年度的文件，可以节省到档案室查找文件的时间和手续，便于日常工作的使用；同时还可以为档案室创造条件，去开展本身的日常工作，不断提高工作水平。实践证明，坚持推行由文书部门或业务部门立卷归档的制度，就能为归档工作以至为档案室工作奠定良好基础。

（三）对散失文件的补充收集

一个机关即使建立、健全了归档制度，也可能有些文件不能按规定及时归档，特别是未经收发登记的文件和机关本身形成的内部文件，往往分散在个人手中。再加上机构调整、干部变动、环境变化等各种因素，都可能使归档文件不齐全、不完整。因此，在正常的归档工作以外，档案室还需要采取某些补救措施，开展对散失文件的补充收集。收集散失文件时要把重点放在"账外"文件上。所谓"账外文件"是指未经登记的文件，比如：机关内部文件，机关领导人或工作人员外出开会带回的文件，机关之间签订的合同、协议等也常常不作登记。这些文件如果保留在机关业务部门或个人手中，往往不易被发现，因而有时不能按正常手续立卷归档。这项工作往往与保密检查、节假日清理文件、人员或机构变动等活动结合进行，把应该归档的文件集中收集起来，以补充归档制度之不足。

（四）基层单位档案的收集

"上面千条线，下面一根针"，城市、乡村党政府机关、工厂企业、商店、学校等基层单位，档案数量不多，但档案种类齐全，成分复杂，对于研究典型单位，尤其是研究微观经济发展变化情况，这部分档案有一定参考价值。基层单位的档案，宜于集中统一管理，因为它的档案数量不多，只要建立正常的归档制度，注意平时收集、平时归卷，这项工作就可以做好。

基层单位在收集档案时，一定要抓住反映本单位主要职能活动的档案作为收集的重点，防止出现只重视上级文件，忽视本单位档案的片面做法。基层单位对于上级机关的来文，按照规定办法处理，有些需要清退，有些不必归档，只装订成册作为资料备查。

某些基层单位的档案工作，往往由身兼多职的秘书、文书或会计兼做。他们平时工作较多，可以见缝插针，充分利用开会时机，及时传阅、清退和归档文件。重点收集会议记录；请示报告；计划总结；工农业生产统计报表；年终分配方案；财务会计凭证；账本；年度报表；乡（镇）、村、队史；大事记和干部花名册等。有条件的乡、村（或社、队），可以把历年来的账本、凭证、报表，集中起来统一保管，以防遗失。

城、乡基层单位，如条件允许，可以建立综合性档案室，对文书档案、科技、会计档案实行统一管理，并安排专门房间作为档案库房，逐步改善档案的保管条件。

（五）对档案收集工作的宣传

为了使档案室在档案收集过程中发挥更大作用，推动归档制度的顺利实施，应该有的放矢地做好宣传教育工作，增强机关领导人和工作人员的档案意识，解除各种思想顾虑，以取得他们的支持与配合。档案是党和国家宝贵的历史财富，不是私人的财产，应当由档案部门集中管理专人看管，而且较好的保管条件和科学的管理方法便于提供利用；同时，这也是一种良性循环：做好归档后文件的整理、保管和积极开展利用服务，使业务部门和工作人员尝到档案集中管理的甜头，反过来又促进文件的收集工作。

（六）文件的平时收集工作

建立和健全归档制度是开展档案室收集工作的一项重要措施，而加强对临时性文件的收集，是保证归档制度落实、档案齐全完整的有效办法。

平时收集工作包括以下内容。

1. 零散文件的收集。在建立归档制度以前，有些单位的档案分散保存在内部机构和个人手中，这些档案仅仅依靠归档制度是不能收集起来的，必须加强平时的收集。

2. "账外"文件的收集。有些文件未经过收发登记，不易控制，难以收集齐全。对会议记录、规章制度、基本统计报表等材料，也要通过平时收集工作，集中到档案室统一管理。

3. 专门文件的收集。专门文件是指特殊载体、特殊规格的文件材料。档案室保存的文件门类不齐全，直接影响到档案馆馆藏的结构。所以在收集工作中，不能忽视对专门业务文件的收集。平时收集工作要落实到人，建立岗位责任制，充分发挥档案室人员的主观能动作用开辟多条渠道，广泛收集。

第四节　档案馆的收集工作

一、接收档案的范围

按照《档案馆工作通则》和《各级国家档案馆收集档案范围的规定》的文件精神，档案馆接收的范围是：

1. 本级各机关、团体及其所属单位具有永久保存价值的档案，省辖市（州、盟）和县级档案馆同时接收长期保存的档案；

2. 属于本馆应接收的撤销机关、团体的档案；

3. 属于本馆应接收的中华人民共和国成立以前的各种档案。对于第1条所列"本级各机关、团体及其所属单位"中的所属单位，在具体接收时要明确规定接收到哪一级所属单位目前一般只接收到二级单位，档案馆各方面条件具备也可以接收到所属的基层单位。比如：省、市档案馆，按规定应接收省（市）直属机关、团体、企业、事业单位的档案。

党的组织关系在地方，属于地方和上级主管部门双重领导的单位形成的以反映地方某项事业或建设活动为主的档案，经有关方面协商，也可以属于第1条范围内。

另外，集体所有制单位和典型私营企业的个体户、专业户形成的有进馆价值的档案和著名人物档案，经协商同意，也属于档案馆的第1条的接收范围。

二、现行机关档案的接收

按照国家规定，现行机关档案中具有长久保管意义的部分，需要定期向档案馆移交。接收现行机关档案室移交的档案，是各级档案馆的常规任务。

（一）接收档案的要求

档案被接收进馆时，应该符合一些基本的要求，以确保进馆档案的质量。

1. 完整性

按规定向档案馆移交的档案，应该收集齐全，按全宗作为一个整体归入档案馆，不得随意分散。档案馆应该关心文书立卷和机关档案室的工作，加强指导，堵塞漏洞，尽量使应该立卷归档的文件收集齐全，为后代积累完整的档案史料。与档案有关的资料、立档单位的组织沿革、全宗指南及有关的目录、索引等检索工具，随同档案一并接收。案卷目录编制一式三份，其中一份由档案馆签收后退回移交机关。

2. 真实性

进馆的档案必须具有真实性。凡有疑点的档案，都要尽可能加以考证，如果一时难以辨清，也要存疑，并予以证明。存疑或解疑工作应由文书立卷部门去做，而档案部门则负责检查与补缺的工作。

3. 地方性

馆藏档案内容除具有普遍性特点以外，还必须具有反映本地区的特点，有独到的地方特色。国家级档案馆的馆藏内容，有别于其他国家的鲜明的中国特色；各省（市、自治区）档案馆的馆藏内容，有别于其他省（市、自治区）的鲜明地方色彩。把带有地方特点的档案，作为接收的重点，防止档案内容的大量重复。

4. 坚持质量验收

在接收档案过程中，除了履行必要的交接手续以外，还应坚持质量验收标准，把案卷中存在的问题解决在进馆之前。

档案馆在接收档案前应遵照各地档案管理部门制定的《案卷质量标准和验收办法》，逐年对进馆档案进行检查验收。

验收方法，案卷质量检查可以采取自检、互检、检查小组检查接收三个步骤进行。

坚持案卷质量验收标准，会受到机关、单位领导和文书、档案工作人员的欢迎；

容易引起领导者对档案工作的重视，增强文书、档案工作人员的责任心，提高案卷质量，促进档案工作的业务学习，减少工作中的矛盾。

（二）接收档案的时间期限

根据档案发挥作用的特点，本着既便于档案形成机关工作查考，又便于各项工作利用的原则，现行机关形成的档案应该在本机关保存一段时间，供机关日常工作查考，然后再将需要长久保存的档案移交给档案馆保管。现行机关档案在本机关保管的期限，《机关档案工作条例》及《档案馆工作通则》规定为：省级以上机关将永久保存的档案在本机关保存20年左右；省辖市（州、盟）和县级以下机关应将永久、长期保存的档案在本机关保存10年左右，之后向档案馆移交。

档案馆接收现行机关保管期满的档案时，有逐年接收和分段接收两种办法。逐年接收，就是每年对现行机关保管期满的档案接收一次；分段接收，就是要隔一定时期（如三年、五年）对现行机关保管期满的档案接收一次。一般采用后一种办法为宜。

（三）接收前的准备工作

准备工作的主要内容有两方面：一方面是切实掌握被接收档案的情况，为此，档案馆应认真调查了解移交单位档案整理的原基础，鉴定的方法和质量，档案的数量与成分，需要进馆的档案的数量等确切情况，做到心中有数。为了保证进馆档案的质量，档案馆还应派人到移交单位检查准备移交档案的完整程度和整理质量，如发现问题及时解决。另一方面，档案馆还要做好馆内的各项物质准备，安排人力、物力和时间，以确保接收工作的顺利进行。

三、撤销机关档案的接收

新中国成立以后，由于社会主义事业发展的需要以及各类组织的改组和体制的改革，行政区划的变动等原因，撤销了一些机关、企业、事业单位。这些单位撤销以后，档案馆应及时组织力量将全部档案认真收集、整理、鉴定，并认真接收进馆或责成接管机关代管。各级档案馆接收撤销机关的档案，与接收现行机关保管期满的档案的办法与要求相同。

四、历史档案的征集

档案界习惯上所称的历史档案，是指在中华人民共和国成立前，各机关、团体、部队、企业、事业单位以及著名人物在社会活动中形成的档案。其中包括革命政权的档案、历代王朝、北洋军阀和民国时期的档案。

接收档案并归档，是丰富馆藏的重要途径之一。但是，由于各种复杂的因素，有些档案长期分散在各处，甚至在个人手中。依靠正常途径的归档、移交、接收等方式收集不到这些档案，必须广开门路，通过多条渠道进行收集，这种方式称为档案的征集。

档案的征集是一项社会性的工作，它要与社会各方面产生联系。社会是档案的发源地。档案部门靠守摊支撑门面，不主动向社会调查挖掘档案却要使馆藏丰富，显然是很有限的。社会上还藏有大量珍贵的档案，要靠我们去发现、去挖掘、去征集。

（一）征集档案的急迫性

征集的主要对象是新中国成立前的档案以及新中国成立后未归档的重要档案。

新中国成立前的档案，尤其是革命历史档案，从五四运动到中华人民共和国成立，在这三十年中，党的各级组织和人民政权、军队、群众团体和企业事业单位形成的革命历史文件、电报以及出版物原稿，有的保存在档案部门，有的分散了，还有的散失了。战争年代的艰苦斗争环境，没有安全保管文件和档案的条件，档案材料的损失是很严重的。新中国成立后的档案，各地方、各机关实行文书处理部门立卷归档制度和现行机关向档案馆移交档案的制度，这部分档案比较完整。但是有些重要档案至今尚在个人手中，随时都有损毁的可能，也存在未及时征集的问题。

征集档案具有抢救历史文化财富的性质。如前所述，散失的档案多年深日久、自然损毁严重，其中有些档案的保管条件还不得而知，有些埋在地下或放在夹壁墙中，甚至散放在潮湿地方至今无人过问。这些档案如不尽快征集起来，就有完全毁坏的可能。即使有些革命历史档案，已被有关部门保管使用，但长期把档案原件放在展览柜内，文件已经变质发脆，如不尽快用复制品替换下来，原件也有完全毁掉的危险。至于访问革命老同志，撰写回忆录，建立口述档案更是当务之急。如不抓紧访问、撰写，损失更为严重。

征集档案是党和国家当前与长远利用的需要。历史档案记录了我国古代、近代和现代社会丰富的历史情况，是历史研究的珍贵史料。编写地方志、地方史、专业史，也都需要利用全面、可靠的历史文献材料，征集历史档案也正是为了满足这方面的需要。革命历史档案，是我党领导全国人民进行长期斗争的宝贵的历史记录，是从事党史研究、理论研究、进行革命传统教育的重要材料。编辑与出版老一辈无产阶级革命家的选集和传记，编写中国共产党党史、编写军战史都急需革命历史档案。为了配合各级博物馆、纪念馆开展展览活动，形象地再现祖国灿烂的历史与文化，宣传革命的丰功伟绩，进行物质文明与精神文明的教育，档案馆征集档案提供档案（复制件）供他们使用，是很重要的一个方面。

（二）档案征集的途径

采取广泛宣传和措施得当的办法，使人们认识到档案集中保管的重大意义，并主动配合搞好档案的征集工作。主要途径有以下几种。

1. 向有关单位征集代管新中国成立前的档案和资料

由于历史的原因和工作的需要，新中国成立前的政权机关的档案多为公安部门代管。随着工作重点的转移，这部分档案保存在公安部门，已影响到档案的长久保管和作用的发挥。因此，向公安部门等有关单位征集历史档案已势在必行。

2. 向兄弟档案馆征集

行政区域的变化，隶属关系的变更，再加上历史的一些复杂因素，常常使同一地区、同一单位的档案分散到几处或若干档案馆。因此，在时机和条件成熟时应该与兄弟档案馆交换档案目录，交换档案复制品或交换档案原件。

3. 向图书馆、博物馆、纪念馆征集

由于各级档案馆建立较晚（1959 年以后，全国逐步建立各级各类档案馆），新中国成立初的一段时间，有些历史档案被图书馆、博物馆、纪念馆收集保存起来，这是一件值得称道的事。但是，图书馆、博物馆、纪念馆和档案馆，各有不同的工作对象、不同的工作分工。博物馆、纪念馆可以展出档案的复制件，把档案原件交档案馆保存。档案馆保管的文物，也应当交给文博部门保存和展览。

4. 向古旧书店、废品收购部门征集

古旧书店、废品收购部门、造纸厂、文物商店等单位，都有可能接收一些历史档案。档案馆可以和这些部门联系，要讲明意图，签订合同，与档案馆搞好协作，通知其收到档案文件不要转卖出去，要交售档案部门。

5. 向寺庙、古迹保管部门征集

寺庙、古建筑反映了我国悠久的历史和文化，它保存有不同时期、不同朝代、不同数量的历史档案。其中一些时间久远十分珍贵。档案馆应该遵循宗教政策，宣传档案工作的集中统一管理原则，本着自愿、协商的精神，到寺庙、古迹单位进行征集。即使征集不到原件，也可以征集一些复制品。

6. 向个人征集

有些历史档案被某些个人收藏，应该针对各种各样征集对象的特点，开展征集工作。档案馆可以向保存档案的个人购买。只要本人完全同意且自愿，也可以献交档案馆。但档案馆应为被征集者留存复制件作为纪念。

收藏历史档案者，对档案征集工作的意义和目的可能了解较少，存有种种顾虑，对此不能操之过急，要耐心解释和等待。向个人征集的方法可以多种多样，例如发信询问，电话联系，登门拜访，委托有关部门代为征集。登门拜访征集是比较可取的办法。通过当面接触，可以进一步讲清意义，介绍档案馆良好的保管条件，消除其顾虑，增强信任感。

（三）在征集档案过程中，要正确处理好几种关系

1. 个人收藏与档案馆集中保管的关系

就某些个人来看，收藏的历史档案情况是很复杂的：有组织上委托保存的；有的是从已故去的老同志那里继承下来的；有的是为了珍藏而收集来的，甚至有些人是冒着生命危险保

存下来的。这些档案能够收藏至今，是热爱党、热爱祖国、热爱史料的具体表现。多数人是愿意献交的。即使少数人思想不通，档案馆也不能操之过急，经过艰苦细致的工作他们还是能够献交的。

2. 征集档案与利用档案的关系

通过上述渠道征集的档案，要一律交给各级档案馆保存，不断丰富档案馆的馆藏。征集是为档案提供利用打基础，没有征集来的档案谈不上利用，而档案的提供利用又能促进档案征集工作的开展，征集与提供利用是相辅相成的。提供利用工作做得越好，越有利于征集的开展。

3. 征集档案与留作纪念的关系

　　无论单位或个人，过去冒着一定的风险收藏档案，是伟大的贡献；在党和国家进行征集时，能够顾全大局，毅然交出，这又是新的贡献。征集档案一般采取无偿征集和有偿征集两种方式，应该根据各种征集对象的不同情况，给予感谢、奖励或必要的报酬。比如，对于捐赠者可给予一定的荣誉，赠送复制品，并在今后使用上给予方便。对于有些同志上交多年珍贵的档案，也可采用有偿购买方式，经双方协商付给原者一定的物质报酬，以资鼓励。

　　4. 征集原件与征集复制件的关系

　　一般说来，征集档案应尽可能征集原件，但在某些情况下，如果收集不到原件，也可采取征集复制件的方法，以此来丰富档案馆藏的内容。

第四章 档案的整理

第一节 档案整理工作概述

一、整理工作内容

档案整理工作，就是按照一定的原则和方法，把处于相对零乱状态的档案系统起来，以便于保管和利用。

对档案的整理有广义和狭义之分。广义的档案整理，包括对文献的鉴定、考证、编纂出版。狭义的整理指档案管理学中的档案整理，其主要内容有：区分全宗、全宗内档案分类、立卷、案卷排列和编制案卷目录。

由于原来档案状况有所不同，所以整理工作内容也会出现差异。在档案馆和档案室，档案的整理按整理工作内容的范围，可以分成三种类型。

（一）系统排列和编目

当档案室接收的是文书部门和业务部门按照归档要求立好的案卷，或者是档案室根据入馆要求整理移交的案卷时，档案整理工作主要是在更大范围内根据档案存放和管理的需要，对全宗和案卷进行排列，对案卷目录进行加工。

（二）局部调整

对于整理入档案馆（室）保存的档案，对其中不符合整理要求不便于保管利用的部分，应进行加工，以提高质量。另外，档案自身或整理体系，会随着时间的推移而发生变化，需要进行必要的调整。

（三）全过程整理

当档案馆（室）接收和征集一些零散文件时，或者馆藏体系遭到严重破坏时，就必须进行全过程的整理工作。

二、档案整理工作的意义

随着我国各项事业的不断发展，档案的数量和成分还将继续增加。把这些数量浩大的档案及时地、完整地收集起来，进行科学的整理，提供利用给各项工作，档案整理工作在全部档案管理活动中具有重要的意义。

（一）档案的整理是揭示文件之间的有机联系，为发挥档案作用创凌了有利条件

保存档案的主要目的，是为了及时地、系统地提供档案为社会主义事业服务。为了达到这样一个目的，所提供利用的档案必须经过科学的整理。档案数量庞大、成分复杂，如不进行科学整理，查找使用真像"大海捞针"一样困难。没有经过整理和系统化的档案，就不能充分体现档案的历史记录的特点，不能完整地反映出各项活动的历史联系和本来面貌，就会影响甚至失去档案的利用价值，不便于进一步查考研究问题。档案整理工作的基本任务，是把档案组成一个体系，通过编目使其固定下来，为利用档案提供方便条件。不能超出档案整理工作所要解决的主要问题，而且要求整理的档案直接满足各种角度利用档案的需要。

（二）档案的整理是档案管理所有业务活动的关键坏节

档案的整理，不仅为档案的利用创造了方便条件，而且也为整个档案管理工作奠定了良好的基础。在档案管理的各个环节中，收集工作是起点，提供利用是档案工作的目的，而档案的整理则是承上启下的关键所在。收集或征集来的档案，经过档案整理这个环节，可以进一步了解和检查档案收集工作的质量，对档案收集工作有一定的促进作用；档案在整理过程中，往往是与档案价值的鉴定工作结合进行，而鉴定档案的价值和划分档案的保管期限，必须对档案进行全面的考察和仔细认真的分析。只有经过系统整理的档案，才能提供这种可能性。经过整理以后的案卷，是档案的保管、统计、检查的具体工作对象和基本单位，也使编制档案检索工具与编写参考资料有了主要依据。因此，档案整理工作对于充分发挥档案的作用、实现档案工作的目的、奠定档案管理工作的基础，具有重要的意义。

（三）档案整理是实现档案管理现代化的要求

采用现代化手段管理档案，要求对档案实体加以整理，使之达到一定的系统化程度。例如，计算机库房管理系统、编目系统都需要以档案实体的一定体系为基础，档案缩微化更要求档案原件系统有序，具有有机联系的档案达到相对集中。档案管理的现代化，也需要以档案的系统整理为基础。

三、档案整理工作的原则

档案整理工作的原则是：充分利用原有的整理基础，保持文件之间的历史联系，便于保管和利用。

（一）充分利用原有的整理基础

档案不仅记录了当时的社会活动，而且也反映了整理和保存档案的状况。整理档

案时，要尊重历史和前人的劳动成果，充分利用原有的整理基础，这样有利于保持文件之间的历史联系，能够加快整理工作步伐，提高整理工作的质量。充分利用原有的整理基础，应该做到以下几点。

1. 提高对原来整理工作的认识，对原有基础予以充分的重视

对于过去的整理方法，应该采取实事求是的态度，认真分析研究其利弊，合理部分，应该继承保持下来。

2. 不要轻易打乱档案

一般情况下，只要不是零散文件，已经有了一定的整理基础，应该力求保持原有的整理体系，通过必要的加工整理或者其他补救措施提高整理体系的水平。如果轻易把档案打乱，返工重整，不仅费时费力，而且也很难满足利用档案的需求。

总之，原整理基础是一定时期档案整理工作水平的反映，不要轻易全盘否定，除原来基础太差的以外，其他不要随意改变。

（二）保持文件之间的历史联系

文件之间的历史联系，就是文件在产生和处理过程中所形成的内部相互关系。历史联系也被称为"内在联系"或"有机联系"。档案文件虽然是以单件的个体形式陆续产生的，但却是以组合的群体形式存在和运动的。因此整理档案时，只有保持文件的固有联系，才能把文件组成科学的有机体系，反映历史活动的原貌和文件的系统内容。

文件之间的历史联系，主要表现在来源、时间、内容和形式等几个方面。

1. 来源方面的联系，主要指文件是以机关及其内部组织机构或一定的个人为单位有机形成的，产生文件的单位构成与文件来源方面有不可分割的联系。整理档案必须保持文件之间这种固有的联系，不容许随意脱离形成单位。文件之间的历史联系是多方面的，来源方面的联系是首要的，只有在保持文件之间来源方面联系的前提下，时间、内容、形式等方面的联系，才能更深刻地反映文件形成单位的活动面貌，体现档案作为历史记录的属性。

2. 时间方面的联系，主要是指形成文件的机关、组织或个人进行工作活动时，都有一定的过程和阶段，从而使文件之间具有一定的时间联系。整理档案时，应该在保持文件来源联系的同时，注意保持文件之间的这种时间联系。

3. 内容方面的联系，主要指文件是机关、社会组织行使职权过程中形成的，是在解决一定问题过程中产生的，一件工作、一起案件、一项运动、一次会议形成的文件，内容上有密切联系，整理档案时必须考虑到这种密不可分的联系。在整理档案的某些程序中，文件内容方面的联系往往是最紧密的联系。整理过程中如果完全没有表现出文件内容方面的联系，那么来源、时间、形式等方面的联系都可能显得不密切。当然，只有在保持文件来源联系的情况下，文件内容方面的联系才更深刻。

4. 文件在形式方面的联系，是指文件的形式标志着文件的特定作用，在一定程度上反映了文件的来源、时间和内容的性质，因此，文件的形式也构成文件之间一定的联系。文件的形式，包括内部形式（如：种类、名称）和外部形式（如：载体和记录方式）两方面。

保持文件之间的历史联系，应从以下两个方面去辩证地看待和处理：

一方面，要善于找出和保持文件之间最紧密的联系，并尽量从多方面全面保持联系。文件之间具有错综复杂和多种多样的联系，其中一些联系反映了文件最密切的联系，所以因而应该根据文件情况，找出并保持文件之间最紧密的联系，不能只看到文件之间的某种联系就随意整理。同时，在整理档案的全过程中，应该力求从档案的来源、内容、时间和形式等各方面，全面地保持文件的联系，为档案的鉴定、检索和利用工作创造良好的条件。

另一方面，不能离开实际整理的文件材料，简单地确定某种整理方法和评说优劣。应该根据一定的条件，如不同档案的特点，形成的不同情况等，采取保持文件联系的不同方法。另外，要从整理工作的各个环节和各个方面，全面考虑是否保持了文件的联系，不能只从某一个方面，孤立地看待是否保持了文件的历史联系，不要把某种联系理想化或者把某种整理方法绝对化。

（三）便于保管和利用

整理档案时，注意利用原有的基础，保持文件之间的历史联系，一般都能便于保管和利用。但是有时保持文件的联系和便于保管利用又不一致。例如：一次会议的文件，从载体形态来看，有纸质的，也有胶片、磁带的；有机密性的，也有可以公开的；有永久保存的，也有长期、短期保管的等。如果单纯强调保持文件之间的历史联系，全部集中起来进行整理，显然不便于保管和利用。在这种情况下，不能机械地运用保持文件联系的原则，而要充分考虑档案保管和利用的方便。对于不同种类的档案，记录方式、载体材料、机密程度和保管价值等显然不同的文件，应该根据情况分别整理，恰当组合，而在相应的范围内保持文件最优化的联系。

为了便于理解整理工作的原则，我们把它分成三个层次加以阐述。实际上三个层次是互为一体的，绝不可片面理解整理工作原则。

第二节　全宗

一、全宗及其作用

全宗是一个国家机构、社会组织、个人形成的具有有机联系的文件整体，是档案馆档案的第一层分类、管理单位。（《档案工作基本术语》《档案工作标准汇编》中国标准出版社 1992 年 10 月第一版）我国档案全宗的类型，主要包括以下几种：按形成全宗的单位和全宗内容的性质，分为机关组织全宗和人物全宗两种；按全宗的范围和构成方式，分为独立全宗、联合全宗、汇集全宗和档案汇集四种。

全宗的基本含义包括以下三个方面。

（一）全宗是有机联系的文件整体

它说明全宗具有不可分割性，某一国家机构、社会组织、个人或同一个生产建设科研活动形成的档案，反映了它们所进行的各种活动及其相互之间密切联系的整个过程。全宗是组成国家档案全宗和进行档案分类、管理的基本单位，同一全宗的档案不能分散，不同全宗的档案不能混淆。在我国，全宗的整体性还受到党和国家法规的约束与保障。中共中央办公厅与国务院办公厅1983年发布的《机关档案工作条例》和《档案馆工作通则》分别规定："一个机关的全部档案是不可分割的整体，应统一向一个档案馆移交""进馆档案应保持全宗的完整性"。

（二）全宗是在一定的历史中形成的

全宗是在社会生活中形成的，它体现了档案及其形成的特点。

（三）全宗是以一定的社会单位为基础而构成的，它说明了特定的档案整体的来源和界限。

全宗是以产生它的机关、组织和个人为单位而构成的，这就为档案全宗确定了一个区分标志。国家档案局1987年发布的《机关档案工作业务建设规范》规定："一个机关在其工作活动中形成的各种门类和载体的档案为一个全宗。"全宗定义中的来源要素，对档案管理具有实用价值。

全宗理论是在档案集中管理过程中逐步形成的，是随着档案工作的开展而不断完善的3中华人民共和国建立以后，在吸收旧中国档案学理论遗产的基础上，参考外国档案工作经验，在辩证唯物主义和历史唯物主义理论指导下，加强对全宗理论的研究，并在以后陆续发布的关于档案工作一系列的《通则》《条例》中，对全宗问题做了明确规定。中华人民共和国成立以后，档案已成为国家所有的财富，实行集中统一管理。全宗理论的发展与完善，既促进了档案科学管理水平的提高，又逐步丰富档案学研究的内容。

档案为什么必须以全宗为单位整理呢？

第一，按全宗整理档案，能够揭示档案内容的实质，从而正确评价档案的价值，为档案的提供利用奠定了科学基础。按照全宗来整理档案，能比较完善地反映机关或个人活动的面貌，从而便于对档案的利用，使人们有可能通过档案全宗全面地、系统地去研究历史上各个机关或著名人物在工作活动中所积累下来的丰富的历史经验与教训。

第二，全宗是档案管理的基本单位。对档案管理有重要的组织作用。在档案管理的全过程中，要以全宗为基本单位进行分类、编目、鉴定、统计等管理工作，避免造成某种不必要的混乱发生，区分全宗是档案整理中的第一步。

第三，按全宗整理档案，不仅仅是一个方法问题，也是一个理论问题。按全宗管理档案，是档案管理区别于图书管理及其他文献管理的重要特点之一。同一全宗的档案不能分散，不同全宗的档案不能混淆，应该按照档案的来源把全宗内已被分散的各部分档案集中起来，从而维护全宗的完整性以及挖掘全宗内档案作用的潜力。

总之，不应该把全宗理论绝对化，从而忽视全宗理论不断发展的规律，同时也要防止把全宗问题看得过于简单，甚至取消"全宗"的理论。"全宗问题"不解决或解决得不好，都将直接影响档案整理工作的进行。所以，整理档案必须以全宗为单位进行。

二、立档单位及其构成条件

立档单位是构成档案全宗的国家机构、社会组织、个人或生产建设或者科研项目的组织者。通常称为"全宗构成者"。例如，中央XX部或XX市XX局就是一个立档单位，它产生的全部档案是一个全宗。

立档单位与通常所说的各机关、单位多数情况是一致的，但也有不一致的情况。那么，什么样的机关单位是立档单位，什么样的机关单位不能够成立立档单位，应该有一个划分的条件和标准。

确定一个机关、组织、单位是不是立档单位，主要应该分析它是否能够独立行使职权，并能以自己的名义对外行文。通常情况下，在工作上、组织上、财务上有一定独立性的单位均为立档单位。构成立档单位的具体条件如下。

1. 可以独立行使职权，并能以自己的名义对外行文。

2. 是一个会计单位或独立的核算单位，自己可以制作预算或财务计划。

3. 设有管理人事的机构或人员，并有一定的人事任免权。

上述构成立档单位的条件互有联系，在一般情况下，三者往往是一致的、统一的。但也有不统一的情况。比如，在工作上、业务上是独立的，而组织上、财务上有的是不独立的；也有的是工作上、组织上是独立的，财务上是不独立的。实际情况是错综复杂的，所以在分析时主要是看该机关、单位能否独立行使职权并对外行文。比如，有些市、县的工会团委、妇联等群众团体部门，它们没有专门的人事机构，也不是个会计单位。但是，它们能独立行使职权，能够以自己的名义对外行文，所以它们可以分别是一个立档单位。

在档案整理时，怎样去确定一个单位是否具备立档单位的条件？

通常是从两个方面去考虑：一方面，应该依据法规性文件区分。比如，关于机关建立的决议、命令、组织章程条例以及会议记录等，这些文件上面一般都有职权范围、执行任务方面的记载。另一方面，应该从机关单位的实际情况去分析研究。在实际工作当中，有比较健全的文书工作单位，通常就是一个立档单位。此外，单位名称、机关印信等也可作为分析构成立档单位条件的参考。比如，xx市卫生局是一个立档单位，而卫生局的各个处，就不是一个立档单位。

还有一种情况值得注意：确定一个单位是不是立档单位，不能以这个单位人员的多少、权限的大小和形成档案数量的多少来确定。有的单位人员并不多，权限也不甚大，形成档案的数量比较少，但是，它却具备了上述三个条件，是一个独立的机关。这样的单位，就是一个立档单位，它所形成的档案，应该构成一个单独的全宗。相反，有的单位内部组织机构权限很大，形成档案的数量也不少，但是它不具备上述条件，不是一个独立的机关，这样的单位就不是一个立档单位，它所形成的档案，也就不能构成全宗。

各机关、企业、事业单位党组织的档案，工会、共青团等组织的档案是立档单位档案的有机组成部分，应作为一个全宗看待。单位里的党委（党组）、总支、支部以及共青团、工会组织，它们不是独立的机关，但它又不是机关内部的一个行政机构。

按照我国档案工作实行党政档案统一管理的原则，要求将一个机关、企业、事业单位内的党、政、工、团的档案构成一个全宗。

三、区分全宗

立档单位不是固定不变的，这种变化直接影响到全宗的划分。由于社会的发展，事业的进步，常常引起一些机关的增设、撤销或合并，这些发展变化常常给全宗的划分带来一些新的问题，需要在实践中认真对待。这就要求在具体划分时应该研究立档单位的各种变化情况，辨别哪些变化是根本性的，应当产生新的立档单位和全宗；哪些变化是非根本性的，不成立新的立档单位和全宗。

研究某一立档单位是否有根本性变化，主要应该从立档单位的政治性质和基本职能等有关方面去考察。对于政府机关、团体和事业单位，主要应从政治性质分析它们的变化。在立档单位的政治性质无根本变化的情况下，主要是分析基本职能是否有根本变化。

（一）新建

新成立的机关、企事业单位所形成的档案均可以构成一个全宗。比如，城乡环保部是新成立的机关，其档案就构成一个新的全宗。

（二）分开

新成立两个或两个以上的机关单位，是代替了一个已被撤销的旧的机关、单位的职能。换句话说，一个机关、单位分为两个或两个以上的单位。这样新旧机关、单位所形成的档案，应该怎样划分全宗呢？旧的机关已被撤销，它所形成的档案应该单独构成全宗；新成立的机关、单位各自形成的档案，应分别构成不同的全宗。比如：xx市电子仪表工业局，在机构调整时撤销，分别成立电子工业、仪表工业、光学工业总公司，这些新成立的单位所形成的档案，应分别构成新的全宗。

（三）合并

与上述情况相反，由两个或两个以上的撤销单位，合并成一个新单位。尽管这些单位与原有的单位前后有一定的联系，但在基本职能上是不同的，它们所形成的档案应分别构成全宗。比如：XX年机构调整时，中央粮食部和全国供销合作总社合并到中央商业部。原粮食部、供销总社与商业部的档案应别构成全宗。

（四）独立

从某一立档单位分离出去作为一个新的单位，它代替了原立档单位的一部分职能。从它改变为独立机关时起，它所形成的档案应构成新的全宗。比如，某市税务局从市财政局独立出去，它所形成的档案，从独立之日起，应该是一个新的立档单位。

（五）从属

与前一种情况相反，原来是一个立档单位，后来因为工作需要，改变为某一机关内部的一个组织机构。改变前的档案为一个全宗，改变后是另一全宗的一部分，不能单独划分全宗。比如，中央高等教育部原为一个立档单位，后来变为中央教育部的内部机构一高教司。改变前为高教部全宗，改变后为教育部全宗的一部分。

（六）合署

两个单位合署办公，而文件又是分别处理的，它们所形成的档案，应该分别构成全宗。比如：某市民主建国会与市工商联合署办公，但它们的文件是分别处理的，它们形成的档案分别构成两个全宗。

（七）临时

各种临时性机构形成的档案，一般不设立新全宗。

因为临时性机构的业务往往属于某机关或若干机关业务范围之内，存在的时间不长，形成档案的数量不多。对于个别的临时性机构，独立性较强，存在时间较长，其档案也可以考虑成立新的全宗。比如，防汛指挥部，其活动主要集中夏、秋两季，其业务主要属于水利厅（局），所形成的档案应作为水利厅（局）的一类即可，不必单独划分全宗。而"四清社教总团"的情况不同，独立性较强，存在时间较长，其档案也可以考虑成立新的全宗。

上述情况说明，只有在一个单位的职能发生了根本性的变化，其档案才可能构成新的全宗。这一般是指新中国成立后的各机关、企业事业单位，至于在政权性质、生产关系等方面发生的变化就更是根本性的变化，变化前后的机关、单位所形成的档案，应分别构成新的全宗。

属于下列情形者，不是根本性的变化，不能成立新的全宗。①立档单位名称的改变；②立档单位领导关系的变更；③立档单位内部组织机构的调整；④立档单位工作地点的变更；⑤立档单位短期停止活动以后又恢复。

立档单位变化中确定与划分全宗问题，情况错综复杂，应该遵循全宗理论，做具体分析研究，实事求是地加以解决。

在档案整理过程中，尤其在整理历史档案或撤销机关档案时，会遇到几个全宗混在一起的情况，有些零散文件分辨不清是哪个单位形成的。在这种情况下，就要判定档案的所属全宗，把零散文件加以"归队"。只有这样，才能确保档案全宗的完整，避免档案的混乱，便于档案的查找和利用。

判定档案所属全宗，关键在于确定档案的形成者——立档单位。判定档案所属全宗的一般方法主要应从收文、发文和内部文件三个方面着手。

发文和内部文件。它们的作者就是档案的形成者，只要查明了作者，也就确定了它所属的全宗。通常情况下，发文有固定的文件格式，而且还有发文机关的印信，所以判定文件作者并不难。但有些文件并无固定的发文字头，有时也不盖机关印章，这种情况下，可以从文件的其他方面（比如发文的起草人、文签批人、文件外形特点等）去考察文件的作者。内部文件由于固定的文件格式以及制成材料的多样性，更应从文件的标题、负责人签名、印章和文件内容去分析文件的作者。

收文。只要查明了文件的实际收受者（收文单位），也就确定了它所属的全宗。在通常情况下，收文上面都指明主送单位或个人，而且收文机关收到文件后要加盖收文的印章并附有阅办单，写明领导批办意见。根据以上特征，判明文件的收受者。在实际判定时，会发现文件虽写明主送单位，但是该机关收到后又转给另一机关办理的情况。这种情况下，应该判定实际办理文件的机关才是收件者。

对于全宗混淆状况严重的特殊问题，不能运用通常的方法去判定档案所属全宗，往往要借助文件上的各种标记去判定。比如，承办单位负责人或承办人的签字、批注的记号、收文和归档的印章或其他戳记以及文件上的各种日期等。还可以通过研究文件的内容，根据文件内容所涉及的领导机关和领导人以及时间、地点、内容、工作范围等方面进行分析研究；也可以利用档案形成机关的收发文簿、文件移交清册及其他簿册、目录来查对文件；或者从文件的外形、标记、笔迹、墨水、载体和书写方面去同标明作者和收受者的文件进行比较和判定，都是切实可行的。但是，不论用什么方法去考证，只有把这些方法联系起来加以综合分析判断，才能比较准确地判定档案的所属全宗。

四、人物全宗

人物全宗是社会知名人士（如社会活动家、科学家、艺术家、教育家、企业家、英雄模范等）在其一生活动中形成的档案整体。历史上一些著名的家庭、家族所形成的档案，在我国也属于人物全宗的类型。形成人物全宗的个人、家庭和家族，也是立档单位。

人物全宗，包括个人的著作、手稿、日记、信件、遗嘱以及记载个人或家庭、家族活动的全部有价值的材料，还包括别人撰写和收集的与人物全宗构成者个人、家庭和家族有关的材料以及直系亲属的能够说明立档单位情况的材料。

人物全宗中不得收入全宗构成者在其机关组织公务活动中处理的官方文件原件。我国以及其他国家多年的实践证明，如不切实掌握人物全宗的这种界限，必然导致许多全宗管理的混乱以及其他不良后果。

个人、家庭和家族的文件材料，无论形成于何时何地以及立档单位的政治思想和社会地位有何重大变化，都只能构成一个全宗。

人物全宗是国家档案全宗的组成部分，其中往往拥有相当珍贵的材料，对于经济、政治、历史、艺术、科学、军事等方面的研究，具有重要的价值。人物的知名度是相对的，不同的档案馆应从不同的社会领域和不同层次，根据人物的特点，确定如何组建人物全宗。

五、全宗的补充形式

整理档案当中，不是所有的档案都能按全宗明确分开整理。

有些情况是很特殊的，必须采取一些应急措施，作为按全宗整理档案的补充形式。主要有下面几种形式。

（一）联合全宗

两个或两个以上立档单位形成的、互有联系而不易区分全宗的档案构成的全宗。

能够作为联合全宗的主要有以下两种情形：一种是前后有密切继承关系的立档单位，由于工作关系密切，档案互相混淆，很难区分。这样就可以把两个立档单位形成的档案组成为联合全宗进行整理。另一种是两个机关合署办公，对内一套编制，对外两块牌子，而文件又混在一起无法区分。在这种情况下，可以把这种合署办公的机关所形成的档案，作为一个联合全宗进行整理。例如，档案局与档案馆，在许多地方是对外两块牌子，对内是一套编制，文件常常混在一起，这种情况就可以作为"联合全宗"对待。

（二）全宗汇集

若干个立档单位形成的，可以区分全宗但数量很少的具有某些共同特征和联系的档案构成的全宗，称为全宗汇集。

档案馆所保存的全宗，其档案数量是不等的。有一些小全宗之间的界限十分清楚，能够分清，但档案数量却很少，如果把这些数量极少的全宗也作为保管单位，势必增加保管和利用上的麻烦和不便，也没有这种必要。遇有此种情况，就可以把档案数量很少而性质又相近的全宗集中起来，组成全宗汇集，只给一个全宗号，相当于一个全宗那样保管和统计。例如："XX革命历史档案全宗汇集"。

"全宗汇集"与"联合全宗"的区别在于："全宗汇集"中的单个全宗档案数量少而且能够分开，而"联合全宗"的档案之间联系密切，档案混在一起很难分开，"联合全宗"具有长久性，一旦固定下来，基本保持不变。而"全宗汇集"具有不稳定性，一旦发现新的档案补充时，需要做出相应的处理，重新进行整理和编目。

（三）档案汇集

用人为的方法将不知其所属全宗界限的残缺不全的文件按照一定特点集中起来的混合体，称为档案汇集。

它也和其他全宗一样，用一个全宗号作为一个单位保管统一编号。在整理新中国成立前档案时，或因特殊情况接收撤销机关档案时，会发现一些残缺不全的档案，很难确定它们所属的全宗界限；或者虽然能判明全宗，但其所属全宗已不存在，只剩下很零碎的一些档案，已经很难再按全宗进行整理，为了便于管理和提供利用，才采取这种补救措施。

"档案汇集"主要是针对档案残缺不全，全宗界限十分模糊的情况，在档案管理中很少采用这种办法。只有在很特殊的情况下，确实找不出更好的处理方法时才采用"档案汇集"这种应急措施。

上述几种形式，都是以全宗理论为基础，从档案整理的实际情况出发，作为按全宗整理和保管档案这一基本形式下的一些必要的补充形式。但上述形式不是随意乱用，只有在极少数特殊的情况下才能运用，而且一旦发现这种补充形式有不合理之处，应立即采取补救措施加以纠正。实际应用中应注意以下几方面问题。

第一，上述的补充形式不应随便采用，只有在无法区分全宗，或确实不便于按全宗管理的不得已的情况下才可以采用。

第二，全宗补充形式的组成有一定的灵活性，也可以根据实际情况进行必要的调整与补充。

第三，档案馆根据馆藏建设的总体规划，有选择地接收一些机关部分档案时，由于接收档案的数量较少，也可以采用"全宗汇集"的方式加以管理。

六、全宗群

联系密切的若干全宗的群体，称为全宗群，也就是全宗的分类。为了便于保管和利用，应该把互有联系的全宗组织到一起，维护一定类型全宗的不可分散性。首先按照档案形成的不同时期分为几大部分。如：新中国成立前档案（革命历史档案，旧政权档案）和新中国成立后现行机关的档案，每一部分再按立档单位的类型和特点，对全宗进行细分。比如，按照立档单位的性质，把档案分成工业交通系统、农林水利系统，财政、金融商业贸易系统、科学文化教育卫生系统等；或者按地区分类，分别组成全宗群。全宗的分类，一般应和档案的分库保管相一致，一个或几个性质相近的全宗群应当集中保存在相同的档案库房内。

全宗群不是具体对档案进行整理和统计的一个固定的实体单位，而是在档案管理中，起指导和组织作用的一种形式和方法。

第三节　全宗内档案的分类

一、分类的意义和要求

全宗内档案的分类方法，是根据立档单位内档案的来源、时间、内容或形式的异同，按照一定的体系，分门别类，有系统地区分档案和整理档案的方法。

全宗内的档案为什么还要进行分类呢？

首先，档案的分类是实行档案科学管理的重要方法之一。一个全宗的档案是一个有机的整体，它们之间有着不可分割的密切联系。然而，仅仅以全宗为单位来整理档案还不够。一个立档单位的活动有着许多侧面，它们之间既有联系又有区别，为了进一步体现这种区别，便于保管和利用，就需要把一个全宗内的档案分成若干类别，为了体现它们之间的联系，又要有次序地按照类别进行排列。随着档案馆藏量的逐渐增多，必须对档案进行科学的整理，才能满足提供利用的需要，而分类则可以揭示出文件之间的内在联系。揭示档案内容，保持文件之间联系的方式方法是多种多样的，但是区分全宗、全宗内档案进行分类，则是必须首先要采取的步骤。其次，分类也是档案整理工作中的重要环节之一，它为一系列整理工作创造条件。全宗内的档案只有经过分类，才能进行立卷、排列和编目。全宗内档案不分类可能给其他方面的工作带来很大困难。在分类理论指导下所选择的科学分类法，不仅类项设置合理，而且归类容易准确。对于现行机关平时的立卷归档和档案馆（室）的案卷整理排列、编目和上架，都有着现实的意义。再次，档案分类的重要意义在于它为档案的管理和利用，提供了有利条件。因此，分类时要以辩证唯物主义与历史唯物主义作为指导思想，根据档案的来源、内容、时间的特点进行分类。

档案的分类方法，从古至今是档案管理工作中令人关注的问题。我国宋代曾规定，有关政策法令性的重要档案文件，要"置册分门编录"，当时的档案管理，已形成简单的分类方法。清代嘉庆年间，内阁典籍厅曾经整理所藏九万件档案，并编制《清理东大库分类目录》，把全部档案分为25大类，主要是采取按档案文件名称分类的方法。近代，"中华民国"时期，分类已成为档案管理诸程序的中心，档案的管理改革首先是档案分类方法的公开和完善。由于当时历史条件的限制，我国档案工作者在寻求科学分类法时，始终受到欧美图书分类法的影响，当时以搬用杜威十进分类法为多。

根据不同立档单位的活动和全宗内档案成分的特点，进行全宗内档案的分类，是一项比较复杂细致的工作，因而对档案的分类有比较严格的要求。

第一，要求分类具有客观性。由于档案是机关、组织活动中系统地积累而形成的历史产物，应遵循档案形成规律，从全宗的实际情况出发进行分类。竭力维护它们在立档单位活动中原有的某些主要方面的历史联系，科学地选择分类方法，合理地设置类目，准确地归类，使全宗内档案的分类能够较为系统地反映出立档单位活动的面貌。

第二，档案分类体系应该具有逻辑性。全宗内的档案是机关在处理各种事物中形成的，全宗的成分及其纵横联系往往比较复杂，全宗内档案的分类又常常采用几种方法，所以分类体系的构成应力求严密。因此，必须遵守每次分类按照同一标准进行，不应有交叉或互相包容的矛盾现象。如，在按问题分类时，设"经济类"，平行的同位类中不能再设"工业类…"农业类"……

第三，全宗内档案的分类应该注重实用性。档案的分类必须便于保管便于检索和利用。比如，对于现行机关和撤销机关的全宗，大全宗与小全宗，对于全宗内形式与载体特殊的档案材料，往往采取不尽相同的分类方法。在档案分类过程中，防止无视全宗的特点而生搬硬套的分类方法，更要禁用空设的虚类。

对于某些历史档案以及政策性较强的档案进行分类时，必须以马列主义和毛泽东思想为指导，根据档案的实际内容和相关因素，合理地组织类别体系和设置类目，如实反映立档单位的性质及其活动状况，揭示档案的内容实质和相互联系。

二、档案分类的一般方法

全宗内档案分类方法很多，归纳起来有下面几种。

按文件的产生时间分类，其具体形式主要有两种：

1. 年度分类法；

2. 时期分类法（阶段分类法）；

按文件来源，其具体形式有三种：

1. 组织机构分类法；

2. 作者分类法；

3. 通讯者分类法。就是按与立档单位有来往通讯关系的机关或个人分类（收文按作者、发文存本和原稿按收文者）。

按文件内容分类，具体形式有三种：

1. 问题分类法；

2.实物分类法。按文件内容所涉及的实物分类。比如，粮、棉、钢、铁、石油；

3.地理分类法。就是按文件内容所涉及的地区分类。如华北、东北。

按文件的形式分类，具体形式有三种：

1.按文件种类（名称）分类；

2.按文件制成材料分类；

3.按文件形状分类。

在上述分类法中，最常用的只有三种，即年度分类法、组织机构分类法与问题分类法。这三种分类方法的特点、适用范围及应该注意问题见下表4-1：

表4-1 档案分类的一般方法

方法	特点	适用范围	需注意问题
年度分类法	1.保持文件在时间方面的联系 2.与文书处理制度相吻合 3.标准客观，便于归类	大部分立档单位	准确判定文件所属年度
组织机构分类法	1.保持文件在来源方面的联系 2.与文书处理方式相吻合 3.标准客观，便于归类	立档单位内部机构比较健全、稳定，且分工明确	1.按机构设类并确定适当 分类层次 2.对涉及若干机构的文件 规统一分类方法
问题分类法	1.保持文件内容方面的联系 2.类目设置与文件归类难以掌握	1.立档单位内部机构分工简单，或职能有交叉 2.各内部机构之间，文件已混淆	1.类目设置符合实际 2.类目体系符合逻辑 3.文件归类准确合理

（一）年度分类法或年代分类法

以形成和处理文件日期所属的年度为依据进行分类。在实际使用中，它是一种比较常用的分类方法。一个立档单位一般都存在若干年时间，每年都要形成一定数量的档案；从文书工作来看，也是以年度为单位立卷、归档，在客观上很自然地形成了一种分类。

还有一种情况：有的立档单位可能因为工作特点的不同，或者因为每年档案数量不多，首先把档案按时期（或历史阶段）分开，然后再按其他方法分类。比如：有的全宗把档案分为第一个五年计划时期（1953—1957）、第二个五年计划时期（1958—1962）……这种按历史时期或阶段分类的方法，也可视为年度分类法的一种灵活运用。

采用年度分类法,应该注意准确地判定档案的所属年度。在判定年度时会遇到下面几种情况:

1. 文件上面没有明确的日期

文件上如果没有日期或者日期不准确,就给按年度分类带来了困难。应该运用多种方法判定文件的准确日期或者接近准确的日期。分析文件的内容、研究文件的制成材料,或者从文件的字体、格式、编排和标记等来判定,都是行之有效的方法。同时,也可以利用已有准确日期的文件与没有日期的文件比较对照的方法来判定。这些方法还应当结合起来使用。例如,有一份文件上面没有准确形成日期,但是,文件内容记述了农村经济困难、粮食供应紧张等情况,并有"双蒸法""代食品"等名词出现。文件的纸张质量粗糙、低劣,文件是横排。另外一份内容、制成材料相似的文件,其形成时间为1960年10月25日。综合上述情况判定,无准确日期的文件很可能是1960年前后形成的。因为当时农村经济出现了困难局面:"双蒸法""代食品"是当时为渡过经济困难时期而采取的一种措施;1960年前后,文件的制成材料低劣也是受当时国民经济困难的影响。两份文件对比的结果,可以初步确定该文件为1960年左右形成的文件。

2. 文件上有两个以上日期而又属于不同年度

在这种情况下,应根据文件的不同特点,确定一个最能说明文件时间特点的日期作为分类的根据。法规性文件以批准日期为根据(公布之日生效的文件,应以公布日期为根据),领导性文件以签署日期(即落款日期)为根据,会议记录以开会日期为根据,计划、总结、预决算以内容针对时间为根据,来往文书中的收文以收到日期为根据。例如:2016年工作总结,是2017年2月形成的。这份文件内容是针对2016年的,应该放到2016年为好。再如:2016年的经费预算是2015年形成的,同样道理应归到2016年为好。

当档案文件的形成时间和文件内容记述的时间不一致的时候,当文件的制成和发出,收到和办理跨年度的时候,就要具体情况具体分析,确定各类文件归入哪一个年度内最适宜。

3. 跨年度文件

属于跨年度文件有两种情况:

一是单份文件,内容跨了两个年度。比如,一份文件既有前一年的工作总结,又有后一年的工作计划,内容针对两个年度。这份文件如果以工作总结为主要内容的,应该归入前一个年度;如果是以工作计划为主要内容的,就应该归入后一个年度。如果分不清主次,而是

平分秋色,一般应归入形成文件的最后年度。还有的计划和总结,其内容不是针对一个年度,而是涉及几个年度,如:五年计划、三年总结、十年规划等。属于计划性的,应该归入计划开始的一年。属于总结性的,应该归入总结针对的最后一年。

另一是一组有密切联系的文件,形成于两年或者两年以上。比如:一次会议是2016年12月25日召开的,2017年1月5日结束,跨了两年,这次会议所形成的文件,

在分类时应归入 2017 年。有些具体问题的处理和专门案件都可采取类似办法处理。

4. 专门年度的文件

在实际工作当中，除了一般通用的年度外，各专业部门还采用专门的年度来开展工作。学校中的"教学年度"、粮食部门的"粮食年度"等。它是根据工作上特殊需要而制定的一种计算方法。一个年度的起止日期，不都是以 1 月 1 日至 12 月 31 日来计算的，有的是另外规定一种起止日期来计算，如表 4-2 所示。比如：2011—2012 学年，就是从 2011 年 9 月 1 日开始至 2012 年 8 月末止，分为第一和第二两个学期。

表 4-2 文件种类与依据日期表

文件种类	依据日期
内部文件，一般发文	写成日期
一般收文	收到日期
法规性文件	批准、公布或生效日期
指示、指令性文件	签署与落款日期
计划、总结、预算、决算、统计表	内容针对时限（跨年度、计划放入开始年度，总结放入最后年度）
跨年度处理的一般文件	关系最密切年度或结案年度

（二）组织机构分类法

这种分类方法也是一种主要的并经常采用的分类方法。它有如下优点。

采用组织机构分类法进行分类，符合档案形成的特点。在一个立档单位里，档案是由其内部组织机构在履行职能过程中形成的，而各内部机构所承担的任务是不尽相同的。按组织机构分类就能客观地反映立档单位各个组织机构工作活动的面貌和状况，能较好地保持档案在来源上的联系。

采取组织机构分类法分类，便于查找利用档案。立档单位内设的各个组织机构，除了综合性的工作部门（办公室、政策研究室）外，其余的都是按照各自的业务分工，在其职权范围内形成文件。某一个内部组织机构所形成的档案，一般就是某一方面问题的档案。但是，组织机构与问题两者不能等同。比如：某单位内的档案按组织机构分类，可以分为办公室类、人事处类、财务处类、生产处类、基建处类……其中生产处类，可能大部分文件是记述和反映生产问题的，也有少部分是经生产处办理的其他方面的问题。按组织机构分类可以保持档案在来源上的一致性，但不一定能保证档案的一致性。

按组织机构分类，有比较明显的客观标准，简便易行，立档单位内部有多少组织机构，就可以设立多少类。这些机构各自的职权范围，它们在承办文件时往往会留下一定标记（收章、收发文字号，经办人签字等）。这样就可以避免或减少因人员业务水平不同而产生分类不一致的缺点。尤其是正在行使职权的机关，如果文件采用分散立卷（即由各组织机构立卷）形式，每个组织机构所归档案的案卷就很自然地构成一类。

既然按组织机构分类有这些优点，是不是所有全宗档案的分类采取这种分类方法呢？答案是否定的，只有具备下列条件才能采用。

首先要考察档案的实际情况，各内部组织机构之间的档案有没有混淆，是否残缺不全。如果内部机构之间的档案已经混乱、缺损不全，有的已按其他方法分类，在这种情况下，已经很难再按组织机构分类，应该采取其他方法分类。

其次，还要了解立档单位的组织机构情况，内部组织机构是否健全，是否经常变动。如果内部组织机构少、工作简单，或者虽有内部机构，但经常变化，内部很不稳定，在上述情况下也不一定按组织机构分类。

按组织机构分类应该分到哪一层机构适当？这主要由立档单位的大小和形成档案数量的多少来决定。比如，中央机关内部机构层次较多，档案的数量也多，而且是分散处理文件的，每层组织机构都有人专管或兼管文书工作，那么档案的分类就可以分到第二层甚至第三层组织机构。对于大多数立档单位来说，按组织机构分类分到第一层就可以了，有一个机构设置一个类，组织机构的名称就是类名。

按组织机构分类时，对于机关内部设立的临时性组织机构所形成的档案应该怎样设类？一般情况下，对临时性机构所形成的档案，在分类时应该和其他内部机构形成的档案一样对待，单独设类，并排在最末一类。但是，有些临时机构情况特殊，它虽然是在全省、市、县范围内设立的临时性机构，但它往往与某单位的内部机构合署办公，而且甚至还可能是一套人马，而对外是两个名义（有时用立档单位名义，有时用临时机构名义）。比如：XX县防汛指挥部，它是全县的临时组织机构，但它附设在县水利局内办公，它所形成的档案一般不作为单独全宗，而是作为水利局全宗的一部分。防汛工作年年进行，在县水利局档案中单设"防汛指挥部"（或防汛办公室）类即可。

按组织机构分类，还会遇到立档单位内党、政、工、团档案的分类问题。对于立档单位内共产党、工会、共青团等组织形成的档案，应视立档单位的情况，采用切合实际的分类方法。一种办法是针对立档单位较大、内部组织机构层次多，可将党、政、工、团的档案一分为二，分开归类。立档单位的一级机构党、工、团（比如：大企业中的公司、厂部、高等学校的校部）和二级机构（如：工厂中的处、室、车间。高等学校中的处、系）党、工、团所形成的档案分别列类整理。

另一种办法：无论哪一级机构形成的关于党、工团形成的档案，一概集中为党（党组、党委、党总支、党支部），工会、共青团三类，如果立档单位小，档案数量少，还可以将三者（党、工、团）合设为一类一党群类。

在按组织机构实行归类时，有两个难以处理的问题，应该引起重视。

一个是立档单位的办公厅（办公室）与领导机构设类问题。一般情况下，立档单位有多少内部机构就设立多少类。但是办公厅（室）还有一些不同于其他机构的地方。表现在办公厅（室）类还包括立档单位的领导机构以及某些领导人的档案在内。在党委机关就是党的委员会、常务委员会和书记处等；在政府机关，就是部长、省长、市长、县（区）长、厅长、局长等以及在他们主持下的一些例会。这部分档案无疑是立档单位档案中最重要的部分，它应由立档单位的办公厅（室）负责收集保管，因此，在按组织机构分类的时候，立档单位领导机构形成的档案和办公厅（室）形成的档案，统一作为一个类进行整理。这个类的名称就称为"办公厅（室）类"。

另一个是办公厅（室）与各业务部门的档案的归类问题。由于办公厅（室）是立档单位内的综合部门，它承上启下，左右联系，与各业务部门的关系十分密切，它们所形成档案的牵连也比较多。在按组织机构分类时，有些档案是归入办公厅（室）类还是归入有关的业务部门类，都需要经过认真研究才能确定。有一种情况是：文件由机关的办公厅（室）收到以后，按照机关业务的分工（或者根据领导人的批示）转送有关的业务部门办理。经业务部门办理的这种文件，应归入业务工作部门类，而不应归入办公厅（室）类；如果是有关的业务部门阅过办公厅（室）转来的收文后，要向机关领导提出处理意见，或者代替机关领导拟写复文的草稿，再连同那份收文送回办公厅（室）。办公厅（室）根据业务部门提出的处理意见，拟写复文稿，送交机关领导人签发，以立档单位名义复文。这样办理的收文在档案分类时，比较多的单位是归入办公厅（室）类，也有的归入有关的业务部门类。因为按前者归类好掌握，只要以立档单位名义回复，留在机关办公厅（室）归档，这是符合档案形成特点的。所以，对同一类情况的收文，在一个全宗之内，归类的方法必须一致，有的能够归入办公厅（室）类，有的又归入业务部门类。如果标准不统一，不仅分类工作难以进行，就是查找利用也是很不方便的。立档单位内各部门有牵连的文件如何归类？如果是两个以上部门合办的文件，应该归入主办部门，如果分不清主次归入最后承办部门；如果是联名发出的文件，这类文件一般归入主要起草的部门类内。

（三）问题分类法（又称内容分类法）

它是按照档案内容所说明的问题来分类，也是经常采用的一种分类方法。它和组织机构分类法有许多共同点，也能较好地保持文件之间的联系，能使相同性质的档案得到集中，可以减少同类问题档案分散的现象，便于档案的查找和利用。但是，问题分类法在类目如何设置，尤其是档案归类等具体问题上，常常难以掌握，比起前两种分类方法要复杂一些，困难一些。由于档案工作人员知识与业务水平的不同以及各种因素的影响，采用问题分类法往往不易准确分类。所以，对问题分类法的采用，要根据立档单位和档案工作人员的实际情况来决定。遇到下面几种情况，可以考虑采用问题分类法。

1.立档单位小、内部组织机构只有简单的分工，工作常有交叉。

2.立档单位内的档案已经混淆，很难再按组织机构分类。

3.立档单位内部虽有组织机构，但经常变动，按组织机构分类有实际困难

总之，一般是在不可能或不适于按组织机构分类的情况下，可采用问题分类法。在按问题分类时，需要注意下面几个问题。

1.类、属类的设置力求符合实际

在按问题分类时，类的设置不像按组织机构分类那样明确，需要认真地调查研究，才能提出切合实际的分类方案。调查研究的重点应该放在两方面。一方面要了解立档单位的实际状况。比如：立档单位的主要职能和具体工作任务以及内部机构的变化等；另一方面，要了解全宗内档案的实际状况。比如，档案内容主要反映了哪些问题？各种问题档案的数量有多少？问题的交叉情况如何？档案原来整理的基础怎样？

有无可以值得借鉴的情况？为了使类的设置尽可能符合实际节省时间，不少单位采用参照立档单位内部组织机构来设置类别。实践证明，这是行之有效的方法，因为立档单位每设一个组织机构，都是为了承担某一方面的工作任务，往往体现了某一方面的问题。例如市化工机械厂，是一个中小型的国有企业。它形成的档案按组织机构分类已不可能实现，决定采用问题分类法。在对立档单位和档案实际状况分析研究之后，拟设：总类、生产类、劳动人事类、计划财务类、供销类、基建类、行政事务类共七大类。这些类的设置是参照了该厂内设的组织机构：党委办公室、厂长办公室、生产处、技术处、劳动人事处、计划处、财务处、供销处、基建处、行政处。按问题分类所设的类和内部组织机构基本上是一致的。只是考虑到档案数量不等，技术处、计划处的档案数量不多，未设立相应的类别，而是采取按性质相近合并的办法。这种参照组织机构设类的办法，是指一般情况下可以采用，而对于较大的具有综合性质的立档单位则不适用。省人民政府档案科（室）根据档案内容，把档案分为十一大类：

（1）综合类；

（2）党群工作类；

（3）人民代表大会类；

（4）农林水利类；

（5）工业交通类；

（6）财粮贸易类；

（7）计统基建类；

（8）科学、文化、教育、卫生、体育类；

（9）政治、军事类；

（10）劳动人事类；

（11）行政事务类。

2. 类目体系力求符合逻辑

按问题分类所设的类，概念要明确层次要清楚。一般情况下，按问题分类类目的设置取决于全宗的大小和立档单位档案数量的多少。所设各类之间是平行关系，不能互相交叉，更不能互相包括。如果设"经济类"，平行类中就不能再设"社队企业类"，而"社队企业类"只能作为"经济类"的属类（二级类）。

3. 类项的确定力求逐步完善

一个全宗内的档案分类，究竟设立哪些类？不是整理工作一开始就能确定下来的。而是要经过反复研究和实践，需要了解情况，初步确定分类方案，在实际归类过程中，对分类方案补充和修订，最后确定类和属类。有些全宗要设立一个总类（或称为综合类）。设立"总类"并不是随心所欲的，而是根据分类时客观实际的需要。总类必须具有伸缩性和灵活性的优点，但是也不要把"总类"弄成"杂类"，能归入专门类项的就应该单独设类，甚至合并设类。而不应遇到难题就轻易归到"总类"内。

三、复式分类法及其适用范围

全宗内档案的分类方法，按其构成方式，分为单式结构分类法和复式结构分类法两种类型。所谓单式分类法，是指在全宗内只采用一种分类方法对档案加以分类，在实际工作中，这种情况比较少。多采用复式分类法，即在全宗内将两种分类方法结合使用。通常由年度与组织机构或问题联合，构成四种复式分类法。

（一）年度组织机构分类法

先把全宗内档案按年度分开，然后在每个年度下面再按内部组织机构进行分类。这种分类方法适用于立档单位内部组织机构经常变化但不复杂的全宗。目前正在行使职权的机关、单位比较多地采用了这种形式。

这种方式的优点是简便易行。每年各内部机构移交到档案室的案卷，只要按照比较固定的顺序排放就可以了。一般情况下，不要重新编造案卷目录；档案库房和装具，也不需要大的变动。但是它也有缺点：一个组织机构的档案被年度分隔成许多部分，如若按组织机构来查阅档案，就会感到不便。不过，这个难题可以通过编制检索工具来解决。

由于档案数量日益增多，鉴定工作就提到议事日程上来了，所以有些地方的档案部门，采用年度——保管期限——组织机构分类。就是把一个全宗内的档案先按年度分开，每个年度内分为永久、长期、短期三种保管期限。

（二）组织机构年度分类法

全宗内的档案，先按组织机构分类，然后在组织机构下面再分年度。

这种分类方式，对于历史档案和撤销机关的档案比较适宜。因为立档单位撤销，也就不

会再形成新的档案，档案分类整理的顺序和排列，完全可以固定下来，不再变动。某些内部机构比较稳定的立档单位（比如中共XX市委、XX县委）也有采用这种方式的。

近几年，有些市委、县委在整理档案过程中，发现县委或市委的内部机构，虽然有几个部门（办公室、组织部、宣传部）基本稳定，但是也有某些部门（农村工作部、财贸部、工业部、文教部等）时建时撤，给档案分类带来了一定困难。所以，有些单位在"文革"前采用组织机构——年度分类法，而在"文革"后为了适应这种变化，而改用了年度——组织机构分类法，这种情况应该引起重视。

在国家机关、企业和事业单位，还有一个党、政、群众团体档案的分类问题。一般情况下，是把党、政、工、团的档案分成几大类，在大类中视档案数量的多少再分属类。

（三）年度——问题分类法

全宗内的档案先分开年度，然后在每一年档案中按问题分类。

这种分类方式适用于立档单位内部机构变动频繁，档案已无法按组织机构进行分类。有些单位的内部机构经常变动，时增时减，时合时分。这种经常性的变化，给档案的分类带来了一些新问题和新情况。如果采用组织机构分类方法，就不能适应这种变化。如果采用年度——问题分类法，就可以以不变应万变。比如：参照内部机构的职能和分工，设置一些相应类别。

也有一些单位，虽然内部也设一些机构，但是非常简单，内部分工也不十分明确，有些机构（比如：办公室）形成档案较多，而有些机构（比如：工会、共青团）形成档案很少。在这种情况下，也不适于按组织机构分类，基层单位往往会出现上述情况。

还有一些综合性的领导机关，比如省、市、县人民政府，虽然这些立档单位内部组织机构健全，甚至数量很多，但它只是综合性的机构，在建设事业不断发展的情况下，各厅、局相继从政府独立出去，政府只剩下办公厅（室）等综合性机构和行政办事机构。如果采取年度——组织机构分类法，就很难反映出立档单位真实面貌。所以有的省人民政府的档案采用年度——问题分类法，分成若干大类。

当然，采用这种分类方式分类，对于分类者有较高的要求，只有熟悉立档单位的业务、职权范围和问题的界限，才能较准确地运用年度——问题分类法。

四、分类方案的编制

全宗内档案分类的表现形式是分类方案，它是用文字或图表形式表示一个全宗内档案分类体系的一种文件。当选用了某种联合分类法以后，应该编制一份"分类方案"（又称为"分类大纲"）。分类方案的编制，应该注意以下几点要求。

（一）统一性

在编制分类方案时，首先要确定采用何种分类方法。第一级采用哪种方法，第二级采用哪种方法。这些都应明确规定、标示清楚。而在同一级分类中，不能同时采用两种以上分类

标准。比如，第一级分类是采用年度分类，就不能同时并列组织机构或问题名称。如果是采取两种分类法的联合，那么不仅分类的第一级是统一的，而第二级也应该是统一的。比如：采用年度——组织机构分类法，第一级分类是年度，第二级分类是组织机构。

（二）排斥性

分类方案中同级的各类，对于地位相等、内容互相排斥的（不能你中有我，我中有你），类的范围必须明确。比如，按问题分类，所设问题的各种地位相等，不能相互包括。第一类中设"教育类"，同位类就不能再设"高等教育""中等教育"类，因为教育类包括高等教育、中等教育……只能把它们设为属类。同级中设有"人事类"，就不能再设"干部任免"类，同样道理，既然设"财务类"，也就不能再设"经费类"。

（三）伸缩性

档案是社会实践活动的产物，而社会实践活动是丰富多彩的。工作内容时而增加，时而减少；组织机构时而撤销，时而合并。因此，分类方案中的各类，均应留有伸缩的余地，可以增加或减少类别，以适应客观变化的需要。

为了使分类方案编制科学实用，在编制分类方案前还应该做好调查研究工作。首先，对于立档单位的组织章程、办事细则、工作计划与总结都要认真分析研究，从中

了解和掌握立档单位的工作性质、职权范围、业务职掌，以便决定采取合适的分类方法。其次，参考本单位原有档案，如果本机关已有旧卷，应该对原有档案分类基础做周密研究并吸取其合理部分，以补充与修正现有档案的分类方案。最后是多方征求意见，经过机关负责人批准施行。科学而实用分类方案的形成，必须及时征求文书与业务承办人员的意见，因为他们对文件的内容与成分比较熟悉，尤其是经办人员对事件、问题的处理过程，有更彻底的了解。要随时征求他们的意见，集思广益防止闭门造车。分类方案实施以后，往往发生文件与分类方案不尽相符的情况，造成分类困难，对此应该随时交换意见，商讨分类项目或增或减，清除障碍，并交领导人审核批准。

五、综合档案室档案的分类

综合档案室档案的分类是近几年遇到的新问题p归纳起来主要有三种做法：一是门类分类法。即基本上保持原来档案门类的划分，仍将全部档案分为文书档案、科技档案、人事档案、会计档案等若干门类，在各门类档案中亦沿用原来的分类编号方法。也可以从综合管理的要求出发，赋予每种门类档案以一定的门类代字或代号。二是组织机构分类法。即打破原来对档案门类的划分，将机关全部档案按其形成机构划分。三是问题分类法。即打破原来档案门类的划分，将机关全部档案按其内容所涉及的问题分成若干类目。如《xx市机关档案综合管理分类、编号方案》中规定，分为党、政、工、团档案，产品档案，基建档案，设备仪器档案，科研档案，会计档案，审计档案，已故人员档案，音像档案九大类，每个大类视机关文件形成状况再分若干属类，同时允许各机关根据具体情况增设或减少类目。这几种方法均可与年度分类法结合运用。

第四节　立卷

案卷是由互有联系的若干文件组合成并放入卷夹、卷皮的档案保管单位。

立卷是文件转化为档案的一个重要组织措施。研究立卷的原则和方法，不断提高案卷质量，对于实现档案的科学管理，十分重要。

一、立卷的意义

各机关单位在工作活动中形成和使用的文件，在处理完毕以后，需要进行系统整理，组成案卷就叫立卷。案卷是文件的组合体，是文书档案的基本保管单位。文书立卷是文书处理工作的最后环节，也是档案工作的基础，具有重要意义。

首先，文件组成案卷，便于查找利用。文件是机关活动的一种办事工具。它的现实作用消失以后，备作查证、参考和具有史料的功能又显现出来。然而，文件是在机关实践活动中逐份形成的，文件这种形成的分散性与利用的系统性，往往在实际工作中出现矛盾。实践证明，单份文件不仅零散杂乱，不便利用，而且也容易磨损和遗失，不便于管理。所以，单份文件应该立卷，使文件最终转化为档案，便于充分发挥其作用。

其次，文件组成案卷，便于保护文件。如果单份文件适量地组合一起，采用比较结实的卷皮妥善保管好，可以避免文件的破损和散失，便于管理和长久保存。所以，机关单位的档案室和各级各类档案馆，一般是以案卷作为基本保管单位来进行编目、保管、鉴定、统计和提供利用等项工作的。

再次，文件组成案卷，为档案工作奠定基础。把办理完毕的文件立成案卷，案卷移交给机关档案室后，文件结束了在文书部门的运转过程，进入档案管理阶段。案卷是档案部门工作的主要对象，文书立卷的质量如何，直接影响和决定档案的质量，所以，文书立卷工作是档案工作的基础。

二、立卷和分类的关系

立卷和分类这两个环节既有一定区别，又有密切联系。分类是把全宗内的文件，按照一定的特点分成若干部分；立卷则是把各个局部，甚至零散的文件，按照一定的特点组成各个保管单位。从分类与立卷的结果看，两者也有不同：前者为一个类，文件属于相同一类者，集合在一起；后者则是在这个类的范围内，把零散的文件集合成为一个案卷。所谓相似，两者都是按一定的特点集合文件，只不过是范围不同、结果不完全一样。

一个全宗内文件的系统整理，一般是先分类后立卷。分类通常是立卷的前提和先行步骤，分类的方式和质量，对立卷有一定影响，甚至有决定作用。全宗内文件，如果未经分类就直接进行立卷，就不容易着手进行，以致影响立卷质量或者造成一些重复劳动。文件怎样分类以及分类是否正确，对立卷也有重要影响。因为立卷是在一个类的范围内把文件组成许多小单位，不是一个类的文件不能组成一个案卷。正在行使职权的机关、单位中，有些较大的机关，由于文件是经文书部门立成案卷后归档的，档案室将收到的案卷分类保管。从工作程序上看，好像是先立卷后分类，其实不然。因为文书处理部门已各自按年度分别立卷归档，已经为档案室事先做了分类工作（按年度——组织机构，或者按年度——问题）。实际上立卷仍然是在分类之后进行的。

立卷对分类也有制约关系。尤其是有些案卷是历史上形成的密不可分的一组文件整体，而分类又不能随便破坏这些案卷，有时立卷不能完全在分类之后进行。这种情况对于公安、司法、监察、人事部门的档案尤为明显。关于处理某个案件的全部文件相互之间是不可分割的，必须组成一个案卷（或若干分册），分类只能在这些案卷的基础上来进行。这只是一种特殊情况。

三、立卷的原则和要求

立卷的原则主要是按照文件的历史联系进行立卷。这是因为，首先，在立卷中只有保持它们之间的历史联系，才可能解决文件的零乱状态和系统化的矛盾。一方面文件从产生经过办理，到立卷归档为止，是一个客观的发展过程；另一方面这个过程不是杂乱无章的，它的内在的、必然的联系和共同的本质属性，不断重复出现在这一发展过程中，一直到它们转化为档案为止，才又开始新的过程。

其次，文件的历史联系是多方面的。比如文件的内容、形成的时间、文件作者和名称等都有一定的联系。因此在文书立卷过程中，要仔细研究文件要解决什么问题，在什么时间由哪个部门，根据什么情况，什么指示形成的，然后决定采用什么方法去立卷。尽管文件种类繁多，具体内容千差万别，只要认识了文件之间的内在联系，立卷时就有章可循，能够保持文件的历史联系。

再次，按照机关工作活动的规律，正确反映本机关的主要业务工作情况，就能正确地体现保持文件之间历史联系这一基本原则。各机关在处理一个问题，召开一次会议所形成的一组文件，自始至终是有密切联系的。它反映了机关的客观实践活动，不应该任意拆散，而应当尽力保持这种历史联系，如实地反映机关工作活动的本来面貌。

在立卷原则指导下，立卷还应有如下要求。

（一）立卷要便于保管、查找和利用

文件如果不进行立卷，使本来存在内在联系的各种文件，处于非常零散的状态，即使是很有价值的文件，也会因其孤立存在而降低它的使用价值，或者因其难于查找而很难发挥作用。因此，在整个立卷过程中，要紧紧抓住便于保管和利用这一根本目的，全面而细致地做好文书立卷工作。

（二）立卷时必须考虑文件的不同价值

立卷在保持历史联系的前提下，还要考虑文件的不同价值。根据案卷的重要程度确定永久、长期、短期等不同的保管期限。对于反映本机关主要职能活动及有重要查考、研究价值的文件，应当与只在一定时期内需要查考的文件分开立卷，以便于日后的保管和鉴定工作。

按三种保管期限分别立卷、分别编目、分别保管已成为立卷工作中的一种普遍做法。区分文件的不同价值，决定了文件的组合，影响案卷的质量，关系到档案的管理。它与保持文件之间的历史联系一样，在整个立卷过程中是普遍起作用的因素。

既要保持文件之间的历史联系，又要区分价值，二者在立卷时发生矛盾怎样解决？有人认为保持文件之间历史联系已经能够解决后者的问题，这种看法不够全面。因为两者是两个范畴：前者指的是文件内容和形成过程，后者指的是文件的重要程度和不同作用。有时二者是统一的，例如请示与批复、会议记录等，但这种情况较少。也有人认为立卷时先区分价值，后考虑联系，这也是片面的。因为立卷时只有把握住文件之间的联系，然后才有可能准确地区分价值。保持文件之间的历史联系是起主导作用的因素。一项方针政策的贯彻执行，一次会议的召开，一个案件的处理都要形成一系列文件材料，在立卷时把它们集中到一起，就是文件之间的联系在起作用。但是，立卷要受多方面因素的影响，其中文件的价值是很重要的一个因素。一次大型会议形成的文件很多，可按三种保管期限分别立卷。其中的重要文件，如会议报告、总结、会议纪要可以组成永久卷；典型发言，讨论文稿可组成长期卷；会议简报、会议参考材料可组成短期卷。从具体案卷看似乎割裂了文件之间的联系，但从整体上看却反映了这个会议的整体情况，保持了文件之间的历史联系。可见，处理好两者之间的

关系，矛盾是可以解决的。

（三）立卷时还要适当考虑文件的数量，案卷一般不宜太厚或太薄，数量适当

文件数量较多时，宜于适当分细；文件数量较少时，宜于按文件之间的联系适当综合组卷，以利于保管和利用。一个案卷应该有多少页码不应有硬性规定，根据实际工作情况，应有一个相对的标准。从保管和利用的角度要求，案卷装订后的案卷厚度以 1 1.5cm 为宜。重要的文件，案卷可以薄一些、单纯一些（特别重要的文件，还可以单独成卷），这样的案卷，标题易于拟制，它能够比较具体、明确地揭示卷内文件的内容和成分；相比之下，不太重要的文件可以厚些，因为利用者较少。有些页数比较多的厚文件，案卷也可以适当厚一些，因为卷虽然厚，但文件份数并不多（有时只有两三份）也还好查用；对于一些页数不多的来往文书、普通函电等，案卷不要很厚，凡是这样的案卷都不容易拟写标题，因为文件份数多，内容复杂，不宜综合概括。总之，对于立卷时文件数量的要求，虽然不是立卷中的主要问题，但是从便于管理和提供利用的角度来看，也是应该引起重视和妥善处理的。

四、立卷的方法

了解文件的内容及其形成过程，找出文件之间的共同点，把具有共同点的一组文件立成案卷。通常情况下文件的共同点有六个方面，即立卷的六个特征。从文件的实际情况出发，运用六个特征立卷，就是立卷的基本方法。目前采用的立卷方法主要有：读问题特征立卷；按作者特征立卷；按时间特征立卷；按文件名称特征立卷；按地区特征立卷；按通讯者特征立卷。

上述六个方面的特征，具体反映了文件之间错综复杂的异同点，反映文件之间的联系是多方面的。六个特征在一卷之中不能同时运用。在立卷过程中，必须具体分析文件之间主要的、最密切的联系，从文件的实际情况出发，选择和运用其中最突出的特征进行立卷。六个特征的运用是不平衡的，其中作者、问题、名称特征运用比较广泛，尤其是问题特征应用最多。但是，六个特征的使用也不是分别孤立的，必须结合运用。在具体运用六个特征立卷时候，应该掌握立卷的基本要求和方法，要善于抓住主要特征和共同点。同一个问题、同一项工作、同一项工程、同一个作者的文件材料，都要考虑到文件保管期限的长短，数量的多少关系是否密切等情况，结合其他特征细分。

在实际立卷过程中，情况往往错综复杂，但有两种倾向必须防止。

"一竿子插到底"这种做法主要是过分强调文件之间的联系，忽视了文件保管期限的不同和立档单位之间保存文件的不必要重复。

"绝对分级"这种做法也是不可取的。虽然在立卷过程中适当分级是可行的，但是完全不考虑各级文件之间相互联系的密切程度，则是不妥的。凡是有密切联系的文件，无论上级的还是下级的，都要与本机关的文件一并立卷。

在立卷过程中片面强调某一个方面是不合适的，必须从文件的具体情况出发，全面考虑立卷的基本要求。既要保持文件之间的主要联系，又要便于保管和利用；既要遵循有关的规定条例，又不能不分情况机械地强求一致。

五、案卷标题的拟制

案卷标题，就是案卷的题名。它是卷内所含文件内容的高度概括，通过案卷标题可以了解卷内文件的概貌，它是提供、识别案卷的重要标志。

拟写案卷的标题是立卷工作的一个重要环节。因为立卷工作的结果，往往通过案卷标题展示出来，它一般起到"画龙点睛"的作用，所以案卷标题的质量直接影响到案卷的质量，甚至一个好的案卷标题，还可以在一定程度上弥补立卷中的某些缺陷。

（一）拟划案卷标题的基本要求

1. 熟悉卷内文件情况。拟制案卷标题不要仓促下笔，应该首先熟悉卷内文件情况，从头至尾地把文件看一遍，熟悉卷内文件的基本情况，理出头绪按照拟写标题的要求起草标题。

2. 概括文件内容要恰到好处。当文件内容比较单一时，直书标题，简便易行。但是，当文件内容和成分并非单一时，标题就应该概括一些，然而又不能过于概括，要让使用者看到标题，就能明白卷内有哪些文件，起到"引路"的作用。

3. 拟写案卷标题力求简明和确切。应该用简单明了的文字，全面、准确、具体地揭示出卷内文件的内容和成分。防止用案卷标题代替卷内文件目录——不需要把卷内文件标题——罗列出来。

4. 拟写新中国成立以前形成档案的案卷标题，要有历史唯物主义的观点，要客观地反映档案的特点。不要原封不动地搬用卷内文件中的诬蔑不实之词，更不要随意加上褒贬之词。

5. 拟写案卷标题力求语句通顺，符合文法，注意修辞，标点正确。

（二）案卷标题的结构

案卷标题的一般结构是：作者——问题——名称。例如：

《国家经委关于节约能源情况的报告》

作者　　　　问题　　　　名称

当需要在案卷标题上标明地区时，可以采取如下标法：

《广西百色地区各县产粮情况统计表》

地区　　　问题　　　名称

《中纪委关于xx省xx县乱砍滥伐森林的调查报告》

作者　　　　　地区　　　　问题　　　名称

当需要在案卷标题上标明时间的时候，可以采取如下标法：

《XX第一机床厂一九九〇年生产情况总结》

作者　　　　　时间　　　问题　名称

《xx大学2011—2012学年第二学期教学计划安排表》

作者　　　　时间　　　　　　问题　　名称

由来往文书组成的案卷，一般都要标明收发文机关。可以采取如下标法：

《XX科研所与XX座XX区人民政府关于征用土地的来往文书》

通讯者　　　　　　　　　　问题　　　名称

上述仅仅是案卷标题的一般结构形式情况，有些案卷情况比较特殊，应该用特殊的方法标出。比如：《中共Xx省委批转xx地委关于"8•19"案件（抢劫凶杀大案）的通报》。标题中的"8•19"案是一时间代号。如果标题中不加说明（说明是抢劫凶杀案），使用者只看标题是很难理解的，当然也会给利用者带来一定困难。

※关于标明作者

卷内文件的作者是案卷标题中的组成部分之一，大都置于标题开始的部分。具体有下面几种标法。

1.简称。作者名称字数太多的可用简称，但要用规范的或习惯的简称。如：中国共产党广西壮族自治区纪律检查委员会，可简称为"中共广西自治区纪委"。在一个全宗内，甚至在一个档案馆（室）内，要有统一的简称，不能一个立档单位的名称，在不同的案卷中有不同的简称，以免引起误会。有条件的档案馆（室）可以根据需要，编制经常出现的文件作者简称表。

2.概括。卷内文件的作者比较多，在案卷标题上不可能全部标明时，可以把属于同一系统、同一性质或同一地区的文件做概括标明。《xx省电子工业系统各厂关于xx问题的情况报告》《xx市各医院门诊率情况统计表》。如果卷内文件作者不多，比如只有三个，一般地应该将三个作者都标明，因为过于概括，是不便于利用的。

3.省略。卷内文件作者较多，在案卷标题上不可能全部标明时，标明主要作者即可。比如：关于制止滥发奖金问题，从中央到地方各级党政领导机关都发过指示或者通知，当具体到基层单位在按问题集中立卷时，可能会形成卷内文件作者很多的情况，这样就可以采取只标出主要的或有代表性的作者即可。例如，标成《国务院、省人民政府关于制止滥发奖金的指示、办法》。在标题中不要使用"等"字来概括，那样会给使用者以不确切的概念。

4.批转和转发的文件，形成的过程比较复杂。对于这类案卷，首先应标明批转文件的单位，批转文件的机关就是批转文件的作者，转发文件也基本相同。在标明转发机关的同时，最好也标出文件的原作者，这样文件的来龙去脉更加清楚，同时也有利于提供利用。如《中共XX省委批转XX地委关于XX问题的通报》。

5.卷内文件的作者如果是个人，应该在案卷标题上面标明具体职务，不要笼统地标为领导同志，如《中共省委书记XXX……》　《xX市XX市长……》《XX县初级人民法院院长XXX》。

※关于标明卷内文件内容

卷内文件的内容是案卷标题的关键部分，是案卷标题的核心。准确、全面地标出卷内文件记述和反映的问题，是衡量案卷标题质量的一个重要标志。如何正确地标明卷内文件记述和反映的问题，应该注意以下几点。

1.具体、准确。对于一些重要的案卷，要力求在案卷标题上把文件内容具体而准确地标示出来。对于某些内容特殊的文件，也可以专门标明其特点。比如：《广西壮族自治区和贵州省利用红水河水源灌溉土地的水利协议书》。

2.概括适当。如果卷内文件记述和反映的问题较多，尽管标题的拟制有一定的难度，也应该尽可能地把问题都标示出来，为方便利用创造条件。不应该只图省事，轻易地只标出一两个问题，其余的用"等"字代替，使使用者不知"等"字里面还包括什么问题，以致影响档案作用的发挥。如果案卷内文件内容难以一一具体标出，也可以采取只标示重要问题，省略次要问题的做法。什么是主要问题，什么是次要问题，有时也是难以区分的。因此，这种标法在拟制标题时应多下一番功失，仔细琢磨，尽可能在标题上概括标明，对主题范围加以限制。例如：《XX省教育厅关于职工成人教育工作的意见的报告》。在标题中只把"职工成人教育"这个主要问题标示出来，卷内文件中的成人教育，如广播电视大学、函授学院、自学考试等被省略，使使用者在使用此卷时，不会误解还有其他方面的文件，因为"成人教育"范围比较明确。

对于会议文件形成的案卷标题，要区别情况进行概括，详略得当。

一种是会议的名称已经能够反映出会议的内容，在案卷标题上只需要把会议的名称标出就可以了。《民政部关于召开拥军优抚工作会议的报告》，会议内容单纯一"拥军优抚"，标题就是会议的名称。

另一种情况，会议名称不能反映出会议的具体内容。如果会议讨论的问题单一，可以用副标题的标法，标出会议的内容。例如，《中共XX市委召开市安全委会议文件一主要讨论全面贯彻落实中共中央关于整党的决定》，也还可以用括号注释的标法，例如，《中共XX自治区党委召开扩大会议的文件（主要讨论解决"文革"遗留问题）》。如果会议研究的问题很多，案卷标题也可以概括，只标会议的主要内容，省略其他内容。例如，《XX县第X届第XX次人民代表会议文件》《共青团XX省安全委会议文件一主要讨论挽救失足青少年工作、继续开展学雷锋活动等问题》，只标会议的主要议题——挽救失足青少年和学雷锋活动，其余工作，诸如青年职工开展文明生产活动、自学成才等工作，与前两项相比，显得次要一些，可以不必一一标出。

※关于标明卷内文件的名称

卷内文件名称的标示，大都放在标题的末尾。一般情况下文件的名称在一定程度上反映了文件的重要程度，但也不尽然。有些文件名为"通知"，实为"指示"。尽管如此，查用档案的人还是愿意在了解文件内容的同时，进一步了解文件的名称。标明卷内文件名称时，应该注意以下几点。

1. 采用按"名称"特征立卷的案卷，卷内文件名称单一，是案卷标题不可缺少的组成部分，不能漏掉。如果卷内文件名称不多，也应尽可能在标题上把文件名称都标示出来。遇有比较重要的文件，其名称更不应轻易省略。

2. 如果卷内文件名称很多，不便一一标出，有两种标法。一是省略。只标多数文件或主要文件的名称。如，《xx省人民政府关于高等学校招生工作的指示、办法》，至于招生工作计划、通知等几种文件名称被省略了。二是概括。即将一些性质相同的文件名称概括为一个名称代管。计划、纲要、要点、安排等名称，可以只标"计划"一种名称。

3. "来往文书"不是文件的正式名称，不应随意使用。一般情况是平行机关或没有隶属关系的机关互相往来的文书。上下级机关的请示与批复或者关于某一工作的往来文件，不应笼统地标为"来往文书"，所以在拟写案卷标题时，用"来往文书"来代替某一类文件时，应该用得确切。

4.有些文件的名称使用不准确，拟写案卷标题时可以做适当改动，没有足够把握不能做大量改动。尤其对于新中国成立前形成档案的名称，一般要尊重原有基础，不要随意改动。

※关于标明卷内文件的时间

一般的案卷标题，不需要标明卷内文件的时间。只有采用按时间特征立卷的案卷以及某些特殊文件需要标出时间的，才需要在案卷标题上标明卷内文件的时间。而这种时间往往是卷内文件内容针对的时间。如，《xx公司二〇一二年经营工作总结》《xx工厂二〇一三年生产计划》。

标明卷内文件的时间应该准确具体，防止含混不清。《xx省xx厅二〇一二年上半年工作总结和下半年工作计划》不能标成《xx省xx厅二〇一二年工作总结与计划》。《XX化工厂二〇一〇年各月生产情况统计表》不能标成：《XX化工厂二〇一〇年生产情况统计表》。关于长远规划的文件，要在案卷标题上面具体标明长远规划的起止时间。《xx地区二〇一一年—二〇一五年国民经济发展规划》，防止简单标成：《XX地区五年国民经济发展规划》。

※关于标明地区

案卷标题中需要标明地区的不多，只有采用地区特征立卷时才需要标出地区。在案卷标题上标明卷内文件涉及地区时，有下面几点值得注意。

1.当文件的作者和卷内文件内容涉及的地区不一致的时候，必须在标题上标明地区，例如《广东省人民政府关于xx特区建设情况的报告》《河北省人民政府关于唐山地区地震情况调查报告》。

2.当文件内容涉及几个地区应尽可能把几个地区都标明，例如《贵州省黔东南、黔南、黔西南三自治州少数民族政策落实情况报告》。如果卷内文件涉及的地区较多，不便全部标出的时候，可以标出主要的地区。例如，《广西xx地区凭祥市、龙州、大新、天等、靖西等县民政工作情况报告》，xx地区辖十几个县、市，如果在标题中全部标出则显得冗长，其中只把靠近中越边境的县、市标出来，强调了"民政工作"在我国民政工作中的重要作用。如果卷内文件涉及的地区，基本上是某一地区的全部但又不完全的时候，可以在标题上用括号注明缺少的地区，例如《南宁市郊区各县（缺上林、宾阳县）蔬菜生产情况的调查报告》。这样使得使用者心中有数，有的放矢。

3.当案卷标题上注明的不是所辖地区时，一般应在地区前面冠以所属关系。比如：立档单位是中央级的机关，案卷的标题上要标明市（或专区）、县时，前面要冠以省（市、自治区）名，例如《黑龙江省齐齐哈尔市xx问题的请示》《江西省井冈山地区xx情况报告》；当立档单位是省（市、自治区）级机关，需要在案卷标题上标明区乡（镇）时，应该在前面冠以县（旗）名称，如《江苏省轻工厅关于常熟市兴隆乡花边生产的调查报告》《内蒙古自治区教育厅关于喀制沁左旗xx中学教师基本情况的调查报告》。

※关于标明卷内文件的往来机关

案卷标题需要标明往来机关的情况更少，使用"通讯者"特征立卷时，需要标出往来机关。有两种标法。一种是在标题的开头，开门见山标出往来机关。比如，《xx部与财政部关于XX经费问题的来往文书》《XX农业科学研究所与XX县农业局关于使用XX的来往文书》。另一种是是把文件内容所反映的问题，放在案卷标题的开始部分，而把往来机关放在案卷标题的中间部分。比如，《关于征用土地问题XXX、XXX、与XXX的来往文书》。在案卷未脱离本全宗的情况下，可以省略立档单位的名称。

第五节　立卷方法的改革

2000年12月6日中华人民共和国档案行业标准《归档文件整理规则》正式颁布实施，这是我国机关档案工作改革的一项重大举措。《归档文件整理规则》在充分调研国内外归档文件整理方法的基础上，适应档案管理现代化的需要，提出了完全不同于传统立卷方法的"文件级"整理方法，使立卷方法的改革有了规范性依据。立卷改革的推行以"简化整理、深化检索"为宗旨，大大简化了整理工作中的手工操作程序，为档案管理手段的创新创造了良好的环境和条件，使其能够适应新形势下归档文件整理规范化、档案管理科学化的要求。

近几年，在不断推进机关档案管理工作现代化进程的情况下，有很多的地区、单位都已开始尝试对立卷方法进行改革，面对档案管理工作改革的大潮，现就立卷方法改革中涉及的一些问题做如下说明。

一、立卷改革的意义

（一）对机关档案工作的意义

1. 提高了工作效率，缓解了机关档案工作的压力

传统的立卷过程过于烦琐、复杂，工作量大、效率低。尤其是基层单位的档案人员往往是身兼数职，档案工作只是其工作的一部分，再加上繁重的档案工作当中，很多重复性的工作，占据了大部分时间，就很难保证归档工作的质量。

2. 适应了机关内部人员流动、机构改革人员精简的需要

在机关中要面临轮岗和人员流动的问题，由于立卷工作程序复杂且有一定的技术性，新接手的人员在短时间内难以熟练掌握。新方法满足了机关简化手工劳动的要求，减轻了专、

兼职档案人员的工作量，降低了工作难度，且操作简单，容易掌握，提高了办公现代化的程度，减少了人力占用，能够适应机构改革减员增效的要求。

3. 理顺了机关档案室的工作职能，使工作重心转移到档案信息的开发利用上来

对归档文件的整理和编目的根本目的是更好地提供利用。改革归档文件整理方法，不仅是在人力、物力等方面为档案工作减负，还使档案工作能够真正摆脱以往的"重整理、轻利用"的实际情况。利用现代化的手段从实质上提高档案检索工作的质量，使档案人员能够有更多的精力投入到对档案信息的深层次开发和利用工作中去。

（二）对档案管理现代化的意义

新方法能够为计算机管理档案的普及铺平道路，促进文档一体化管理的实现。先进的技术手段给档案工作提供了许多新的发展契机，对促进档案工作发展有着显著作用。计算机可以做到一次输入多次输出，随机生产各类目录，迅速的文件级检索，全文扫描，网络检索等。其带来的种种便利，使传统的管理手段和部分规范变得落后和不必要，其中包括传统的立卷方法。同时文件级的整理方法，还为加快档案管理的现代化进程扫清了人为的障碍，免除了档案管理环节中大量的重复数据输入的工作，改革后依靠文件处理环节生成的数据项目就能够完成对档案信息的检索。

新方法为档案信息化建设以及信息共享创造条件。以件为单位的整理方法方便了对纸质档案的扫描、缩微，通过档案工作的数字化、信息化程度的加大，能够更深入地开发档案信息资源。新方法使用计算机对档案进行管理，必将形成大量的电子数据信息，电子信息通过计算机能够进行快捷的和多方式的输出。今后，利用档案信息不仅是检索时间上的缩短，而且在使用途径上也会多种多样。

二、传统的立卷方法与以"件"为单位方法的比较

（一）采用传统的立卷方法的时代背景及其合理性

采用和推广立卷这一做法，既是对我国档案工作传统的继承，也带有深刻的时代烙印。

20世纪50年代我国档案学界在继承旧中国档案工作传统与学习苏联的基础上，建立了新中国的档案工作和档案学理论。当时提出灵活运用"六个特征"组卷的做法，是与当时的社会生产力和科技发展状况相适应的。由于当时物质和技术条件的限制，使手工检索成为当时唯一可行的途径，也使得归档文件整理方法必然走上分类组合、逐级检索的立卷道路。再加上当时的社会条件，过多地强调安全、保密，使档案工作的重心偏向整理、保管。案卷这种放大了的实体单位，无疑更能满足这方面的需要。

（二）传统方法的优点

1. 保持了文件之间的有机联系，使之排列有序

保持档案实体在形成过程中产生的有机联系是确保档案信息完整的条件。档案是由有保存价值并且按照一定的规律集中保存起来的文件转化而来的。文件虽然是以单份的形式产生的，但是每一个单份文件都是以服务于某一社会职能活动为基础产生的。所以通过有一定规律的整理和排列组合，才能体现出整个活动的全貌，从而能够更好地发挥作用。

2. 便于对档案实体的管理

在传统方法中案卷是档案保管的基本单位。案卷是相对放大的保管单位，它在档案的实体管理中比较便于进行清点、核对和统计。尤其是在移交接收工作中，整卷的接收要比逐份地接收更容易做到准确无误。

3. 单份文件不易散失、磨损

将文件装订起来，不易被使用者随意抽取，在反复利用中降低了散失的可能性，而且文件通过组合装订加以卷皮的保护，不易磨损。

（三）传统立卷方法的缺点

首先，主观随意性大，案卷质量难以保证。在组卷的过程中既要考虑"六个特征"之间的相互组合，又要保持文件之间的有机联系，顾及案卷的厚度，还要求拟写的案卷题名能够反映卷内文件的内容。虽然这些组卷的原则方法是统一的，但是在操作过程中就会因立卷人员的政治、文化、档案业务素质、实践经验以及对本单位业务工作了解程度的差异，造成案卷质量的不同。

其次，不适应计算机管理的需要。传统的立卷方法是在手工操作的基础上提出的。就计算机而言，传统的案卷级加文件级的检索方法既增加了数据录入量，又影响了检索的速度。烦琐的组卷程序也使档案管理软件的设计趋于复杂，无法利用计算机代替人工进行组卷。

最后，对档案的利用、开放、保密、鉴定和销毁工作也有影响。由于一卷档案是由若干份文件装订在一起的，所以使用者在借阅一份文件时就会看到案卷中的其他文件，这样，不利于安全保密，另一方面在反复翻阅中也会造成对不需借阅档案的损耗。在档案鉴定工作中因要遵循"就高不就低"的原则，所以立卷分类的不准确会导致整卷的保管期限延长。在案卷到期开放时，也会由于案卷中的一些需要保密的文件，而影响案卷中其他文件的开放。

现今，计算机已经可以保存全部文件目录，并可将文件目录做任意的查询和组合，因此用案卷来维系文件之间的有机联系及方便查找的意义也就失去了。在办公自动化不断普及、计算机在档案管理中广泛应用的情况下，传统立卷方法的不足愈加明显，直接影响了档案管理现代化的实现。

（四）新方法的优势

简化了工作程序，避免了人为因素造成组卷的主观随意性。归档时不需根据文件的内容进行分类组合、拟写案卷题名，避免了因拟写的案卷题名无法反映卷内文件内容的弊端。减少了手工抄写卷内目录、案卷目录、全引目录等重复性工作。

计算机管理程序设计简单，能够快速、准确地进行文件级检索。以件为整理单位，只设文件级的目录，不需设计案卷目录、卷内目录、全引目录以及三种目录之间的转化和关系，更不需计算机进行辅助立卷。不仅减少了检索的层次，而且大大降低了档案管理软件设计的难度。

能够适应随办随归、文档一体化管理的需要。文书处理和档案管理是机关工作中两个互相衔接的流程，文档一体化的目的，是理顺文书处理和档案管理两个环节之间的关系，简化文件整理归档工作，提高工作效率。采用新的方法，归档工作不需等到每年集中归档时统一进行分类整理、组成案卷，而是办理完毕的文件，通过简单的计算机著录，实体编号后即可归档。

（五）新方法的不足之处

1.保管单位大幅度增加，整理、清点时工作量加大

2. 单份文件的磨损问题比原来突出

3. 档案有机联系的特点将淡化

虽然新方法存在着一些问题，但是可以通过一些方法和手段进行克服与解决。如，制作专用的档案借阅夹来保护单份纸质档案；进行特殊的标志利用计算机检索成虚拟的案卷等。

三、立卷改革应把握的主要环节

（一）档案编号体系应整体转换

传统的编号方法是采用全宗号——案卷目录号——案卷号来固定案卷的位置。由于在一个目录号下，要把若干年形成的案卷大流水似的排在一起，直到三位数满再重新编一个目录号，使得一些漏归的案卷无法插入当年的位置。尤其在移交进馆时需要对档案进行鉴定，一旦出现调整，旧的案卷目录、全引目录都要进行一系列的调整。

通过实践操作的经验积累和深入研讨，建议采用全宗号一保管期限一年度一件号的编号体系，不再采用以往的编号方法。由于在移交进馆时，一些档案馆只接收永久、长期的档案，使得进馆档案的目录号需要重新调整，往往会出现进馆档案重新编制检索工具，一个档案室出现两套目录的问题。通过新的档号体系的转换，取消了目录号，不仅在进馆时可以方便计算机重新整理编目，而且降低了目录号中包含的保管期限、档案门类等隐藏信息的技术含量。使档案编目与管理工作简化、一目了然，同时便于使用者迅速掌握检索方法，不需依赖档案专业人员的辅助，就能初步检索到所需的信息，有利于档案对公众的开放。

（二）档案目录的编制应简化

1. 只设文件级的目录

过去文书档案要编卷内目录、案卷目录、全引目录三种目录，"不立卷"后可以只编归档文件目录一种。有观点主张归档文件编号装盒后还应编制盒内目录。经实践检验认为盒内目录可以不编，用档案目录及档案盒脊背的起止件号即可控制盒内档案的数量及顺序。

2. 各门类档案之间编制目录的方法应统一

以xx市西城区为例，西城区区属立档单位对档案实体的分类基本上全部采用门类一年度一组织机构的方法，对不同门类、不同保管期限的档案各给一个目录号、各编一本目录，一本目录编满了再给一个目录号，再编一本目录。如果作为档案主体的文书档案不再沿用目录号编号，其他档案的目录号也就失去了存在的依据。如果硬要继续沿用，会造成两种档号体系并存，将给今后的管理、利用带来不便或麻烦。

经过研讨，认为推行文书档案"不立卷"时，应对全部档案的档号体系进行整体转换，即都采用全宗号一期限一年度一件号的体系进行编号。具体方法是，文书档案按永久、长期、短期编制三本目录，采用全宗号一期限一年度一件号编号（档案目录可跨年度混编，以起止年度区别）。如果今后保管期限采用具体的标志法分为永久、50年、30年、15年、5年，区、县一级的档案馆需要根据进馆范围来重新设计流水号的起编级次，初步设想为永久、50年与30年、15年与5年各编制三本目录。专门档案按不同的保管期限编制目录，也靠用文书档案的编号体系。如会计档案需永久保存的并入文书档案统一编号，其他的如会计凭证、会计账簿、会计报告（表）各编一本目录，用全宗号一年度一件号编号。照片、声像、实物档案各编一本目录，用全宗号一卷号或全宗号一件号编号。总之应保持全部馆（室）藏档案编号体系的一致性，避免多种体系同时并存，这将有利于档案目录的管理。

3. 由原来的手工编制目录转变为计算机编制目录

实行"不立卷"后，以单份文件为保管单位，保管对象一下增加了十几倍或者更多，档案提供利用不可能再沿用手工检索方式，计算机检索将成为主要检索手段，档案目录的计算机录入工作更为艰巨。这一工作仅靠档案馆（室）是不可能单独完成的，而且将大大增加档案员的工作量。对于较大的立档单位来说，只有将计算机录入工作分散到立档单位的各内设机构，才是比较可行甚至唯一可行的方案。因此，在各立档单位内设机构普遍实行归档文件电子目录的计算机录入，档案室在接收归档文件的同时接收电子目录，将其合并为本单位的档案目录数据库，进而向档案馆移交电子目录，形成档案馆的档案电子目录中心，是推行"不立卷"改革的关键环节。

（三）应在同一个选馆范围内统一使用软件，统一著录项目

1. 以往使用的软件不统一带来的问题

目前，在一个档案进馆范围内各立档单位使用的档案管理软件不统一，各种软件的编程语言不同，档案著录项目不一致，给电子目录的数据共享带来很多困难。在这种状况下，即使各立档单位都实现了计算机管理档案，其数据也很难为档案馆所用，不能形成统一的档案目录中心。因此，推行"不立卷"改革，应统一档案管理软件，统一著录格式，为档案馆建立档案电子目录中心奠定基础。

2. 统一著录格式和使用软件是档案馆建设的需要

要想解决和处理好档案室向档案馆移交进馆时需重新鉴定、整理、编目和向档案馆移交

电子目录的问题，在推行新方法时还考虑到应在同一个进馆范围内使用统一的计算机软件。区、县级的档案馆无论是从人力、物力和技术力量方面都需要基层形成的数据和其管理软件的一次性的统一。

例如，XX市西城区在开展2010年的整理方法改革试点工作时，培训新的整理方法，同时进行了计算机软件使用的培训。配套使用的软件是在数据库软件ACCESS基础上研制的，具有对归档文件进行著录、接收和复制目录、编件号、检索、打印目录、统计等功能，由西城区档案局免费下发，并要求统一使用。软件的统一能够做到在档案的形成阶段就统一了著录的项目、格式和数据库的基本结构，使将来电子目录进入档案馆能够实现数据共享，解决了因软件不同造成数据无法转换和不能读取的问题。

3. 应在推行"不立卷"改革的同时，建立相应的档案电子目录中心

采用新的方法将会形成大量的电子目录，如何更好地利用和保存这些基层档案室形成的信息资源的问题随之而来。电子目录是一种电子文件，目前虽然《档案法》规定区、县级档案馆接收档案的期限为每十年接收一次，但现在我国还没有如何长久保

存电子文件的指导性方法，可是基层电子版目录的安全保存却已摆到档案工作者的面前。所以要求归档工作完成后，各单位应将当年归档文件的电子目录复制软盘移交给档案馆，由档案馆进行数据合并，形成全区归档文件目录数据库，建立档案电子目录中心。当数据积累到一定数量，由档案馆进行光盘的刻录，把数据转移到相对安全的存储载体。待其他条件具备后，再将这个数据库推上政府计算机办公网络，实现全地区档案目录的数据共享，使档案管理和利用服务上一个新台阶。

（四）在实际工作中需要对有法切联系的文件以"件"为整理单住进行灵活的处理和更深层次的著录

1.文件之间的有机联系无法从文件表面的信息反映出来时，要通过深层次著录解决

众所周知，组卷的优点之一就是保持了文件的有机联系。当使用者需要了解某一活动的

全过程或需要以具有密切联系的档案来佐证某一单份文件时，如果从文件的名称上反映不出文件之间的联系，计算机就无能为力了。如一次会议形成的档案一般有会议通知、议程、会议记录、参会人员名单、重要发言稿、会议纪要等。其中发言稿的名称就有可能反映不出与此次会议的联系，如果单纯地输入其名称不加以必要的特别著录，就会在检索此次会议的全部档案时出现漏检。所以建议在对一些会议、经济项目等重大活动形成的文件归档时，在著录过程中要加以统一的标注，通过计算机的检索形成虚拟的案卷，如有必要还可使单份文件在实体顺序上排列在一起。

2.如何使专业档案与文书档案可以共用一套档号体系和管理软件

在今后工作的推广中将要面临专业档案与文书档案共用一种软件管理的问题。专业档案的整理规范受上级专业主管部门的监督与指导，其特殊的属性决定了专业档案不能采用新的方法进行整理，目前还是采用以往的"组卷"方法比较适用于工作的需要。但要满足两种档案使用同一档号管理体系，应采用专业档案的一卷视为"一件"的方法，录入数据库进行管理。

以xx市西城区统计局为例。统计局的专业档案主要有两大类，一类是由国家统一下发的各类统计报表，另一类是对统计数据上报有误的单位进行行政执法的案卷。这两种专业档案都有统一的整理要求，如案卷内文件的排列顺序，案卷的形成特征，案卷题名的拟写格式。在归档工作改革中，就采用了将一卷视为"一件"的方法，把案卷的题名及其他著录项逐卷录入数据库，通过著录区分"门类"完全能够满足检索的要求。统计局的两种专业档案代表了各个职能局专业档案的基本特点，其新旧方法的顺利衔接，为今后处理同类问题提供了宝贵的实践经验。

3.特殊情况下需要把固定格式的多份文件装订在一起视为"件"

通过调查发现，在实际的归档工作中，有一部分如退休人员审批表、先进入员登记表、工资审批表等是具有统一的名称、固定的格式、相近的内容并且文件页数很少的一些表格式的文件。大多数采用新方法的单位在对此类文件归档时采用几件装订在一起视同为一件的方法。这些文件都具有相同的文件名称和责任者等特征，为了能够减少重复性的工作并同时满足检索准确性的要求，需要在"人名、机构索引"著录项

中录入文件所确切针对的人名、机构。比如，退休人员审批表可以根据时间的顺序，把一个季度的审批表，订在一起视同为一件，在"人名、机构索引"项录入每一个退休人员的名字。这样不仅解除了单页文件容易磨损、丢失的弊端，而且能够满足检索的要求，还减少了重复录入的工作量。同时为了文件装订的美观、牢固、耐磨，可以附加白色封皮，归档章盖于右上角。

上述方法不适用于会议记录、纪要等文件的管理。虽然这些文件也具有相同的格式甚至是相同的文件名称，但是这些文件的每一件都是反映不同内容、不同信息的载体，检索时需要根据具体内容准确地检索到其中一份文件。所以在整理时不能多份文件视为一件，并且在录入时要求"文件名称"项中的内容能够概括地反映出对应文件的具体内容。考虑到有些单位反映此类文件有实体固定排列在一起的需要，可以采用多件文件装订在一起，但分别输入计算机管理系统，封面加盖起止件号章的方法。

综上所述，新方法改革突破了传统的档案整理方法，大大减轻了档案人员的工作量，降低了工作难度，提高了办公现代化程度使档案工作能够真正摆脱以往的"重整理、轻利用"的实际情况，从实质上提高了档案检索过程中的"查全率、查准率"。

整理方法的改革，不仅简化整理程序、提高了工作效率，还顺应了时代的发展，突破了利用计算机无法代替人工进行组卷的瓶颈，使档案管理可以更便捷地使用计算机技术，把计算机档案管理向前推进一步。从而实现了计算机对档案信息的"文件级"的检索，在一定的范围内形成格式统一的电子目录并形成电子目录中心，实现网上电子目录共享。使档案工作产生质的飞跃，使档案管理现代化从整体上迈上一个新台阶，今后能够更好地服务于国家与社会的各项事业。

第六节　卷内目录、案卷目录与档号

档案馆（室）的编目工作，内容很多，这里仅就卷内目录、案卷目录、档号几个问题简述如下。

一、卷内目录

它是案卷内登录文件题名及其他特征并固定文件排列次序的表格，通常排列在卷内文件之前。

在填写卷内目录以前要有一些准备工作。首先是进行卷内文件排列，使文件在卷内有固定的位置，整齐有序，便于人们查找利用，如遗失也能随时发现。这项工作一定要在案卷的组合正式确定下来以后再进行，以避免返工和无效的劳动。卷内文件排列的方法很多，一般采用以下几种方法：按时间排列（根据成文日期排列）；按卷内文件的重要程度排列；按作者排列；按问题排列；按地区排列；按文件名称排列。

其次是编卷内文件的页号，卷内文件排列好固定位置以后，就要把文件编上号（有字的页，有一页编一页）。编号的作用是：固定文件排列顺序，便于查阅卷内文件和统计数量，遇有遗失和损毁，能够及时发现，同时也为电子检索做好准备工作。为了保护文件且便于改动，在初次编页号时最好用铅笔，过一段时间无大的变化，即可用钢笔或打号机打号固定。

现在有的单位把编写卷内文件的页号，改为编写卷内文件的件号（一份文件一个号），这样做比较简单，一个案卷有几份文件就编几个号，可以节省不少时间。但是它和编页号的作用不（注意：每份文件都有各自的编号，否则文件遗失几页也无从查起）。因此，编件号应当根据具体情况，慎重采用。对于不装订的案卷，要逐件编件号，并按份装订。编号位置在每件首页的右上角。

上述准备工作就绪后即可填写卷内文件目录0凡是需要长期或永久保存的案卷都应该填写卷内文件目录。它的作用是向使用者介绍卷内文件的情况，以便于查找卷内文件，同时起到保护卷内文件的作用。

短期保存的案卷和卷内文件份数很少或者案卷标题能清楚反映卷内文件情况的案卷，可以不填写卷内文件目录。

卷内文件目录，包括顺序号、文件标题、日期、份数、页数、备注。

填写方法：一般情况下，多数案卷就是按照文件的排列顺序逐件登入卷内目录。如果某些案卷内文件的问题和名称相同，可以不按卷内目录的项目逐一填写，可以采取较为易行的省略方法。比如，《中共XX省各市、地委关于农业生产责任制情况的报告》，可以采取省略登记的方法，如表4-4所示。

表4-4 卷内文件目录

顺序号	文件标题	日 期	份数	张数	备注
1	XX地委关于农业生产责任制情况报告	2010.10	1	1 11	
2	XX市委关于农业生产责任制情况报告	2010.11	2	12 31	
3	XX县委关于农业生产责任制情况报告	2010.11	3	32 ~ 46	
………	…..	………	………	………	………

还有某些涉及具体人的案卷，除了人名不同以外，其他内容相同。这样，在案卷标题已经标明卷内文件内容的情况下，卷内目录可以只登人名及页号，不必一一登录内容。如表4-5所示。

表4-5 卷内人物登记表

序号	姓名	页数	序号	姓名	页数

应注意，卷内目录要用毛笔或钢笔准确清楚地填写，不能用复写纸和圆珠笔、铅笔；对文件标题不要随意更改或简化；没有作者或日期的文件应尽量考证清楚；会议记录应写明某次会议和时间；卷内目录填好以后，放在卷内文件的前面，连同卷皮与卷内文件一起装订。

在卷内还要填写备考表。它是案卷内文件状况的记录，通常排在卷内文件之后。立卷人员应将需要说明的情况写在备考表上。填写卷内文件的页数（大写）以及是否有损坏情况，后面由填写人签字并注明日期。如以后页数有变化，或者卷内文件有新的损坏情况，都要加以记载（比如，什么原因卷内文件减少或增加了若干页）。备考表排在卷内最后一张，也可印在卷皮底封的里面。其格式见卷内备考表，如表4-6所示。

表4-6 卷内备考表

卷内备考表	（装订卷）
本卷情况说明：	
立卷人 检查人 年　月　日	

短期保存的案卷，也可以不填卷内目录和卷内备考表。

二、案卷目录

登录案卷题名和其他特征并固定案卷排列次序的表册有比较重要的作用。通过案卷目录的形式，固定全宗内档案的分类体系和案卷的排列顺序，标志着档案整理工作的基本完成。其注明了全宗内档案的内容，便于找出所需案卷，是查找利用档案最基本的和必备的检索工具，更是编制其他检索工具的重要依据。另外它也是登记与统计档案的工具之一，是检查档案安全保管状况的重要手段。

编好案卷目录必须做好两项工作：

首先，对分类立卷后的案卷进行系统排列。根据分类方案，确定案卷在每类内的存放位置与前后顺序。类、属类之间案卷的排列，应该根据分类方案进行。如果是按年度分类，就应该将每一年的案卷按时间顺序排列；如果是按组织机构排列，可以按照习惯顺序（或按组织机构编制表）排列；如果是按问题分类，就应该按照问题的重要程度排列。

其次，案卷在系统排列以后，每个案卷的前后次序和排放位置已经固定，为了管理和提供利用上的方便，要把这种已经固定位置的案卷编上顺序号，即为案卷号。

在上述工作完成以后，就可以进行登记案卷目录。编制案卷目录，通常是在立档单位内完成。有条件的现行机关、企业事业单位，一般由文书处理部门负责编制，然后连同案卷向档案室移交。在较小的基层单位，应由办公室文书、档案人员负责编制。

案卷目录主要包括封面、说明、目次、简称与全称对照表、案卷目录表和备考表。其中案卷目录封面、说明、目录表是主体部分。

（一）封面

案卷目录的封面主要包括全宗号、案卷目录号、目录名称（就是类别或年度的名称），编制单位（相当于立档单位）和形成案卷目录的时间。如果档案已分印成若干套，还应注明"第X套"，如果分开保管期限编制的案卷目录，还应在封面上注明"保管期限"一项。如表4-7所示。

表4-7 卷宗封面

第　　号全宗
第　　号目录
第　套
目录名称
（XXXX年或组织机构）
编制单位
年　月　日

（二）说明（又称案卷自　存言）

在案卷目录的开始，应该对案卷数量、分类和立卷的原则、档案整理的情况、存在问题做简要说明。有的案卷目录说明，还扼要地介绍了档案产生的历史背景、机构变迁以及档案管理方法的改进情况等。这对于档案管理人员尽快熟悉档案，了解历史背景，进一步提高案卷质量是十分重要的。由于"说明"中介绍了档案的特点、案卷内容和档案的存放情况，因而它为档案利用提供了方便条件。

（三）目次

根据全宗内容的分类排列情况，分别写明各个类、项、目的名称及其所在页码。它是案卷目录的目录（索引），对案卷数量多的大全宗是十分必要的。

（四）简称与全称对照表

对于案卷数量较多的大全宗，还应列出简称与全称对照表。主要是针对案卷标题或内容，由于作者、机关、地区等全称过长，需要简化，按照统一的规定，列出对照表供利用者查用、核对。

（五）案卷目录表

这是案卷目录的主体部分应该认真逐项填好。其项目格式和填写方法，如表4-8所示。

表4-8 案卷目录表

卷号	案卷标题	年度	份数	页数	保管期限	备注
1	中共XX市委统战部关于XX问题的指示	2016.3	4	121（1~121）	永久	
2	X市工商联关于XX问题的报告	2016.10—2016.12	3	210（122~332）	永久	
3	XX市工商联XX同业工会关于XX问题的报告	2016.10.12	8	175	永久	
……	……	……	……	……	……	……

"卷号"是案卷在目录中排列的顺序号，不能有重复。

"案卷标题"应和案卷上原来的标题一致，不应在抄写案卷目录时随意更改案卷标题，如发现案卷上原来标题有问题，应同时修改原案卷标题，再抄人案卷目录。

"年度"即案卷所属的年度以及起止日期。

"份数"标明卷内共有若干份文件，也就是件数。

"页数"标明卷内共有多少页（或起止页数），对已编号的案卷，只需查看最后一页即可知道。

"保管期限"在案卷目录内保管期限不一致的情况才有必要标明，如果是按保管期限分开编制案卷目录的，此项就无必要填写。

"备注"是对某卷某些情况的补充说明，比如，长期借出未还，或者遗失、损坏等情况都应加以说明。案卷目录是要长久保存的案卷清册，应该用耐久性能好的墨水填写。字迹要写得端正清楚，要用已公布的简体字，不要自造简化字。登录案卷以后，要进行核对，使目录与案卷封面所写的内容完全相符。有条件的单位也可以打印。

案卷目录上述组成部分填写完毕，应该加上封皮和封底，最好用硬质和质量较好的纸张、布或塑料作为封皮，并装订成册。

案卷目录至少要有一式三份，一份存档，一份备用，一份随档案移交。

三、档号

档号是档案馆（室）在整理和管理档案过程中，以字符形式赋予档案的代码。档号通常包括全宗号、分类号、案卷目录号、案卷号、件号、页号或其他号。档号主要是表示类别及其相互关系的一组符号。在档案的整理、统计、检索、提供利用以及库房日常管理等业务活动中都要运用档号。这几种编号，不仅对档案的管理和提供利用有现实、制约作用，而且对于提高档案工作的规范化及现代化不可忽视。

在编制档号过程中应遵循以下基本原则。

（一）准一性原则

档号应指代单一，一个编号对象应只赋予一个代码，一个代码只表示一个编号对象。具体地说，在一个档案馆内不应有重复的全宗号，在一个案卷目录内不应有重复的案卷号，在一个案卷内不应有重复的件号或页（张）号。如违反了上述唯一性原则，在规定的范围内出现了重号现象，那么档号的指代功能便会出现误差，严重地导致整个档案管理活动的混乱。

（二）合理性原则

档号结构必须与馆藏档案的整理分类体系相适应，比如科技档案可用分类号代替案卷目录号；按流水顺序编号时不应有空号。

（三）稳定性原则

档号一经确定，一般不应随意改变。对需要改变的档号，应在卷皮、卷盒和有关目录、索引、指南及计算机数据库中做出相应更改，要严格保持档号在实体存放处与检索工具上的一致性。

全宗号。著录馆藏每一全宗的编号不同全宗的档案不能混清，同一全宗档案不能分散。档案馆保存数量较多的全宗，为了管理上的方便，必须对档案馆内全宗进行编号，这种以数字代表某一全宗的符号就是全宗号。全宗号一经编定，就不要轻易变动。档案馆内的全宗号应该是固定不变的，即使某一个全宗全部移交出去了，该全宗号在档案馆内仍然保留着。为什么全宗号在档案馆内应该是固定不变的？首先，便于档案馆工作人员更科学地管理档案，做到心中有数。档案馆藏有数量不等的若干全宗，为了便于管理和提供利用上的方便，按全宗号管理和查询利用档案是不可缺少的。作为一个熟练的档案工作人员，当使用者提出借阅档案要求时，马上就能了解到他索取的档案是属于几号全宗，存放在什么位置，无疑这是全宗号固定的结果。如果全宗号经常更动，使工作人员无所遵循，工作就会造成很大被动。其次，全宗号固定，便于档案馆和档案管理机关对档案的统计。档案管理部门的各项统计中，均有"全宗号"一项，如果"全宗号"不固定，改来改去，就会使"全宗号"一项前后不一样，造成档案管理上的混乱。

全宗号有三种编法：一是按系统编号，如党群、政法、工交、农林、财贸、文教、科技等；二是按立档单位的重要程度编号；三是按进馆档案的先后顺序编号。实践证明，前两种方法对于同时进馆的全宗是适用的，但是，一旦有新的全宗进馆，编号就会被打乱。第三种方法最简便易行，比较实用。

全宗号一般用四个符号标志，其中第一位符号用汉语拼音字母标志全宗档案门类，另三位代码用阿拉伯数字标志某一门类全宗顺序号。

全宗内档案门类代字的标志方法是：革命历史档案用"G"，旧政权档案用"J"，新中国成立后档案用"A"。例如，"G002"为革命历史档案2号全宗；"J024"为旧政权档案24号全宗；"A123"为新中国成立后档案123号全宗。

案卷目录号。一个全宗内档案数量很多，一本案卷目录登记已不够用就会形成若干本案卷目录，就需要把案卷目录按序编号。著录全宗内每一案卷目录的编号，就是案卷目录号。案卷目录号的编制方法也是多种多样的，一年编一本案卷目录的，就按年度顺序排号。按保管期限编成若干本案卷目录的，就按永久、长期、短期顺序编号。应根据全宗内档案整理状况设置案卷目录号，可按不同时间断代，不同专题或组织机构、不同保管期限、不同种类、不同载体形态设置案卷目录号。

案卷目录号一般采用流水顺序编号法，必要时可在顺序号前加上表示档案保管期限、载体形态等特征的代字。如，"永13"表示确定为永久保管的第13号目录。

每一案卷目录所含案卷数量不超过100卷时，不另立案卷目录。案卷目录内案卷数量超过9999卷时应另立案卷目录，另编案卷目录号。案卷目录￥一经确定不能轻易改动，必须保持不变。

案卷号。案卷在系统排列之后，要确定卷内每个案卷的前后次序和排列位置。著录案卷目录内每一案卷的流水编号，就是案卷号。它是管理档案中最常用的基本代号。

件号或页号，即著录案卷内每一文件的顺序号或其首页的编号。文件立卷以后，进行卷内文件的排列，给每份文件以固定的位置，用数字固定文件前后次序的代号，就是文件的件号或页号。案卷不装订成册时应编制件号，其间不许有空号。

编号工作，虽然简单具体，切不可忽视，档号遗漏或编错一个，往往使整理工作重新返工，造成人力、物力的很大浪费。

总之，在档案馆内，不能有相同的全宗号；在一个全宗内，不能有相同的案卷目录号；在一个案卷目录内，不能有相同的案卷号；在一个案卷内，不能有相同的页号。上述四种代号虽然作用不同但是紧密相连的。档案馆中的卷号、页号与全宗号、案卷目录号一样，编定之后也不能随意改动。因为档案著录检索都有"档号"一项，通过档号检索档案，如档号变动，检索工具将会失去检索作用。

第七节　档案整理中的组织管理

组织管理，主要是指运用计划、组织协调等基本活动，有效地利用人力、物力、财力，发挥最高的效率，达到管理好档案便于提供利用的目的。

一、整理工作方案

档案馆或者档案室在对某一个全宗档案进行整理的时候，尤其对积存零散文件，首先要了解两方面的情况，一是立档单位的情况，如立档单位成立、变动和撤销的时间和原因；立档单位的职能、任务、隶属关系，以及内部组织机构的设置和文书处理工作情况。

二是全宗内档案的情况，如档案的数量、内容、成分和所属年度；档案的保管情况、整理情况、完整程度；对原整理状况的基本估计。

在了解情况的基础上，酝酿、讨论和形成整理工作方案。这个分类方案包括整理工作的要求和方法，分类方案表、工作程序、劳动组织、人员分工以及大体完成的时间等。整理工作方案一般以全宗为单位编制。当整理互有联系的或同类型的若干全宗时，也可以将其合编为一个整理工作方案。整理工作方案是整理档案，尤其是整理积存档案时，不可缺少的计划性的指导文件，通常要经过周密的调查研究和有关领导的批准。

二、立档单位和全宗历史考证

在整理零散档案时，一般是从调查研究和了解立档单位的沿革和档案状况开始的，并将其写成书面材料，这个材料就是"立档单位和全宗历史考证"，或者称为"立档单位和全宗历史情况说明"。它可以作为档案整理工作方案的一部分，也可以作为一份单行材料。立档单位和全宗历史考证，对档案的管理和提供利用有多方面的作用。

（一）它是正确地制定整理工作方法和科学地组织档案整理工作的依据

对该全宗内各个部分档案整理的具体要求和方法（比如制定档案分类方案），都只有在深刻而全面地研究立档单位和全宗历史的基础上才能确定。

（二）它是档案整理中必要的参考材料

在判定档案所属全宗，考证文件日期和所属组织机构、档案的归类等方面，它都能提供一些可以参考的材料。尤其能减少立卷中的困难，因为了解了立档单位的工作任务、领导关系、机构、人员变动情况以及文书处理情况，就能提高立卷效率；同时在了解过去的文书、档案工作情况以后，就能更好地利用原有基础，提高档案整理工作的速度和质量。

（三）它对鉴定档案价值有辅助作用

了解和明确立档单位的主要职能和任务以及领导关系和档案被保存的程度以后，便于正确地鉴别文件的价值和准确地划分档案的保管期限。

（四）它可以作为编制各种检索工具时的基础材料

档案馆（室）在编制各种检索工具时，也需要了解各个全宗以及立档单位的历史，才能编得精确、全面，尤其是编制全宗指南、档案馆指南等较大型检索工具时，更需要参考历史考证。

立档单位和全宗历史考证一般包括如下一些内容。立档单位的历史沿革：

1. 立档单位成立、停办、撤销的时间和原因；

2. 立档单位的性质、任务和职权范围及其变动情况；

3. 立档单位在社会中的作用及领导关系与隶属关系的变化情况；

4. 立档单位内部组织机构的设置、职能及其变更情况，立档单位及其内部组织机构负责人姓名；

5. 立档单位文书下作制度及其变化情况，文书处理中的印章及其作用。

全宗档案情况：

1. 全宗档案内容与成分的概况；

2. 档案入馆前的保管处所和保管情况。档案何时入馆，是否受过损失，是否经过鉴定，销毁数量等都在考证中注明；

3. 档案被利用的状况。

立档单位与全宗历史考证的编写方法如下所示。

首先，应当研究规定立档单位任务、职能和组织机构的决议、章程、条例、办法、命令、指示等法规性文件，并参阅机关历年大事记和工作总结等。这些文件往往可以从档案中找到，或可在报刊上发现，还可以从资料室、图书馆中收集。研究立档单位的历史，除了研究立法性文件外，同时还可以利用参考书、百科全书及有关的出版物、会议记录汇集、总结报告汇集、纪念册、人物传记，也可参考档案馆（室）的工作总结、移交文据、移交目录、销毁清册等。

其次，通过访问有关人员编写历史考证也是十分必要的。虽然档案、图书资料中能提出有关立档单位和档案的历史情况，但有时并不那么具体详细，甚至还有一些不准确和矛盾之处。通过访问原来立档单位的负责人或工作人员，或进一步查阅文件获得线索，或通过调查印证档案和复核文件，使历史考证的质量能得到保证且更具有实用价值。

再次，历史考证应该由档案工作人员或文书处理工作人员中，比较熟悉立档单位历史情况的同志来编写。考证的内容必须简要明确并有依据，不允许单凭印象来编写，而应该严肃认真，下一番功失，对立档单位和全宗档案的历史与现状，做出恰如其分的考证。

三、零散文件整理程序

在整理积存零散文件时，除了要做上述的一些准备工作以外，还必须科学地组织整理工作程序，以保证档案整理工作的顺利进行。整理工作程序可以简要归纳为以下七个步骤。

1. 区分全宗。

2. 全宗内档案的分类。

3. 立卷。

4. 检查案卷质量和确定案卷保管期限。

5. 案卷的加工整理。

6. 案卷的排列与编号。

7. 案卷目录的编制。

以上是全面系统整理的一般程序。在实际工作中，应该考虑到原来档案的状况和整理工作的具体要求和方法，不同情况采用不同的程序。如果所整理的档案是属于一个全宗的，则第一个程序就不必要；如果所整理的档案是已经组成案卷的，只是有某些不足，那么第三个程序就不是立卷而是纠正和调整案卷。如果所整理的档案是过去进行过整理的，其整理程序就可以从简，可以在原基础上适当做些局部的补充和调整。

四、整理档案的劳动组织

整理积存和零散档案时，需要参加的人员较多，因此，必须合理地解决人力分工问题，应该根据档案的系统整理和技术整理的特点进行科学的劳动分工。

档案的系统整理工作，一般是以全宗为单位进行，人员分工有两种方法可供选择：一种方法是由少数人包干整理一个全宗，包全宗到人，各全宗整理工作同时进行；另一种方法是组织所有参加整理者，对全宗逐个地加以整理，即大家一起先整理一个全宗，然后再整理另一个全宗。在人员分工上采用"两头小，中间大"的办法比较合适。即开始由少数人甚至一两个人研究情况，制定整理工作方案，按方案分工要求大家一起动手整理，最后由少数人做扫尾工作。

档案的技术整理工作，一般是采用流水作业法来进行的，即按照档案整理工作程序和技术整理工作的内容，把人员分成若干组，每组只负责其中的一两项工作，各司专责。有的专门负责拆除文件上的各种金属物；有的专门负责编写卷内文件的页号；有的负责填写案卷目录和卷内目录；有的书写案卷封皮；有的专门负责装订。每个案卷的技术整理必须按照工作程序由各个小组依次逐步地完成。

档案的系统整理包括区分全宗、分类、立卷、卷内文件排列、填写卷内目录、案卷封面的编目、案卷的排列和编制案卷目录。档案的技术整理包括卷内文件编号、修复、填写案卷备考表、案卷目录的抄写和案卷的装订。档案的系统整理与技术整理，在人员分工上是不同的。系统整理中各个环节前后联系非常紧密，因此进行系统整理要求配备业务水平较高的人员参加，并且要求以分类方案为分工的基础，采取纵的分工方法，不宜采取流水作业法。而技术整理是以工作的内容（即工种）为分工的基础，其各项工作的作业方法具有相对的稳定性和某些技巧性，因此，技术整理应该配备操作技巧比较熟练、书写能力较强的人员，采取专人负责或流水作业法去完成。

在档案整理时，充分了解和掌握两种不同的劳动组织，对于挖掘潜力，调动一切积极因素，提高档案整理工作的水平，具有重要的现实意义。

第五章　档案价值的鉴定

第一节　档案价值鉴定工作概述

一、什么是档案价值的鉴定工作

所谓档案价值的鉴定工作，就是档案馆（室）按照一定的原则标准和方法，甄别和判定档案真伪和价值，确定档案的保管期限，剔除失去保存价值的档案并销毁，使保存的档案，达到精练的程度。简单地说，就是甄别档案真伪和判定档案的价值，决定档案存毁的工作。它是档案工作的业务内容之一，是档案馆（室）的一项专门业务。

档案价值鉴定工作，是以历史唯物主义的观点，从整个社会当前和长远利用档案的需要出发，根据统一的鉴定原则和标准，来判定档案在政治、经济、科学、文化等方面的历史和现实价值，确定不同的保管期限，把需要长远保存的档案，妥善保存起来，拣出不需要保存和已保管期满的档案予以销毁。从这个意义上讲，档案鉴定工作，就是"去粗取精"，决定档案存毁的工作。鉴定工作的主要目的，在于正确地确定需要保存的档案，保护有价值的档案，提高保存档案的质量，有利于保管和充分发挥档案的作用。在进行鉴定工作时，着眼点首先应放在哪些档案应当妥善保存下来，其次才应确定哪些档案失去保存价值需要销毁。只有分清主次，才能做好鉴定工作。

从整体上讲档案是党和国家活动的原始记录，是宝贵的文化财富。具体到每一份文件、每个案卷，是否都是重要的，具有凭证和参考作用，它们之间就会有区别了。有的价值可能大一些，有的小一些，甚至有一些档案可能没有什么价值，有的过去有价值而现在已失去保存价值。在这种情况下，如果都保存下来，不利于对档案的科学管理。此外，随着社会的发展，档案的数量与日俱增，一个中等机关，一年形成几百卷；一个大机关，每年可以形成上千卷档案材料。日积月累下去，如果全部都保存下来，将会给安全保管和提供利用带来许多难以克服的困难。从这里我们可以看出，档案这一事物本身始终存在着精练与庞杂，有用与无用的矛盾。通过档案鉴定工作存毁的办法解决档案有用和无用的矛盾，促使由庞杂向精练转化，以利于档案工作的开展。

二、档案鉴定工作的基本内容

档案价值鉴定工作的基本内容包括三个方面：

1. 制定档案价值的有关标准，包括单行规定和档案保管期限表等；

2. 具体判定档案材料的价值，确定其保管期限；

3. 剔出本无保存价值和保管期满的档案，按规定进行销毁或做相应的处理。

三、档案价值鉴定工作的意义

（一）便于发挥档案的作用

我们保管档案，进行各项业务工作，其主要目的是便于各项工作的利用，把档案的作用充分发挥出来。如果不进行鉴定，把大量已失去保存价值和本来就没有什么保存价值的档案，同有价值或有重要价值的档案混杂在一起，那么真正有价值的重要档案会被大量无价值的档案所淹没。有时查找一份档案文件，犹如"沙里淘金"，给提供利用工作带来很大困难。反之，我们通过鉴定工作，去其糟粕，留其精华，剔除无价值的档案，把有价值的档案管理好，才能发挥档案的作用。

（二）便于档案的安全保管

如果不进行档案鉴定，将大量失去保存价值的档案和有价值的档案一起保管，不仅在人力、物力上造成浪费，而且妨碍有价值档案的保管条件的改善，影响档案的安全保管。通过鉴定工作，分清主次，对保存价值大的档案，给予良好的保管条件，尽可能延长档案的寿命，维护档案的安全。对失去保存价值的档案剔除销毁，腾出库房和装具去妥善保管有价值的档案。

（三）便于应付突然事变

所谓"突然事变"，主要是指战争、水灾、火灾、地震等天灾人祸。如果不搞好鉴定工作，档案材料因主次不清，数量庞大，遇到突然事变，由于心中无数，就会束手无策，不易及时抢救和转移，其结果将是"玉石俱焚"。经过档案鉴定，区分了主次，如遇突然事件，可以及时、迅速地将重要档案抢救和转移。

第二节　档案价值的特点和档案价值的因素

一、档案价值

什么是档案价值？这是档案价值鉴定工作应解决的首要问题。不明确档案价值的概念，就不可能对档案进行科学的鉴定，就无法划分保管期限。因此，应以价值为入口，阐述档案价值的鉴定工作。要正确理解档案价值的概念，就必须弄清楚什么是价值。档案价值是指档案这一客体对从事社会实践活动的主体所具有的凭证和参考作用

3主体是指从事社会实践活动，以各种方式和手段认识改造世界的人；客体是主体进行的社会实践活动所指向和把握的客观对象。承载知识、信息的档案，也只有与主体的需要发生关系才能产生或表现价值。如果档案馆（室）保存的档案根本不被人们需要和利用，就谈不上有什么价值，管理档案的一系列活动也就失去了存在的意义。反之，如果档案馆的档案被人们广泛利用，并能满足各方面的需要，就体现了价值。由于档案价值是指主体与客体的关系，因而决定了档案这一客观物是档案价值的物质承担者，它只有进入社会和人的活动领域，为人所共识，并同人的实际需要相联系、相统一，才能使档案及其属性进入价值化过程，与人的需要构成价值关系。故档案的价值取决于档案客体的属性和主体的需要这两方面的统一，二者缺一不可。据此，所谓档案的价值实为档案的使用价值，就是档案这一客观存在物对人们所具有的实用性或有益性。

二、档案价值的特点

档案价值鉴定工作中，深入分析档案价值的特点，对提高鉴定工作水平具有指导意义。

（一）档案价值的多维性

档案的价值是多方面的．从其发挥作用的领域来分，有经济价值、科学文化价值、政治价值等；从价值的性质来分，有凭证价值和情报价值。同一件（卷）档案可能既具有史料价值，又有日常工作查考价值。为此，开展档案价值鉴定时，应充分认识与估计档案价值的多维性，防止片面性。

（二）档案价值的潜在性

档案的作用是客观存在的，何时何地发挥作用又是难以确定的。档案只有等待适当时机，当其被利用来满足社会的利用需求时，才能由潜在价值转化为现实价值。认识档案价值的潜在性，就要在鉴定工作中透过现象、抓住本质，深入分析档案的隐含价值，充分预测被鉴定档案在各个领域和不同时期可能发挥的作用，而不被表面现象所迷惑，不会因暂时不用而予以处置。

（三）档案价值的相对性

档案价值的大小是有一定客观标准的，但是也受环境的影响而发生升降。档案鉴定工作中，被鉴定档案往往与其他档案相比较而存在价值。例如某一件（卷）档案的价值并不大，但由于这个时期、这个机关保存下来的档案数量少，这一件（卷）档案的价值就相对提高，保管期限也适当延长；反之，孤立的某一件（卷）档案似乎很重要，但同一全宗有众多的同类型档案，或在档案进馆后会与其他全宗的档案重复，这件（卷）档案的价值就会相应降低，可适当缩短保管期限。根据档案价值相对性的特点，在开展档案鉴定工作时，一定要全面分析一个全宗和一个档案馆档案的整体状况，既要分析档案本身的固有价值，又要重视馆（室）藏档案质量的优化和减少重复。

三、档案价值的因素

档案价值的因素是多维的，大体可概括为以下三个方面。

（一）档案自身的特点和状况

档案自身的特点和状况是决定档案是否具有保存价值以及有多大保存价值的基础。它在以下几方面影响和决定着档案的价值。

1. 看文件的内容

文件的内容所记录的信息和反映的情况是分析判定档案价值的关键因素，因为文件的用途是和内容联系在一起的。分析文件的内容，主要应看以下三方面。一是看文件内容的重要性。看说明了什么问题，反映了什么事实。一般说来，反映党的方针政策、重大事件、主要业务活动的比反映行政事务、一般业务活动的重要；反映本机关主要职能活动、基本情况的比反映非主要职能活动和一般情况的重要；反映中心工作的比反映日常工作的重要；反映全局性的比反映局部性的重要；有针对性依据性，需要贯彻执行的比普发性、参考性的重要；有效时间长的比有效时间短的重要；典型性的比一般性的重要。前者是重要档案，要永久和长期保存，后者是一般档案，价值较小，多数只能短期保存。二是看文件内容的独特性。实践证明，内容独特、新颖的档案材料有较大的利用价值。因此，档案馆（室）鉴定档案价值时，应充分重视档案内容的独一无二性。凡是具有本机关、本系统、本地区特色的档案以及特殊事件、特殊产品、特殊人物、特殊成果和具有开创意义的新人、新事、新方针、新政策方面的档案，应尽可能予以保存，适当延长保管期限。文件内容的独特性还包括力求减少馆（室）档案的重复，将重复现象减至最低限度。三是看文件内容的真实性。文件内容真实可靠才具有利用价值，内容不实，则丧失利用价值而应当剔除。若将内容不实的文件保存起来并提供利用，会因以讹传讹而产生负面影响。只有在特定历史条件下，避免人为造成"历史空白"，才允许保存一些文件本身形成是真实的但内容不真实的文件材料，并谨慎地、批判地加以利用。

2. 看文件的形成者

形成者是指文件的责任者（作者）和立档单位。第一，分析文件的价值，应站在本机关的角度，本机关制发的文件是保存的重点，大部分需要长久保存。一个机关的档案是否齐全完整，能不能反映本机关的历史面貌，在很大程度上是看本机关制发的重要文件是否保存下来。但也不是只保存本机关制发的文件，还应包括外机关制发的文件，主要是直属上级、下级制发的文件。对外机关制发的文件，看它在本机关的承办处理情况及与本机关的关系，是针对本机关需要直接承办并产生文件的，还是没有产生文件和不是针对本机关的，是直属上级、下级的文件，还是同级或非直属上级、下级的文件。应把握住文件与立档单位的关系这一线索，将一个机关的全部档案材料与本机关的主要职能活动和任务联系起来，分析其在行使本机关主要职能和完成主要工作任务以及反映基本情况方面的作用。也就是说，凡是记述和反映本机关主要职能、中心任务、基本情况方面的档案材料，对本机关、国家建设和历史研究有长远利用价值的档案，应永久保存，反之，可长期或短期保存。第二，分析文件的价值，应看立档单位在社会上的地位和作用。由于立档单位在政府机关体系中、社会上、历史上所处地位和所起作用的不同，所形成文件的价值也不同。一般来说，担负的职能和地位重要的立档单位所形成的档案全宗及其所属档案文件，从总体上看具有较高价值。如党中央、国务院及各部委、中央军委及各总部、人大常委等高级领导机关，地方上的党政领导机关所形成的档案，在政治、经济、科研等方面的价值要大一点，应多保存一些；一些基层单位，如小商店、小学、小工厂等单位形成的档案价值相对小一点，保存的数量应少一些，具有抽样保存的性质，甚至可以考虑整个全宗都不必永久保存。从人物全宗来说，党和国家领导人、著名科学家、社会活动家等知名人物形成的档案价值很高。

3. 看文件的形成时间与时效

文件形成时间表明文件产生的历史。一般来说，文件产生的时间愈早，保存下来的就愈少，就显得愈珍贵，具有鉴赏的文物价值。如古代的甲骨档案、简牍档案、缣帛档案间已成为国宝，不容许有任何毁损。明代、清代档案，民国档案，革命历史档案产生的时间远者距今有六七个世纪，近者也有半个多世纪，保存下来的数量也有限，确定其保管期限应从宽，对判定销毁应持谨慎态度。凡有保存价值的，一定要尽可能保存下去，传给子孙后代。在世界范围内，早在20世纪初，普鲁士的迈斯奈尔就提出"高龄档案应受到尊重"的思想，揭示了文件作为一种证据性材料所固有的历史价值，改变了人们只注重文件材料行政参考作用的片面做法，使人们认识到文件可以作为考查机构职能活动与历史情况的证据，从而避免了大量古老的珍贵档案受到人为的毁坏。根据这一思想，许多国家制定了禁销档案的日期，禁销日期以前的档案应全部保存。

档案价值的时效性表现为档案可以在不同时期满足人们不同需要的阶段性，即现实的使用价值、历史的参考价值和鉴赏的文物价值。所谓现实使用价值就是看档案在现实的工作、生产活动中的行政效力与法律效力。如条约、契约、协定、协议书、合同、法律、指示、方针政策、规章制度、规划、预算等文件材料，在一定时间和条件下具有行政上和法律上的效力，这就有相当的价值，应予以保存。当其有效性丧失后，会降低或失去原有的价值。实际工作中，这类档案在有效期满后通常再保存相当于有效期限的时间，以备查考。所谓历史的参考价值，是指档案是历史的产物，是在特定的历史条件下形成的，是前人实践活动的信息积淀。就一个事件而言，此部分档案即为此事件之历史。就一组织而言，该组织之档案即为该组织之历史。因此，在鉴定档案价值时，要充分认识档案的历史价值，即史料价值。所谓鉴赏文物价值，是指年代久远的档案，如甲骨档案、简牍档案、缣帛档案、明清档案，除本身的史料价值外，兼有文物价值。

4. 看文件的名称

文件的名称表示文件的不同作用，也在一定程度上反映出文件的不同价值。比如决定、决议、命令、指示、条例、纪要、报告等就比一般性的通知、简报、来往函件重要，会计档案中的预算、决算、报表、账簿就比凭证的价值大，教学档案中教学计划、教学大纲就比教学日历、课程表的价值大。但是，看文件的名称只具有参考的性质，由于文件名称用法上不统一以及实际情况的复杂性，对于有的文件不能单独只看名称，还要看文件内容。比如，有些通知就含有重要指示、决定的意义，不能当一般通知看待。又如一些党政领导人、知名人士之间关于某些重要活动的来往函件就不能当作一般性的函件来处理。

5. 看文件的外形特点

有些文件从内容上看并不重要，但其外形特点影响其价值。如制成材料、书法、图案等有科研或艺术价值，或者文件上有著名人物的批示、题词、签字等，也影响其保存价值。

6. 看相关档案的保存状况

分析档案的价值，不能孤立地从单份文件或单个案卷出发，应从全宗文件之间的有机联系出发，从全宗群以及同时期、同类型全宗的档案数量、结构、完整程度、可靠程度出发，全面考查文件的价值。全面分析档案价值，有一个被鉴定档案的价值与相关档案价值的比较问题。就某一份档案材料来说，其价值不大，但该时期的档案材料很少保存下来，这份档案就具有"样本"性质而应当保存。某些档案就一个全宗，看具有保存价值，但从档案馆角度看，相关全宗已经保存，为减少重复而应当剔除。因此，鉴定档案价值时，看相关档案的保存状况应注意以下几个方面。第一，看档案的完整程度。在正常情况下，一个全宗、全宗群或同类单位的档案数量大，保存比较完整，鉴定档案价值时应严格一些，挑选确有价值的才保存。假若由于某种原因，某一个历史时期，或某一全宗、全宗群保存下来的档案材料不完整，鉴定档案价值时，就应稍宽一些。第二，看档案是否重复。档案之所以珍贵，向以"孤本"著称。若保存过多的重份文件，会给保管、保护工作带来困难，造成人力、物力的浪费。鉴定档案价值，应注意对全宗内的重复文件和各全宗之间交叉重复文件进行清理和剔除，力求做到一个全宗内不出现重份文件，档案馆内各全宗之间少出现重份文件。第三，看文件的可靠程度。同一文件在撰稿、印制过程中以及根据使用的需要，可以形成各种稿本，可分为正本、副本、定稿、草稿、草案等。不同稿本的文件在行政效能、凭证作用等方面是有区别的。正本具有标准的格式，有机关的印章或负责人的签署，是机关进行工作的依据，具有法定的实际效能和凭证作用，可靠性大，价值也就大一些。副本、草稿、草案的可靠性差一些，价值也小一些。由于科学技术的进步，副本与正本在内容和形式上可以毫无差异，副本也可以起凭证作用，特别在没有正本的情况下更是这样。某些重要文件的"草稿""草案"也具有一定的价值，从中可以看出重要文件的形成过程，需要保存一段时间。

（二）社会利用需求

从社会的利用需求和利益方面去评价档案价值，是鉴定工作的核心，社会需求和利益对档案的价值有影响、调节和使用作用，在鉴定工作中必须予以重视。凡社会需求的档案对社会有用，即有价值，应当予以保存；社会不需要的档案或较少需要的档案对社会的作用小甚至无作用，若无潜在的价值，则一般不予保存。社会利用需求一般包括以下两方面。

1. 社会需求的广泛性

社会对档案的需求是多方面和多层次的。社会生活丰富多彩，对档案的需求多种多样，档案的内容上至天文，下至地理，中及人事，无所不包，可以满足社会的广泛需求。人们在社会实践中，有的利用档案解决行政管理、生产建设以及日常生活中的各种具体问题；有的使用档案进行科学研究与著书立说。然后利用档案的领域有政治、经济、科学、文化等方方面面。利用者有行政管理人员、专业技术人员、工人、农民、商人、学生等。无论在任何情况下，档案只要能满足社会需要就具有价值，否则就无价值。需要的满足程度对社会的利益影响愈大，档案价值就愈大，反之就愈小。

2. 社会需求的阶段性

社会对档案的需求从时期上可分为近期利用需求与长远利用需求。近期利用需求是指档案形成机关在一定时期内需要查考利用档案，以及档案进馆初期各方面对档案的利用。鉴定档案价值时，既要照顾重点用户（形成机关），又要兼顾社会各方面现实的、近期的利用需求。长远利用需求是未来的、潜在的利用需求。鉴定档案价值时应深入预测长远利用需求，通过对既往利用频率、利用效果、利用需求、用户状况等方面的调查分析，仔细剖析影响社会对档案需求的种种因素，探索利用需求的发展规律，从而准确地判定社会对档案的潜在需求，充分发挥档案馆史料基地的作用。

（三）保管条件和费用

鉴定档案价值的目的是挑选有价值的档案继续保存，剔除无须保存的档案予以销毁。但在具体判定哪些档案值得保存和保存多久、哪些档案不值得保存时，应考虑保管档案的现有条件和效益。

1. 现有保管条件

我国是发展中国家，在较长时期内向档案方面投入的财力是有限的，档案馆（室）的库房建设及设备的增长速度远远赶不上档案数量的急剧增长，矛盾十分突出。鉴定工作中，在确定应保存档案的数量和保管期限时，要适当考虑现有的保管条件与设备的承受能力。

2. 保管费用

所谓保管费用，是指保管档案过程中的花费，包括储存费用、处理费用、保护费用、参考咨询费用。保存档案应考虑效益问题，只有档案发挥作用所带来的利益超过因保存档案所付出的代价时，档案才具有保存价值。有的档案虽然具有一定的价值，但限于现有条件不足或保管费用过高，也难以保存。所以，档案工作者在鉴定工作中应有效益观念。但是，必须指出，考虑档案的效益，不能只考虑经济效益，还应全面分析档案的社会效益。从整体效益和局部效益、当前效益和长远效益等方面具体比较档案的"投入"与"产出"，才能使档案价值的评价更准确、更与实际相符合，避免效益问题上的片面性。

第三节　鉴定档案价值的原则与方法

一、鉴定档案价值的原则

鉴定档案价值的原则是，必须从国家和人民的整体利益出发，分析主体和主体本身的需要，用全面的、历史的、发展的、效益的观点判定档案的价值。

（一）从国象和人民的整体利益出发衡量档案的价值

鉴定档案价值是一项科学性很强的工作，应从国家和人民的整体利益出发，这是鉴定工作中的指导思想，也是档案价值评价的基础。判定档案价值时，应根据档案对社会主义事业和子孙后代的作用，以历史唯物主义的观点，从生产建设、科学研究、政治斗争和日常工作查考等方面全面考查档案的价值，正确地判定保管期限，谨慎地把不需要保存的档案剔除销毁，确保档案质量的优化，使案工作更好地为社会主义现代化建设服务。

（二）分析主体和主体本身的需要

档案价值是档案与人们对它的需要之间的一种特定关系。档案价值从其表现看属于主体与客体之间的关系范畴，可以表达为档案自身所具有的属性对主体需要的满足，是人们的需要对档案自身属性的肯定关系。档案价值鉴定，只有了解主体需要什么和能接受什么，才能对档案价值及其价值关系做出科学判断。鉴定工作中强调主体分析，首先是对主体本身及其需要的分析。在档案价值客体及客体属性既定的情况下，鉴定的关键问题是要弄清主体及其主体需要，并将其放到一个重要的位置，同时要把某种主体需要放在整个社会需要中进行分析、衡量和评价，以便把社会需要的档案保存下来，让其发挥重要作用。

（三）全面的观点

档案是党和国家的文化财富，不是一个机关、一个部门或个人的财产。因此，认识档案的价值和作用不能只从一个机关、一个部门或个人是否需要去考虑，而应该从党和国家、社会主义现代化建设的全面观点去衡量它的价值和作用。档案的作用又是多方面的。某一个机关不需要的档案，往往其他机关可能需要，对某一方面无价值的档案往往对另一方面有价值，对现行机关参考价值不大的档案可能是对历史研究有用的史料。因此，不能只从一个方面去看档案的作用，应从经济、政治、科学文化等方面的现实作用和史料价值去全面衡量其作用。档案的产生和形成不是孤立的，文件之间互有联系，各个全宗之间，特别是一个全宗内的档案材料之间是互有联系的。这就要求在考虑档案的价值和作用时，不能孤立地看某一份文件，而必须将有密切联系的一组文件作为一个整体来看待。在实际工作中，各机关之间密切联系，文件相互传送，假若文件都保存起来必然造成大量重复。因此，要考虑上下左右的各个机关和部门，既要保证一个机关的档案的完整，又要避免进馆的档案大量重复，只有把有关档案联系起来，才能全面判定档案的价值。

（四）历史的观点

档案是历史记录，也是历史的产物，它是在一定的历史条件下形成的。在鉴定档案价值时，应遵循历史观点，这是由档案价值的时效性与社会历史性所决定的。任何价值关系总是作为一定历史发展阶段上具体的社会关系而存在的，是随着历史发展而改变着的。因此，判断档案价值关系的时效性和历史性都要运用历史的观点，根据档案产生的历史条件及在历史上的作用，结合现实来考虑档案的价值。对待档案材料，特别是历史档案，不用历史观点是很难准确判定其价值的。所以，在判定档案价值时，应防止片面的实用观点和非历史观点。

（五）发展的观点

社会是不断前进的，社会主义事业是不断发展的，它对档案的利用是随着各种因素和情况的变化而不断提出新的要求。同时，档案的作用也会发生变化。现在有用处的档案，随着时间的推移，将来可能没有用处；现在暂时不用的档案，由于情况的变化，将来可能有用处。因此，认识档案的价值和作用，要用发展的观点，既看到现实，又看到将来，要有远见。为此，鉴定档案价值的标准和观念，必然也要随着实践的发展而有所发展、有所改变，否则就难以对档案价值进行客观、公正的判断与评价。

（六）效益的观点

保存档案必须考虑到社会的保存能力和保存效益问题。效益的观点是指分析档案价值时要考虑收入与付出之比，只有当档案发挥的作用超过因保存档案所付出的代价时才判定其具有保存价值。保存档案所产生的效益包括经济效益和社会效益两方面。在档案鉴定工作中判定档案价值时，应当坚持经济效益与社会效益并重。既要摒弃因保存档案不计库房、设备、管理人员、复制、修复等方面的消耗而要求保管档案多多益善的观点，也要摒弃保存档案只考虑经济效益而忽视社会效益的观点。因为，档案价值的特殊性使其不能仅仅追求经济效益而忽视档案对社会的作用。在档案鉴定工作中，我们强调的效益是经济效益与社会效益的统一。

二、鉴定档案价值的方法

（一）定性分析法是判定档案价值的重要方法

区分事物的质的定性分析是认识事物的开始，是认识量的前提，它在认识过程中具有优先性和普遍性。鉴定工作中档案价值的体现具有一种潜在的价值关系，只能进行大体的预测，无法精确度量。只能着眼于事物的整体特性和主要方面，用分级断档的方法勾画出近似的轮廓，提出一个大概的日期和范围。由于定性分析法没有一定的比例参数，也没有数量模型，难免带有经验色彩和主观随意性，而受到定量论者的非议。但定性描述能提供较为充足和直接的信息，促进入全面思考，更好地适应外界条件的变化，从创造性思维出发更符合客观实际。因此，鉴定工作中判定档案价值主要采用的是定性分析法。

（二）定性分析与定量分析相结合是档案价值鉴定方法发展的必然趋势

一定事物的质总是建立在一定量的基础上，因此从质的研究到量的分析，可以深化对事物的认识，正是在这个意义上，可以说定量分析是定性分析的精确化。从定性研究到定量分析的发展，是人类认识发展的规律。档案鉴定工作除了要将定性分析与定量分析有机结合起来外，还应采取以下方法。

1. 比例鉴定法

这一方法的实质在于确定档案馆永久保存的档案和机关形成的全部文件之间的比例关系，用于对进馆档案总量的宏观调控。各类价值的档案数量有一定规律可循，在深入调查研究和准确分析档案价值的基础上，可以制定一个大致的存毁比例作为鉴定标准。

2. 选样鉴定法

这一方法就是从某一类型的档案总体中选出一部分"样本"，作为该类档案的代表保存起来，实质是用少量档案反映历史概貌、内容和特征，起"解剖麻雀"的作用。

3. 系统优化法

该方法要求对档案文件不能彼此割裂和孤立地进行评价，而是运用系统论的观点，按照档案信息系统（大系统子系统）结构优化的要求，在立足社会需求的基础上，兼顾保管条件和经费的制约因素，全面考虑系统内档案的存毁及其保管期限，力求保存最低数量的档案，为国家和社会储存更多的有用信息。

4. 模糊综合评价法

这一方法就是建立数学模型定量分析档案的保存价值，其目的在于以定量化手段减少判定档案价值中的主观随意性和经验色彩，更准确地划分档案保管期限。该方法视角新颖，能给人以启迪，但研究与论证还不充分，不具有推广应用性。

（三）直接鉴定法是鉴定档案价值的操作方法

鉴定档案价值的操作方法，就是直接地、具体地审查档案，通常把这种方法称为直接鉴定法。运用这种方法，要求鉴定工作人员根据鉴定档案价值的原则和标准，根据档案的实际情况判定档案的价值。因为鉴定档案的基本观点和分析档案价值的方法只是提出了怎样去分析和认识档案的价值。鉴定档案价值的标准—档案保管期限表，虽然对各种类型档案材料的保管期限做了明确规定，但保管期限表的条款不可能反映出实际工作中形成的档案材料的一切特点，也不能包括所有的档案材料，即使档案保管期限表上有明确规定，也需要直接审查档案材料，才会知道其符合哪一个条款，从而确定其保管期限。

直接鉴定法要求鉴定工作人员逐件逐张地审查档案材料，从它的内容、作者、名称、可靠程度等方面全面考查、分析、确定其价值，不能只根据文件题名、名称、文件目录、案卷题名、案卷目录去确定档案的价值。一般来说，题名和目录应该正确反映文件或案卷的内容和成分，但由于有的文件题名使用不当及案卷质量低等缺点，导致题名和目录不能正确揭示文件或案卷的内容和成分，若仅根据它们去判定文件的价值，就可能发生错误。因此，为了保证鉴定工作的质量，必须直接审查档案材料。

第四节　档案保管期限表

档案保管期限表，是用表册的形式列举档案的来源、内容和形式，并指明其保管期限的一种指导性文件。它是档案室、档案馆鉴定档案价值和确定档案保管期限的依据和标准。

一、档案保管期限表的作用

（一）能够保证鉴定工作的质量和提高鉴定工作的效率

档案保管期限表是根据鉴定档案价值的原则，认真总结鉴定工作经验，经过反复讨论、研究而形成的，实践证明是行之有效的。有了保管期限表，就有了一个明确的标准，档案鉴定工作人员可以根据档案保管期限表来统一进行档案鉴定工作，以避免因个人认识的局限性和片面性而造成判定档案价值时过宽过严的倾向，确保准确地判定档案价值，提高鉴定工作的质量。由于标准明确，认识一致有利于推动鉴定工作的顺利开展，加快鉴定工作的速度，提高鉴定工作的效率。

（二）能够有故地防止任意销毁文件

档案保管期限表明确规定了什么样的文件要保存什么样的文件不保存，因为标准明确，界限清楚，加上严格的制度，所以能够有效地防止有意或无意而错误地销毁文件。

二、档案保管期限表的类型

目前，我国的档案保管期限表归纳起来有五种类型。

（一）通用档案保管期限表

它是由国家档案事业管理机关编制，供全国各机关、团体、企业、事业单位鉴定档案时通用的保管期限表。例如，国家档案局于1987年12月颁发的《文书档案保管期限表》就是通用保管期限表。它的特点是：第一，概括了全国各机关团体、企业、事业单位普遍产生的文件及其保管期限，具有通用性，是确定全国各机关、团体、企业、事业单位档案材料保管期限的标准和依据；第二，是制定其他各种保管期限表的依据，各个系统、各个部门、各个机关都可以根据通用保管期限表，结合自己档案材料的具体情况，编制本系统、本部门、本机关的档案保管期限表。

（二）专门的档案保管期限表

它是由档案事业管理机关会同专业主管部门编制，供各机关、团体、企业、事业单位鉴定专门档案时使用的一种保管期限表。例如，财政部、国家档案局于1998年颁发的《财政总预算、行政单位、事业单位和税收会计档案保管期限表》就是供全国各级财政机关、行政单位、事业单位和税收机关鉴定会计档案的统一标准。

（三）同系统机关档案保管期限表

它是由主管领导机关编制，供同一系统各机关鉴定档案价值时使用的保管期限表。例如，《中国人民解放军文书档案保管期限参考表》概括了军队系统各单位可能产生的文书档案及其保管期限，是供军队系统各单位鉴定文书档案价值的统一标准。

（四）同类型机关档案保管期限表

它是由档案事业管理机关或主管机关编制，供同一类型（如医院、工厂、学校、区/乡政府）各单位鉴定档案时使用的依据和标准。例如，某市人民政府制定的《各区人民政府档案材料保管期限表》、某地区《医院文书档案保管期限表》、某县《乡人民政府档案保管期限表》就属于同类型机关档案保管期限表。

（五）机关档案保管期限表

它是根据各机关档案的具体情况，由本机关编制，供本机关鉴定档案时使用的依据和标准。如《XX省人民政府档案材料保管期限表》《中共XX县委会档案材料保管期限表》就是这种类型。在这种保管期限表中，包括一个机关在工作活动中可能产生的所有文件及其保管期限，由于明确具体，使用起来很方便。

三、档案保管期限表的结构

档案保管期限表的结构包括顺序号、条款、保管期限、附注以及总的说明等部分。对于条款较多的档案保管期限表，还可以加上类别。以上是档案保管期限表的一般结构，可以根据档案保管期限表的特点和实际需要，增加或减少某些项目，但条款与保管期限是最基本的项目，任何档案保管期限表都必须有。

（一）顺序号

档案保管期限表的各条款经过系统排列后，在各条款的前面编上统一的顺序号。编顺序号的目的是固定条款的排列位置，作为鉴定工作人员使用档案保管期限表时引用条款的代号。因此，条款必须从头到尾统一编流水号，不能有重号。

（二）条款

条款是同一组类型相同的文件的名称或题名（档案部门习惯称标题）。拟制条款要求能反映出一组文件的来源、内容、名称和形式，文字要简明、确切。在列举一组文件的来源、内容和形式时，可以指出具体的作者、问题，也可以概括出一组文件所反映的级别、问题和名称。如"会议文件""上级机关""下级机关""报表"等。必要时，还需要指出文件的作用和可靠程度，如"执行""批准""备案""参考""定稿""草稿""正本""副本"等。每一条款应代表一组有内在联系的价值相同的文件，有时为了使条款简洁醒目，也可以将价值不同而有联系的一组文件写成一个条款，在条款下面分别指出不同的保管期限。条款一般不宜拟制得过多过细，但也不能概括成文教、卫生等类别，因为使用时会遇到困难。

（三）保管期限

保管期限的划分是鉴定档案价值的主要任务。保管期限划分得是否正确，是衡量档案价值鉴定工作做得好坏、质量高低的重要标准。所以，确定保管期限是编制档案保管期限表最核心的问题。根据党和国家的有关规定，保管期限分为永久、长期、短期三种。

1. 永久

凡是反映机关主要职能活动和基本历史面貌的，对本机关、国家建设和历史研究有长远利用价值的档案，列为永久保管。从一个机关来说，可以划为永久保管的档案主要包括两部分：一部分是本机关制定的属于法规及政策性的文件，处理重要问题形成的文件材料，召开重要会议的主要文件材料，重要的报告、请示、总结、综合统计报表，机构演变、机关领导人任免的文件材料；另一部分是直属上级机关颁发的属于本机关主管业务并要贯彻执行的重要文件材料和非直属上级机关针对本机关主管业务并要贯彻执行的重要文件材料。

2. 长期

凡是反映本机关一般工作活动，而且在较长时间内对本机关工作有查考利用价值的文件材料，列为长期保管。长期保管的期限是16~50年。一个机关需要长期保管的档案包括两部分：一部分是本机关一般工作问题的文件材料、一般会议的主要文件材料以及人事管理工作形成的一般文件材料；另一部分是直属上级机关颁发的属于本机关主管业务并需贯彻执行的一般文件材料，下级机关报送的重要总结、报告和统计报表等文件材料。

3. 短期

凡是在较短时间内对本机关有参考利用价值的文件材料，列为短期保管。短期保管的期限是指保存15年以下（含15年h短期保存的档案材料主要包括本机关一般事务性的文件材料，上级机关和同级机关颁发的非本机关主管业务但要贯彻执行的文件材料，下级机关报送的一般工作总结、报告和统计报表等文件材料。

（四）附注

附注亦称注释就是对某些条款及其保管期限所做的必要注释和说明。例如："重要的"是指方针政策性或重大问题、具有科学历史价值的文件材料；"一般的"是指一般业务和事务性问题、科学历史价值不大的文件等。

（五）说明

说明一般应指出保管期限表的使用范围、制定保管期限表的依据、保管期限表的结构、保管期限的计算方法以及其他有关事项。

第五节 档案鉴定工作的制度与组织

一、档案价值鉴定工作的制度

档案价值鉴定工作是一项严肃、细致的工作，直接决定着国家宝贵的文化财富的命运。因此，必须严格按照党和国家的规定办事，建立和健全鉴定工作制度，确保鉴定和销毁档案有组织、有领导地进行，减少工作中的失误，防止敌人有意破坏档案，力争将这项工作做好。根据国家的有关规定，档案价值鉴定工作制度的基本内容主要包括三方面。

（一）确立统一的鉴定原则和标准

由党和国家及其档案事业管理机关制定统一的全国性鉴定标准，各档案馆、各机关根据规定的鉴定标准进行鉴定工作。例如，1987年12月4日国家档案局颁发的《国家档案局关于机关档案保管期限的规定》和《文书档案保管期限表》就是鉴定工作的指导性文件、统一的鉴定标准。

（二）鉴定工作的组织领导

鉴定工作必须有组织、有领导、有计划地进行。一般来说机关档案鉴定工作由办公厅（室）领导人、档案人员、业务人员组成三结合的鉴定小组负责，档案馆的鉴定工作由馆长、

同级档案事业管理机关和档案馆的有关人员组成的鉴定工作委员会负责。在鉴定某一机关档案的时候，还可邀请机关的代表参加。建立鉴定工作组织是为了加强对鉴定工作的领导，提高鉴定工作的效率与质量，防止片面性和草率从事。

（三）销毁档案的批准与监销制度

根据党和国家及档案事业管理机关的有关规定，销毁档案应编制销毁清册，办理批准手续，坚持执行监销制度。省档案馆销毁档案由鉴定委员会审查后，报请主管领导机关批准；县档案馆销毁档案，要报请主管领导机关批准；机关销毁档案由机关领导人批准。销毁1949年以前的历史档案，除经主管领导机关同意外，还要报国家档案局批准。未经鉴定和批准，不得销毁档案。销毁档案应注意安全保密，一般要有两人以上监销。销毁后，监销人应在销毁清册上签字盖章，并注明销毁方式（焚毁或打成纸浆）和日期。

二、档案鉴定工作的程序

（一）机关档案室的档案价值鉴定工作

在机关档案室，档案价值鉴定工作通常分三个阶段实施。首先，在机关文件归档时确定归档范围，同时剔除一部分没有保存价值的文件，由机关文书处理部门或业务部门保存一两年后销毁。归档的过程是对文件价值的初步判定，是文件能否转化为档案的"资格审查"，是档案鉴定工作的第一个关口。其次，对于归档的文件确定保管期限。通常的做法是各机关在每年的归档文件目录中初步确定保管期限，平时根据每份文件的内容和价值分别归入不同的档案盒，正式整理时再以件或卷为单位依据保管期限表确定其保管期限。这一阶段的鉴定工作主要由机关档案工作人员与文书立卷人员共同负责。再次，到一定年限进行价值复审。永久保存档案的价值复审是在机关档案室向档案馆移交档案时，由机关档案工作人员与档案馆有关接收人员共同对进馆档案进行复审。档案馆接收人员除了对每卷（件）档案的自身价值进行考察外，还要从

优化馆藏出发，消除进馆档案的重复问题。短期与长期保存档案的复审通常在保管期满时进行，经复审后，将确实具有长久保存价值的档案向档案馆移交。

（二）档案馆的档案价值鉴定工作

档案馆保存的档案，大都是由机关经过鉴定程序后移交来的，只需要定期复审拣出保存期满的档案予以销毁。但由于种种原因，档案馆也接收了一些未经鉴定的档案，仍须全面进行档案价值鉴定工作。档案馆对档案进行鉴定工作，应在鉴定委员会或鉴定小组的领导下进行。

三、档案的销毁

档案销毁就是经过鉴定对失去价值的档案做毁灭性处置的过程。为了使机关领导人审查批准应销毁的档案，必须编制档案销毁清册。它是登录被销毁档案题名、数量等内容并由责任人签署的文件，也是日后查考档案销毁的凭证。档案销毁清册封面的项目有全宗号、全宗名称和立档单位名称、编制档案销毁清册的单位名称和编制日期等。销毁档案的登记项目有顺序号、案卷或文件的题名、起止日期、号码（案卷目录号、案卷号或文件字号）、数量、原保管期限、销毁原因、备注等。为了方便领导人审查，也可增加"档案保管期限表的条款号""审查意见"等项目。档案销毁清册应编制一式两份，一份送有关领导审查批准，另一份留档案室（馆）保存。如果须送档案行政管理机关或上级主管机关审查批准，还应多编制两份同时送去，一份经批准后退回。

为了方便机关领导人或主管机关领导了解必要的情况，在报送档案销毁清册的同时，须附上一份立档单位和全宗的简要说明。其内容包括立档单位和全宗的历史概况，档案的形成、保管、完整程度以及现存档案的主要成分，销毁档案数量与内容（可粗略分类介绍），鉴定工作情况与销毁理由等。

准备销毁的档案在批准前应单独保管。档案销毁清册正式批准后，一般可将销毁档案送造纸厂做原料或自行焚毁。为保守国家机密，严禁将销毁档案出卖或做其他用途。无论采用什么方式销毁，均应有两人以上监销，负责监督档案确已销毁后，在销毁清册上注明"已销毁"字样和销毁日期，并由销毁人签字。

第六章　档案的保管

第一节　档案保管工作的意义和任务

一、加强档案保管工作的迫切性

档案是一种社会产物，它以一定的物质形式存在，其中一部分要永久保存下去，为子孙后代造福。随着社会的发展和时间的推移，在档案的数量不断增加和成分不断丰富的同时，档案也处在不断损毁过程中。对不断形成和增加的档案，可以通过加强档案的收集工作来解决这一矛盾；对处于不断损毁过程中的档案，可以通过加强档案的保管工作来解决。目前，档案保管工作中的许多问题亟待解决。比如，纸张老化、字迹褪色模糊，有相当数量的档案纸张变黄发脆、老化变质，有的已成粉片，到了不能再用的程度；档案虫害十分猖獗，在档案较集中的档案馆、现行机关中有不少档案都生虫了；档案保管处的条件得不到改善，库房建筑不符合档案保护标准，需要复制的档案数量大，复制档案的手段也比较落后。

"文化大革命"期间，各级档案馆和机关档案室受到极大的冲击，致使新中国成立以来收集、整理起来的档案遭受了巨大损失。档案的保管条件在不断恶化，制成材料的质量在不断下降，大大缩短了现存档案的寿命。

总之，档案工作的实践向我们提出了一些很尖锐的问题：一方面，要求我们把档案长时期地保管下去，为维护党和国家的历史真实面貌服务；另一方面，档案的寿命是有限的。为了解决这些急迫的问题，必须加强档案的保管工作，无论对于现在还是将来的档案事业，这都是一件百年大计、千年大计的工作。

二、档案保管工作的任务

维护档案的完整与安全，既是整个档案工作中必须始终遵循的基本原则，也是档案工作各项业务环节的共同任务。从一定意义上讲，维护档案的完整和安全更是档案保管工作的中心任务，这是因为档案保管工作这个环节是实现维护档案的完整和安全的重点环节和主要手段。实质上，档案保管工作也是人们向一切可能损毁档案的社会的、自然的不利因素做斗争的工作过程。简言之，档案保管工作应该做到四不：不散（不使档案分散）、不乱（不使档案互相混乱）、不丢（档案不丢失、不泄密）、不坏（不使档案遭到损坏）。

具体来说，档案保管工作有四方面任务。

（一）建立和维护档案的存放秩序

档案馆（室）收集来的大量档案需要按照一定次序排列和存放于库房中，使之在库房内形成一定秩序。档案入库后，由于使用者查阅、档案编研、库房调整等原因，也常常需要抽调、移动一部分档案的位置，从而使档案原有的存放秩序发生变化。档案的排列有序是保证档案完整与安全，利用、存放、索取迅速便捷的基本条件，因此必须建立科学合理的存放秩序，并使这一秩序得到维护。

（二）防治档案的损坏

要了解和掌握档案损坏的原因和规律，通过经常性的具体工作，采取专门的、有的放矢的技术措施和方法，最大限度地消除各种可能损坏档案不利因素的影响，从而把档案的自然损坏率降低和控制在最小范围内。

（三）延长档案的寿命

档案保管工作不能只是一味地防治档案的自然损坏，还要从根本上采取更积极的措施，最大限度地延长档案的寿命。

（四）维护档案的安全

一方面，档案是一种物质存在的形态，必须最大限度地使其安全存在下去；另一方面，档案作为一种社会现象，在整个政治斗争范围内不能因为保管的不当或条件的低劣而使丢失或泄密，造成政治上的不安全。

三、档案保管工作的基本要求

（一）以防为主，防治结合

寻找科学的保管档案的技术方法是安全地保管档案的关键所在。保管档案的技术方法很多，概括起来，主要有两种。一是如何预防档案文件损坏的问题。这里既有人为的因素，也有自然的因素。比如，防盗窃、防破坏、防火、防水、防尘、防潮、防霉、防鼠、防虫、防光等。这些防护措施做好了，就可以有效地防止档案文件的损坏。二是档案损坏之后，如何进行处治的问题。比如，追查丢失、破坏或火灾事故的原因和责任，防尘、灭火、防霉、灭鼠、恢复纸张的机械强度、恢复字迹等。在"防"和"治"两个方面，"防"是档案保管工作中的根本问题，是主导方面。从总体上看，未遭损毁的档案还是大量的，应该先保证这些档案的长期安全。对于档案文件来说，无"病"先防才是积极主动治本的办法。强调以防为主，并不等于预防就是一切，不意味着"治"就不重要了。实践证明，对"治"不能有丝毫的疏忽、麻痹。抓好"治"对"防"也有促进作用。防治之间具有相互促进、相辅相成的关系。

（二）加强重点，照顾一般

对于需要长久保管的档案以及重要立档单位的档案，应该采取措施，加以重点保护，使其既安全又延长寿命。比如，中央档案馆对老一辈无产阶级革命家的一些档案和党中央、国务院的核心档案，采取稳妥措施，使其在最安全、最保险的保管条件下传给子孙后代。另外，对一般性的档案也不能保管条件太差，在各方面情况允许的范围内要适当兼顾。

（三）负力更生，勤俭节约

档案妥善地保管下去，必须具备一定的物质条件，有一定的技术装备，此必须予以足够的重视，给予必要的投资，这不仅为当前所需要，也为历史所需要。为了给子孙后代留存档案，应该付出一些代价。当然，也要清醒地看到，目前我国还是发展中的国家，在相当长一段时期内尚不能满足档案工作尤其是保管工作中所提出的一系列要求。有些要求可以在国家帮助下予以解决，有些要求则要依靠档案工作人员去解决。

（四）立足原件，保证信息

在档案保管工作中，应该力求保证档案原件的完整与安全。档案原件具有无可置疑的凭证作用。尤其是那些能够证实国家、集体和个人权益的具有法律效用的文件，其原件就更为重要和珍贵。但档案原件的保存时间是有限的，要想保存全部档案原件较为困难。现代复制技术的提高，可以使复制件的仿真程度不断提高。为了节省存储空间和费用，目前一些国家已经有条件地承认了一部分复制件的法律效用。对于这些档案来说，信息的保存与流传甚至比保存原件具有更重要的意义。就目前我国的情况来看，应先下功失保存好原件，对于那些已经损坏的档案原件则应设法将其以复制件形式保存下去。这样，可以减少原件的机械磨损和其他损坏的可能，从而起到保护原件的作用。

（五）立足长远，保证当前

档案保管工作的目的是为了保证党和国家对档案的利用。因此，不能片面地强调保护档案而不考虑到利用的方便，也不能只迁就一时的利用方便而不顾及档案的保护，影响档案长远的利用。在实际工作中，保管和利用既有具体的矛盾，又有总体的一致性。保管和利用的关系实质上是当前利用与长远利用矛盾的统一。所以，保管工作的各项制度、技术措施等，既要立足长远利用，又要保证当前利用的方便。

第二节　档案保管的基本物质条件

要想做好档案保管工作，必须有一定的物质条件做保证，否则就难以做好这项工作。

一、档案库存

档案库房建筑为档案保护提供了最基本、最稳定的物质条件。档案库房建筑是档案保管中长期起作用的因素，因为建筑上的改动比较困难，而且会造成很大浪费。库房建筑还将直接影响库房管理的效果与费用。库房建筑与库房管理二者互为补充，缺一不可。

档案库房建筑应遵循适用、经济、美观的原则。档案库房是一种特殊性建筑，既不同于民用建筑，也不同于办公用房。档案库房是保存档案的主要场所，档案长期有效的利用和其原始性价值要求对其进行长期的甚至是无限期的保管，这就必然对档案库房建筑提出一些比较严格的要求。防热、防潮、防光、防有害气体以及防尘等都有比较具体的要求。适用的原则必须与经济的原则一并考虑。档案库房建筑的要求应与国家经济能力相适应，离开国家经济力量的可能，片面强调过高的要求实际上也办不到。同时，档案库房建筑的要求应该和所保管档案的重要程度相适应。国家级档案馆与地方档案馆由于所保管档案的重要程度不同，在档案库房的建筑要求上也应有所不同。经济原则不能简单理解为少花钱，如果一个档案库房建成后根本不适用，给档案保管带来很多问题，尽管少花钱也不能说是经济。档案库房建筑中的美观必须以适用和经济为前提，离开了适用与经济，档案库房外表再美也不能取得好的效果。

库房建筑主要要求有六点：

①要有足够的面积；②开间大小适当；③屋顶要绝对防止雨雪渗漏，并具有良好的隔热性能；④库房墙壁应坚固耐久，并具有隔热、防潮、防尘的性能；⑤库房地面要具有坚固性与耐久性，防水防潮效能要好；⑥库房门窗应紧密、牢固、耐火，窗户应具有防强光与防风沙的功能。

随着我国社会主义建设事业的发展，档案在日积月累不断产生，因此必然会陆续修建一些新的库房，但目前国家还不可能在档案事业建设方面投入大量资金，势必需要利用普通建筑或改建一些旧的建筑来解决档案的保管问题。利用普通建筑改做档案库房时要注意房屋选择，修缮屋顶、地面与墙壁，检修电线及修理门窗。

二、档案装具

档案装具是档案馆（室）必需的基本设备。档案装具种类很多，各有所长，应按库房特点和档案价值、规格的不同，合理选用，灵活配置。设计档案装具时应符合下列要求：

1. 档案装具所用材料以及对材料的加工均不能对档案有损害；

2. 便于调阅档案，取拿方便；

3. 适当利用库房的空间与面积；

4. 经久、耐用、牢固，并符合节约原则；

5. 尽量做到整齐划一，合乎规范化要求，灵活配置不同装具。

档案装具的种类有三种。

1. 档案箱。五个一套，平时以箱代柜，叠放使用，多是铁制品。和柜架比较，它们体积小，便于挪动，可以平、站两用，又能防尘、防火、防盗。一般为850mm（长）x300mm（宽）x370mm（高）。但它也有一些弊病。一是造成很大浪费，结构复杂。一套箱子，五个单体逐个加工，造价较高，而且不经济实惠。存放同量的档案，使用档案箱比单柱式档案架的费用将提高3～4倍。二是减少了库房内部的使用面积。

2. 档案架。固定档案架分单柱式与复柱式。单柱式固定架消耗钢材少，结构简单，表面喷漆，耐久美观，如图6-1所示。十二块搁板档案存放量相当于十三个档案战备箱。复式固定架的结构、性能、规格与单柱略同，如图6-2所示。但它比单柱架稳定性能好，坚固、负载力强。

图6-1 单柱式固定档案　　图6-2 复柱式固定档案

活动式密集架是为了挖掘通道面积的潜力而研制的，如图6-3所示。这种架子是在复柱双面固定架的底座上安装轴轮，使之变成架车，能沿地面铺设的小导轨直线移动，于是就可以把许多排架车靠拢到一起，中间只留少量通道空位即可。活动式密集架的负荷量较固定架大，采用前必须先查明原库房的负荷能力。普通楼房的底层，其地面稍加处理，就可以安装使用。

图6-3 活动式密集架

积层架，又称"通天架"，是一种密集型的固定架群，适用于特高房间以及专门修建的大型档案库。它容量很大，负荷均匀，造价便宜。

3. 档案柜。与五节档案箱大体相同，高2m左右，宽1.5m，四层隔板，相当于五层。优点是坚固、防火、防潮、防光，但它移动不方便，造价稍高。

档案装具分金属与木制两种，金属的比木质的好，既防火又耐水，使用方便灵巧，便于机械加工，可做成组合构件，有可调性与机动性，利于运输、移装以及日常使用。虽然造价较高，但长远看还是比较经济的。在比较潮湿的地区，有些档案库房使用木制的档案装具，它对防潮具有好处，但平时要特别注意防火。

三、包装材料

档案经过包装，既可以防止光线、灰尘及有害气体、又可以又可以减少机械磨损。目前，我国包装档案的材料有三种：卷皮、卷盒和包装纸。

1. 卷皮。它是包装档案的基本材料，不仅能保护文件，本身还是案卷的封面，对查找利用档案也是很方便。卷皮应符合下列要求：

（1）在卷皮材料的选择和加工方面要注意坚韧性，同时防止生虫。

（2）适宜于装订一定厚度的案卷（以2cm以内为适量）。

（3）卷皮的规格力求标准化，既不能过大造成浪费，又不能过小，以免损坏文件。对于少数特殊档案，卷皮的尺寸可以适当放大。按照国家标准《文书档案案卷格式》的规定，硬卷皮封面尺寸规格采用300mmx220mm或280mmx210mm（长 x 宽），封底尺寸同封面。软卷皮设计封皮和封底，可根据需要，采用长宽为297mmx210mrn（供A4型纸用）或260mmx185mm（供16开型纸用）的规格。

2. 卷盒。采用卷盒来保管案卷（件）在目前是一种比较好的方法，它能够防光、防尘，减少机械磨损，既整齐美观又便于管理。但它占用库房面积较多，而且制作卷盒费用较高，因此要区别情况，根据档案馆（室）的需要，适当采取卷盒形式。卷盒的尺寸必须根据案卷大小来定，一般米用320mmX230mm或300mmX220mm（长 x 宽），其高度可根据需要分另IJ设置30rimi、40mm或50mm的规格。对于某些特殊案卷（比如机密性很强的案卷、大型地图等），也可以采用卷套，它比卷盒要经济一些。

3. 包装纸。有一些档案不适于装订，也不便于用盒装，可以用比较结实的纸张把它包装起来，这是保存特殊档案的应急措施。这部分档案是不被经常使用的。包装材料对于纸质文件较为适用，对于声像档案则要采取相应的措施，使其妥善保管起来。

第三节 库房管理

库房管理同库房建筑一样，是档案保管工作的主要内容和经常任务，是档案工作的基本建设内容之一。

一、库房管理的任务

1. 档案秩序管理、存放位置与排列顺序。

2. 库房温、湿度调节与卫生保洁。

3. 档案出入库房控制。

4. 档案理化状态监测。

5. 库房保卫。

二、库房编号和排架

库房统一编号有利于库房的科学管理。库房编号有两种方法：一是为所有的库房编一总的顺序号，编顺序号适合库房较少的档案馆（室）；二是根据库房所在地的方位及库房建筑的122

特征进行分区编号，如"东一楼""灰二楼""红三楼"。楼房可以编层号，每层房间从左向右顺序编号；平房应先分开院、排，然后自左而右统一编顺序号。

库房中的档案架（柜）箱等装具应该排列有序，统一编号。不同规格、不同式样的档案架（柜）箱应该分开排列，尽量做到整齐划一。档案架（柜）、箱的排列应注意充分利用库房的地面和空间，同时要便于档案的搬运和取放，不宜太松或太紧。采用固定式档案架，架（柜）子之间主要过道的宽度应便于手推车的通行。固定档案架（柜）架间通道比装具占地多，通道经常闲置是很大的浪费。为了挖掘通道面积的潜力，可以采用活动式密集架。当需要进入某排架间时，只要离开相连的架车，在该处即闪出一条通道来。

库房内档案架（柜）箱的排列要避开强烈光线直射，同时注意勿使档案柜、架的排列有碍通风。

为了便于对库房内档案的管理和利用，所有档案架（柜）应统一编号。

三、全宗的排列与档案的上架

在档案馆（室），档案是以全宗为单位进行排列的。但是，当事先预留的空位置被排满了，新入馆的档案不能与先入馆的同一全宗的档案放在一起时，可以暂时将其单独保存起来，待有可能调整时，再将同一全宗的档案放到一起去。档案应按全宗进行排列，并不是说在任何情况下每一个全宗的全部档案都必须放在一起。在某些特殊情况下，各种不同类型的档案，如影片、照片、录音档案、技术图纸以及会计档案等，可以分别保管，但应在全宗指南、案卷目录说明中有所交代，并在全宗末尾放置参见卡片，指明存放地点，以保持应有的联系。

全宗的排列基本上依照进馆档案的先后顺序，但在同时进馆档案当中应力求按同系统的全宗排列。

全宗位置确定以后，就可以组织上架。上架的次序应根据档案架（柜）箱以及栏、格的编号次序进行。目前，档案馆采用较多的还是分类排架，这种排列方法便于按档案全宗、类别检索，缺点是分类货架费时费力，而且事先预留空位很难做到准确。为了克服这些弊病，有些档案馆采用"流水排架法"，即按档案进馆顺序流水排列。为了解决查找、利用问题，可以编制各种检索工具与存放地点索引，从不同角度满足档案利用者的各种要求。

存放方式可以采用竖放与平放两种方式。竖放是目前采用比较广泛的一种方式，它的优点是便于存放和检索档案。平放的方法虽然取放不太方便，但对保护档案是有利的。这种方法适合保管珍贵档案和不宜竖放的档案。平放档案是为了避免档案承担过重的压力，堆叠的高度以不超过40cm为宜。

四、档案存放位置索引

为了便于保管和取放档案，工作人员要切实掌握档案馆（室）中档案的存放情况，并将排好的档案编制存放地点索引。按其作用，档案存放地点索引可以分为两种。

第一种是指明档案存放处所的，即以全宗及其各类档案为单位，指出它们的存放地点，如表 6-1 所示。

表 6-1 指明档案存放处所的档案存放位置索引

全宗名称：			全宗号：				
案卷目录号	案卷目录名称	目录中案卷起止号数	存放地点				
			楼	层	房间	档案（柜）	栏　　格

第二种是指明各档案库房保存档案情况的，即以档案库房和档案架（柜）为单位，指出它们存放了什么档案，如表 6-2 所示。

表 6-2 指明各档案库房保存档案情况的档案存放位置索引

楼：			层：		房间：		
档架（柜）	栏	格	存放地点				
			全宗号	全宗名称	案卷目录号	案卷目录名称	目录中案卷起止号数

上述两种索引按形式又可分为簿册式和卡片式两种。第二种存放地点索引（以库、架为单位指明档案存放情况的）可以采用图表形式，把每个库房（楼、层、房间）内档案存放的实际情况绘成示意图，也可绘成大型的图表挂贴在醒目处，便于档案的管理和调阅。上述两种索引（或图表）的详细程度和表格中的项目可以根据档案馆（室）的规模和查找档案的频繁程度等具体情况来决定。

五、档案代理卡

在档案馆（室）的内部工作中，有时需要将库房中已排架分类的档案暂时移出库外。为了便于库房管理，工作人员要掌握档案流动情况，做好安全检查工作，填制一种卡片放在档案原来存放的位置上，这就是通常所说的"代理卡"或"代卷（件）卡"。有时用较醒目的红、黄、绿、蓝等颜色的卡片以示区别。其主要项目有：全宗号、案卷目录号、卷号、移出日期、移往何处、经手人、归还日期、签收人等，如表 6-3 所示。

表 6-3 档案代理卡

全宗号	案卷目录号	案卷（件）号	移出日期	移往何处		库房管理人员签字（移出）	归还日期	库房管理人员签字（收回）
				单位名称	经手人姓名			

档案代理卡是一种简便适用的管理工具。如果案卷经常调出或归还，不用代理卡则往往会出现虽能在案卷目录上查出，到架上提取案卷时却没有案卷的情况，库房管理人员也会因不知是丢失还是借出而心中无数。

六、全宗卷

它是档案馆（室）在管理某一全宗过程中形成的，能够说明该全宗历史情况的各种文件材料所组成的专门案卷。档案馆（室）对其保管的每一个全宗（至少是较重要的全宗）应该建立全宗卷。档案馆（室）在管理某一全宗过程中产生的与该全宗历史有关的文件材料，对管理、考查和利用该全宗的档案具有凭证与参考作用。尤其对于档案库房管理来说，不会因为工作人员的变动而失去了继续工作的条件。恰恰相反，在档案工作人员变动的情况下，可以通过全宗卷了解过去管理该全宗的历史情况，以缩短熟悉工作情况与档案情况的时间，进一步提高工作效率。全宗卷通常包括：

1. 在收集工作中产生的文件材料，如档案移交书和移交目录。

2. 在档案管理工作中形成的文件材料，如"整理工作方案""立档单位和全宗历史考证""分类方案"。

3. 在档案鉴定中产生的文件材料，如"鉴定档案材料分析报告""档案销毁清册"等。

4. 在档案保管、统计工作中形成的文件材料，如"档案安全检查记录""档案数量与状况统计"等。

5. 在档案提供利用工作中所形成的文件材料，如，"全宗指南""机关工作大事记""机关组织沿革"。

全宗卷的建立是一个由少到多、由简到繁、不断积累、逐步完善的过程。全宗卷不宜像一般案卷那样用卷皮装订起来，只宜用活页夹或以盒、袋形式保存起来，这有利全宗卷文件材料的不断补充和整理、鉴定工作的进行。全宗卷内的材料积累到一定程度时应该进行清理。如果文件数量很多，也可以陆续分成若干卷。每个全宗的全宗卷可按全宗号进行排列和专柜保管，也可置于每个全宗排列的卷首，以专柜分别保管较为适宜。

第七章　档案的检索

第一节　档案检索工作概述

一、检索在档案工作中的地位

检索是存储和查找档案信息的过程，在档案工作中有着重要地位。

（一）检索是档案工作的重要内容

档案的收集、整理、保管等工作是变分散为集中，化零乱为系统，把档案妥善保存起来，以备长远利用，是基础和条件性的工作。检索是把档案材料的内容和形式特征著录下来，存储在各种检索工作中，根据利用者的要求，及时把档案查找出来，为各项工作服务，充分发挥档案的作用。它对于扩大档案工作的影响，争取各方对档案工作的支持，提高档案工作水

平都有重要的作用，是档案工作的重要内容。

（二）检索是档案馆（室）的一项重要业务工作

档案检索工作包括著录和存储档案信息，查找档案材料，属于基础工作性质。与收集、整理、鉴定、保管等工作的具体内容不同，编制检索工具虽与利用工作有关，但不等于利用工作，特别是编制大型检索工具，既具有工具书的性质，需要深入研究档案内容，进行系统的编写工作，又带有研究工作性质。检索是档案工作的一项重要内容，是任何一个业务环节所不能包括和代替的。

（三）检索是档案提供利用的先期工作

档案馆（室）收集的档案材料在做好整理、保管、鉴定等一系列基础工作之后，只是为提供利用创造了条件。而更直接的准备工作，如每一份文件或一个案卷的查找，是通过检索工作来实现的。能否及时、准确地将档案提供给利用者，充分发挥其作用，在很大程度上取决于检索工作。因此，有经验的档案工作者在开展利用工作之前总是花费大量的时间和精力，准备好各种检索工具和手段。

（四）检索是打开档案宝库的钥匙

档案馆（室）收藏的档案不管多么丰富，只存放在库房内，犹如埋在地下的矿藏一样，就不能自动发挥作用，造福于人类。自古以来，由于档案馆（室）的政治属性，始终是警卫森严的禁区，外界很难了解这史料宝库的奥秘。社会主义制度为人民群众利用档案史料提供了可能性，而要将可能变为现实，就必须通过检索这把钥匙打开史料宝库，变死材料为活材料，充分发挥档案在建设社会主义物质文明和精神文明中的作用。

二、档案检索工作的现状和发展趋势

新中国成立以来，随着档案事业的飞速发展，档案利用工作的广泛开展，档案馆（室）越来越重视档案检索工具的编制工作，出现了案卷目录、案卷文件目录（全引目录）、文件分类目录、全宗文件目录、重要文件目录、专题目录、人名目录（或索引）、地名索引、全宗指南、档案馆指南等多种检索工具，初步建立起了档案检索体系。

半个多世纪以来，我国档案检索工具由少至多，由单一的案卷目录逐步形成一个多样、实用的检索体系，满足了多种途径检索的需要。检索工具的著录项目由粗到细，不但著录责任者、时间、文种、类别等外形特征，而且著录文件的内容。检索单位逐步缩小，由案卷发展到具体反映每份文件的主题（内容）。检索方法由依靠整理、保管体系到按问题分类，由分类法到主题法，二者并举。编制主题卡片目录也日益引起重视。检索工具的组织方法日趋完善，检索途径增多，互相配合，互为补充，检索效能提高，并逐步实现规范化、标准化。国家档案局制定的国家标准《档案著录规则》要求全国档案馆（室）统一著录项目，统一著录顺序，统一著录标识符号，统一著录格式。电子计算机检索从试验阶段迅速发展到实际使用阶段，建立现代化的检索中心和目录中心的规划正在付诸实施。

随着科学技术的发展，档案数量迅猛增加，检索工具的种类日益繁多。大型档案馆有许多种目录和数以万计的卡片，这给档案保管和使用带来了新的问题，手工检索已适应不了新的形势。一些技术先进的发达国家档案检索工作从手工检索向机检过渡，正在用现代化技术武装起来，这是总的发展趋势。我国目前传统的手工检索还占有一定的比重，根据形势发展的要求，正在向电子化、现代化方面发展。目前，档案检索的任务由手工检索与计算机检索共同承担。即使在将来，大型档案馆（室）实现了检索电子化、现代化，也不能完全代替或取消手工检索。小型档案馆和大量机关档案室手工检索始终会发挥一定的作用。今后，我国档案检索的总趋势是现代化的电子计算机的存储与检索同常规的书本式目录、卡片式目录长期并存，互为补充。因此，档案工作者的任务是既要积极研究机械存储与检索的各种方法，逐步积累经验，为早日实现检索现代化而努力，又要对传统的手工检索予以足够的重视，不断地对其进行改进和革新，使之日臻完善。

第二节　档案检索工具的作用和质量要求

档案检索工具是用于存储、查找和报道档案信息的系统化文字描述工具，是目录索引、指南的统称。档案材料的编制和档案检索工具的使用在实现档案科学管理和提供利用工作中占有重要的地位。实践表明，在做好档案的收集整理等基础工作之后，能否迅速、系统地把档案提供出来，为社会主义建设事业服务，在很大程度上取决于档案检索工具的完备程度。

一、档案检索工具的作用

（一）档案检索工具是揭示馆（室）藏的重要手段

档案馆（室）的各项工作就是正确处理"藏"与"用"的关系，做到"藏"而不死、"用"而不乱，这是对档案馆（室）工作的重要要求。面对繁多的档案材料，主要是通过检索工具全面地把档案的内容和成分揭示出来，准确、迅速地向利用者提供档案材料。没有检索工具，面对堆积如山的档案材料，根本无法提供给利用者。

（二）档案检索工具能够使档案工作者进一步熟悉馆（室）藏，为主动提供利用创造条件

熟悉档案内容是档案人员的基本功，也是搞好利用工作的条件之一。一个档案工作者不熟悉馆藏，不了解保存了什么内容的档案材料，不知道存放在何处，无法调出卷（件），满足利用者的需要，就不能做好档案工作。通过编制检索工具，有计划地翻阅文件或案卷，熟悉和了解档案内容，掌握各个全宗的历史沿革机构演变、职权范围，整理与鉴定工作情况，档案存放地址、数量等，做到心中有数，并采取各种措施，不断地改进基础工作，为主动提供利用创造条件。

（三）档案检索工具能提高档案馆（室）的科学管理水平和工作效率

档案馆（室）要对收藏的档案进行科学管理，就必须编制多种多样的检索工具。尤其是馆藏性检索工具反映档案馆（室）内实体排列的顺序，可以在库房管理、档案数量统计等管理活动中直接发挥作用。各种检索工具都是档案工作人员查找档案、提供咨询、开展档案编研工作的必要凭借。检索工具质量的高低与数量的多少在很大程度上能反映档案馆（室）的科学管理水平。检索工具只有多样化，才能从不同角度去查找档案材料，提高检索的速度和效率，改变只靠案卷目录"一本账"去查找档案，检索速度慢、效率低、漏检与误检严重的被动局面。

（四）档案检索工具是宣传报道馆藏，进行馆际间情报交流的重要渠道

档案检索工具可以向外界报道和介绍馆藏提供查找档案的线索，发挥参谋和咨询作用，提高服务质量。利用者通过检索工具直接向有关档案馆查阅自己所需要的档案材料，解决工作和生产中的各种问题。各档案馆之间通过相互交换开放档案的全宗目录、全宗指南、专题目录、文件目录、档案馆指南等检索工具，加强馆际协作，实现

"资源共享",使档案工作人员不但能了解本馆馆藏,而且可以了解各档案馆开放档案的情况,扩大视野,掌握更多的档案线索,有利于开展利用工作。各档案馆之间也可以通过复制或提供备份等途径来丰富馆藏。

二、档案检索工作的基本职能

档案检索工具的基本职能包括两方面。一方面,把有关档案的内容和外形特征著录下来,成为一条条档案信息,并将它们系统排列,按照某种特定的体系组织起来,这就是档案信息存储在检索工具中的过程;另一方面,检索工具能提供一定的查找手段,使人们可以按照一定的检索方法,随时从存储的档案信息中检出所需要的档案材料,这就是档案的查找过程。任何种类的档案检索工具都必须具备存储与查找的职能。

存储与查找是辩证统一的关系。存储是查找的基础和前提,查找是存储的反馈和目的。通俗来讲,存储就是放进去,查找就是拿出来,没有前者,就不可能有后者,没有后者,前者又失去了存在意义。由于检索工具的这两种基本职能,使它能够将分散的、无组织的大量档案信息集中起来,组织成一个有机联系的体系,以备人们在当前和今后按照自己的特定需求,从茫茫的档案海洋中检索出需要的档案材料。档案工作者在编制检索工具时应始终把握住这两个基本职能。

三、编制档案检索工具的质量要求

编制档案检索工具是档案馆(室)重要的业务建设,是一项长期而繁重的工作,必须持之以恒,确保检索工具的质量。理想的档案检索工具必须符合存储档案信息量丰富、检索迅速准确、方便实用的要求。

（一）信息存储丰富

信息存储丰富是指档案材料收录齐全,项目著录详细,标引有深度。在编制档案检索工具时,凡是本馆(室)有价值的档案材料都要存储进去。只有收材广泛,内容丰富,才能为利用者开辟广泛的材料来源和线索,使利用者有选择的余地,充分发挥检索工具在开发档案信息中的桥梁作用。检索工具的著录项目要尽可能完备,能揭示档案的内容特征和外形特征,以便为利用者提供丰富的信息量,便于在检索时判断是否相关、适用,做出取舍的决定。标引要有一定的深度,对每份文件或案卷的主要内容应该用几个或更多的主题词和分类号来标识,以增加从不同角度获取档案信息的途径,减少查找中的误差。因此,档案检索工具所存储的档案信息愈完整、准确,利用频率愈高,效益则愈好。反之,档案检索工具存储的信息资源贫乏则难以引起利用者的兴趣,易导致检索工具效益低下。

（二）检索迅速准确

档案检索效率和质量的高低主要看查找是否迅速和是否具有较高查全率、查准率。所谓迅速,是指面对堆积如山的档案材料,无论利用者从什么角度索要都能及时查出,达到了利用者的预期目的,因而满意程度较高。这就要求检索工具种类适当,职能划分正确,组织合理,排列有序,结构性能好,方便查找。所谓准确,是指凡利用者要求提供的档案材料就能准确查到，并能及时提供出来，即使没有也能给予肯定的答复。这在很大程度上取决于检索工具对档案内容和外形特征的著录详细与标引的深度。

（三）方便实用

使用方便、实用性强是衡量档案检索工具质量的标准之一。档案检索工具的使用具有高频率和广泛性的特点，它要求项目设置实用文字简明、结构合理、易于掌握。档案人员和利用者只要把握一定的方法就能使用，无论手检与机检都方便。实用是指检索工具的有用性。编制任何一种检索工具都要把质量放在首位，把能否发挥作用、收到多大效益作为出发点，切忌盲目追求数量，反对浮夸和形式主义。质量不高、效果不好、不实用的检索工具是严重的浪费，会给保管和使用带来困难。

第三节　档案检索工具的种类和符号

一、档案检索工具的种类

档案类型复杂，种类繁多，而人们利用档案的目的不同，需要各异，只靠一二种检索工具无法满足利用者的需要，于是逐渐形成了各种形式和内容的检索工具，从不同途径去揭示档案的内容和成分。

（一）按检索范围分

1. 全宗范围

即以一个全宗或全宗的一部分档案为对象的检索工具，有案卷目录、案卷文件目录、全宗文件目录、全宗文件卡片目录、重要文件目录、重要文件卡片目录、文号目录、全宗指南等。

2. 档案馆（室）范围

即以档案馆（室）的全部或部分档案为对象的检索工具，有分类卡片目录、分类目录、主题卡片目录、主题目录、专题卡片目录、专题目录、专题介绍人名卡片目录（或索引）、地名卡片目录（或索引）、档案馆（室）指南等。

3. 馆藏范围

即以全国或某一地区若干档案馆的全部或部分档案（或专题）为对象的检索工具，有全国性的联合目录，如《全国明清档案联合目录》《全国民国档案联合目录》《全国革命历史档案联合目录》，地方性的各种联合目录，如《XX省明清档案联合目录》《XX省革命历史档案联合目录》《xx省民国档案联合目录》等。

4. 专题范围

即以档案馆内有关某一专题的档案为对象的检索工具，如专题目录、专题指南、专题性人名索引、地名索引等。

（二）按载体形式分

1. 以纸张为载体的有两种形式

（1）卡片式。卡片式检索工具，是将一个条目著录一张卡片，将卡片按一定顺序排列而成的检索工具。有全宗文件卡片目录、重要文件卡片目录、专题卡片目录、主题卡片目录、人名（人物）卡片目录、地名卡片目录等。

（2）书本式。书本式检索工具，亦称本式检索工具，是将著录条目连续排列并装订成册的检索工具。从装帧与否区分，有订本式和活页式；从体例上区分，有目录式和叙述式。有案卷目录、卷内文件目录、全宗文件目录、重要文件目录、分类目录、主题目录、专题目录、人名目录、地名目录、文号目录、全宗指南、档案馆指南等。

2. 缩微式检索工具

缩微式检索工具是以缩微摄影方式制作的以胶片为载体的检索工具。这种检索工具用于手工检索时使用缩微阅读器放大阅读，也可用于计算机检索。它的主要优点包括：存储密度大，节约空间；体积小，便于携带和交流；便于拷贝和复制；耐久性好，适宜长期保存和使用。缩微式检索工具一般是将书本式或卡片式检索工具以缩微摄影方式制作而成，但使用时需要一定的阅读条件。

3. 电子式检索工具

电子式检索工具是以特定的编码形式将档案的内容和形式特征存储在计算机，存储介质上由计算机识读的检索工具。使用时可以在屏幕上显示，也可以打印输出。它的主要优点是存储密度高并可海量存储，检索速度快，还可多途径检索。但前处理工作与输入工作量大，还需要配计算机软硬件等设备，编制检索数据库。

（三）按编制方式分

1. 目录

将档案的著录条目按照一定的次序编排而成的检索工具，有分类目录、主题目录、专题目录等。

2. 索引

将文件或案卷中所反映的某一内部或外部特征分别摘录、注明出处，以一定的顺序编排而成的检索工具，有人名索引、地名索引、档案存放地点索引、文号索引等。索引与目录没有严格的界限，一般的区分方法是：目录条目的著录项目比较完整，对档案的内容和形式特征有较为全面、系统的描述；索引是对档案的某一部分特征进行著录，多是档案中所反映的各种事物名称（如人名、地名、机关名称等），著录项目简单，有的只有排检项及其出处（档号）两个项目。

指南是以文章叙述的形式综合介绍档案情况的一种工具，有全宗指南、专题指南、档案馆指南等。

（四）按排检方法分

按排检方法分，档案检索工具分为分类和主题两大类。分类排检的有案卷目录、案卷文件目录、全宗文件目录、重要文件目录、分类目录、专题目录、文号目录、全宗文件卡片目录、分类卡片目录、重要文件卡片目录、专题卡片目录；属于主题范畴按字顺排检的有主题卡片目录、主题目录、人名卡片目录、人名目录等，如图7-1所示。

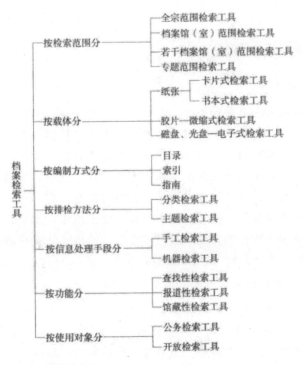

图 7-1 档案检索工具分类图

（五）按信息处理手段分

按加工文献和处理信息的手段，档案检索工具可分为手工检索工具和机器检索工具两大类。手工检索工具是由人工直接查找档案线索使用的目录或索引，常见的有卡片式以及书本式；机器检索工具是指借助于电子计算机等手段查找档案材料所使用的检索工具。如机读目录、缩微目录等。

（六）按功能分

按功能来分，档案检索工具分为查找性、报道性和馆藏性三种。查找性检索工具有全宗

文件目录、分类目录、专题目录、主题目录、人名目录、全宗文件卡片目录、分类卡片目录、专题卡片目录、主题卡片目录、人名卡片目录等；报道性检索工具有档案馆指南、全宗指南、专题指南等；馆藏性检索工具有案卷目录、案卷文件目录、存放地点索引等。

上述区分是指主要功能而言，有些检索工具两种功能兼而有之。如查找性工具中的书本式目录，既用于查找，也用于报道和交流。馆藏性工具的案卷目录，也具有一定的查找和报道功能。

（七）按使用对象分

档案检索工具按使用对象分为公务与开放的检索工具，或称为档案馆工作人员使用的检索工具和利用者使用的检索工具。公务性检索工具有案卷目录案卷文件目录、分类目录等；开放性检索工具有开放档案目录、档案馆指南、全宗指南、专题指

南等。

二、档案检索工具的符号

（一）符号的作用

符号作为一种人工语言的形式，在档案整理与编目、科学管理和提供利用、实现档案管理的标准化、现代化中有着不可忽视的作用。特别是编制档案检索工具，更是离不开符号。符号具有固定档案排列次序、存放位置的功能，利用阿拉伯数字和外文字母的自然顺序，表述档案的分类体系和分类层次，全宗、案卷、文件的序列和存放位置，既简便又准确；符号可以指代某一特定的实在内容，能以简单明确、易懂易记的方式去表示文件或案卷的特征、便于著录，便于检索。电子计算机的存储与检索都是把繁难的方块汉字转化为符号。符号的应用，给电子计算机输入和输出提供了最有利的条件，能加快手检向机检过渡的进程。

（二）符号的种类和编制要求

档案检索工具的符号大体可分为实体符号、容具符号、标识符号三种。实体符号包括档案馆代码、分类号、顺序号、档号（全宗号、案卷目录号、件号或页张号）、缩微号等；容具符号包括库房号、箱架号、橱柜号等；标识符号包括著录项目标识符与著录内容识别符。各种符号层次分明，井然有序，相互补充，相互配合，构成一个有机的符号系统。

第四节　档案著录

一、档案著录的内容和意义

档案著录是档案馆（室）编制档案检索工具时，对档案的内容和形式特征进行分析、选择和记录的过程。它具体记录或描述每份文件、每个案卷的内容和形式特征，揭示其主要内容、科学价值，指明出处，区别相互之间的异同，有效地揭示馆（室）藏，帮助利用者准确、迅速地检出所需要的档案。

档案著录的结果一条目，是指按照一定的方法，将反映单份文件或案卷的内容和形式特征的著录项目组合成一条记录。将众多的条目按照一定的体系和方法排列起来，便是目录。如果说条目是目录的细胞，那么目录自然成为条目的综合体。档案馆（室）编制目录一般经过两个步骤：第一步是档案著录，第二步是目录组织，后者必须以前者为前提。

档案著录的内容，通常包括著录原则、著录项目、著录格式、标识符号、著录信息源、著录用文字、著录项目细则。

档案著录是获取档案中所含情报信息的主要途径，是编制档案检索工具的基础，著录的质量直接影响档案检索工具的质量。无论何种检索工具，要有良好的存储和查找功能，著录项目就必须详细具体、标引准确、格式与标识符号统一、文字简明。著录工作中的讹误会降低检索工具的效能，甚至使之丧失作用。

二、档案著录的原则和要求

档案著录应遵循客观性原则。按照档案本身的文字、原题名的用词、排列顺序著录，保留题名中的标点符号，自拟的著录内容加"［］"，错误的原题名、责任者、形成时间可以照录，但应另拟题名或将考证出的责任者与形成时间附后，也可在附注项说明。

档案著录要求做到：内容准确，形式一致，符合标准化。

三、著录项目

著录项目是揭示档案内容和形式特征的记录事项。根据国家档案局颁布的行业标准《档案著录规则》的规定，应著录下列项目：

1.题名与责任说明项，包括正题名、并列题名、副题名及说明题名文字、文件编号、责任者、附件；

2.稿本与文种项；

3.密级与保管期限项；

4.时间项；

5.载体形态项，包括载体类型、数量及单位、规格；

6.附注与提要项；

7.排检与编号项，包括分类号、档案馆代号、档号、电子文档号、缩微号、主题词或关键词。

四、著录标志符

（一）标志符种类

为识别各著录项目、单元（小项）及其内容，添加以下规定的标志符。

·　置于下列各著录项目之前：

稿本与文种项、密级与保管期限项、时间项、载体形态项、附注项。

＝　　置于并列题名之前。

：　　置于下列各著录单元之前：

副题名及说明题名文字、文件编号、文种、保管期限、数量及单位、规格。

／　　置于第一个责任者之前。

；　　置于多个文件编号之间、多个责任者之间。

，　　置于相同职责、身份省略时的责任者之间。

＋　　置于每一个附件之前。

［］　　　置于下列著录内容的两端：

自拟著录内容、文件编号中的年度。

（）置于下列著录内容的两端：

责任者所属机构名称、责任者真实姓名、责任者职责或身份、外国责任者国别及姓名原文、中国责任者时代、历史档案中的朝代纪年、农历、地支代月、韵目代日转换后的公元纪年。

？　用于不能确定的著录内容，一般与"［　］"号配合使用。

-用于下列著录内容之间：

日期起止和档号、电子文档号、缩微号各层次之间。

…　用于节略内容。

□　用于每一个残缺文字和未考证出时间的每一数字。未考证出的责任者及难以计数的残缺文字用三个"□"号。

（二）标识符使用方法

1. 各著录项目及单元所使用的标识符，除","和";"只在后面空一格外，其他规定使用的标识符均在前后各空一格。

2. 除"题名与责任说明项、排检与编号项"外，各项目连续著录时，其前均冠以一"。如遇回行，不可省略该标识符。但各项目另起段落著录时则可省略该标识符。

3. 比如，某个项目缺少第一个单元（小项）时，应将现位于首位的单元原规定的标识符改为"—"。

4. 凡重复著录一个项目或单元时，其标识符也需重复。

5. 不著录的项目或单元，其标识符应连同该项目或单元一并省略。

五、著录格式

档案著录必须按照一定的格式。所谓著录格式是指著录项目在条目中的排列顺序及其表达方式。

著录格式有两种类型：表格式和段落式。段落式中又分为段落式标识符号法和段落式空格法。档案部门一直沿用表格式，优点是填卡、查卡比较直观，容易掌握；缺点是太死板，每个著录项目都留空格，留小了写不下著录的内容，留大了又浪费卡片的存储空间。因此，《档案著录规则》的著录格式主要采用段落符号式条目格式。

段落符号式条目格式：

分类号　　　　　　　　　　　　　　　　档案馆代号

档号　　　　　　　电子文档号　　　　　缩微号

正题名 ＝ 并列题名：副题名及说明题名文字：文件编号 ／ 责任者+附件．一稿本：文种．一密级：保管期限．一时间．一载体类型：数量及单位：规格．一附注

提要

主题词或关键词

段落符号式条目格式将著录项目划分为四个段落：第一段落中分类号、档号分别置于条目左上角的第一、二行，档案馆代号、微缩号分别置于条目右上角第一、二行，电子文档号置于第二行的中间位置；第二段落从第三行与档号齐头处依次著录题名与责任说明项、稿本与文种项、密级与保管期限项、时间项、载体形态项、附注项，回行时齐头著录；第三段落另起一行空两格著录提要，回行时与一、二段落齐头；第四段落另起一行齐头著录主题词或关键词，各词之间空一格。

实际工作中若需要使用表格式时，表格式条目的著录项目与排列顺序均与段落符号式条目格式相同。著录对象可从各馆（室）的实际出发，既可以是一份文件、一个案卷，也可以是一组文件或一组案卷，但应按上述格式著录。著录的条目形式为卡片时，卡片尺寸一般为12.5cmx7.5cm，著录时卡片四周均应留1cm空隙，比如卡片正面著录不完，可接背面连续著录。

文件级条目著录实例：

例1：

GE5.75

2-53-107-8

转发国务院批转国家教委关于改革高等学校毕业生分配制度报告通知的通知：京政发〔2016〕56号刊北京市人民政府+国务院通知+国家教委报告+市计委、市高教局、市人事局实施意见．一副本：通知．一内部：永久．一20160702．一8页：260mmx184mm．一教委报告不全，市高教局、市人事局实施意见全无

国家教委报告分析了毕业生分配制度上存在的问题及进行改革的意见。国务院通知要求各地区各部门制定改革措施。北京市有关单位提出了实施意见。

毕业生分配　　　　高等院校　　　　教育改革　　　　　　制度

例2：

MB42+MB32+MB12

2-16-78-6

中共河南省委员会•河南省人民政府关于贯彻中共中央、国务院《关于保护森林发展林业若干问题的决定》的具体规定：豫发〔2016〕130号/中共河南賓委；河南省人民政府•一正本：规定•一长期．—20160825．—15页：260mmX184mm

林业　　　　森林保护　　　　森林抚育　　　　　林业管理

六、著录用文字及著录来源

档案著录所用文字必须规范化，字体端正，便于识别，不得用草体或个人自行简化的汉字。凡在著录项目中涉及的数字，除题名中的数字照原样著录外，其他（如文件编号、时间项、载体形态项、排检与编号项中的数字）一律用阿拉伯数字。少数民族文字档案著录时必须依照少数民族文字书写规则。

著录来源是被著录档案本身。文件级的著录依据文头、正文、文尾；案卷级的著录来源是案卷封面、卷内文件目录、备考表等。

七、著录方法

（一）题名与责任说明项

1. 题名

题名是直接表达档案中心内容、形式特征并区别于另一档案的名称。档案界人习惯称题名为标题，但由于标题容易与主题混淆，因此在《档案著录规则》中称题名。

正题名。文件或案卷的主要题名，一般指单份文件文首的题目名称和案卷封面上

的题目名称。通常情况下，它是文件或案卷只有一个题名时，应视为正题名。著录正题名时，一般照原文著录。

并列题名。它是指在文件或案卷上以第二种语言文字书写的与正题名对照并列的题名。必要时，并列题名应与正题名一起著录，其前用号。

副题名。它是指解释或从属于正题名的另一题名，也称解释题名。正题名如果能够反映档案内容，一般不著录副题名。有必要著录时，副题名是题名的组成部分，其前用"："号。

说明题名文字。它是指在题名前后对档案内容、范围、用途等的说明文字，原则上也属于题名范畴。一般不著录。在特殊情况下，必须著录时，其前加"："号。

著录题名，一般照录文件或案卷的正题名。题名中的标点符号、化学符号、类型标记、阿拉伯数字、外文字母、汉语拼音等均照录。因为这些内容都是构成题名不可分割的部分，是确认或区别不同文件或案卷的重要标志。

没有题名的单份文件应根据其内容拟写题名，并加"［ ］"号。革命历史文件、建国初期以及"文化大革命"中形成的文件，由于文书处理制度不正规及其他原因，有的文件没有题名，著录时应根据文件内容拟写简明确切的题名。

文件题名含义不清，不能正确揭示内容时，原题名照录，并根据其内容另拟题名附后，加"［ ］"号。例如，有的文件题名是文件名称，只写上"通知""通告"；有的文件题名是责任者和名称，只写出"xx县人民政府布告"；有的题名没有说明文件内容，看后不清楚是什么含义。遇到上述情况除了照录原题名外，应另拟一个简明确切的题名附后，加"［ ］"号。

案卷题名不能揭示案卷内容或题名过于冗长时，一般应重新拟写，更改原案卷题名后再著录。案卷题名与文件题名不同：文件题名是撰写文件时形成的，是原始记录，是真切的历史标记，应客观著录，照录原题名，另拟题名附后；案卷题名是文书人员、业务人员或档案人员在组卷时根据文件内容拟写的，不是档案本身原有的，所以著录时可以更改原案卷封面的题名，重新拟写新的案卷题名后，再著录。但是，历史档案的案卷题名，是当时人拟制的，为了保留历史上管理档案的情况，也可以保留原案卷题名，再拟一个确切的题名附后。

2. 文件编号

文件编号是文件制发过程中由制发机关、团体或个人编写的顺序号，包括发文字号、图号等。文件编号照原文字和符号著录，其前加"："号。如中发〔2012〕10号，代表中共中央二〇一二年第十号发文。

3. 责任说明

责任说明著录责任者，必要时著录职责或身份（职务、职称等）。

责任者是指对档案内容进行创造，负有责任的团体或个人。档案界习惯称责任者为作者，说明文件是什么机关或个人制发的。

责任者只有一个时，照原文著录，其前加"／"号。责任者有多个时，著录列居首位的责任者，立档单位本身是责任者的必须著录，其余视需要著录。被省略的责任者用"…"号或"等"表示。第一责任者之前加"／"号，责任者之间以"；"号相隔。

责任者分为机关团体责任者和个人责任者。

机关团体责任者必须著录全称或通用的简称，不能滥用省略避免不同的机关团体由于使用简称不当而造成误会。比如，把"全国人民代表大会常务委员会"简称为"人大"，而"中国人民大学"也简称为"人大"，这样的简称就不确切。前者应简称为"全国人大常委"，后者应简称为"人民大学"。按照档案部门的著录习惯，一般沿用这样的简称，如"中国共产党中央委员会"简称"中共中央"，"中华人民共和国外交部"简称"外交部"，"贵州省人民政府人事局"简称"贵州省人事局"等，不得著录为"本部""本委""本省人事局""本校""本厂"等。

历代政权机关团体责任者在著录时其前应冠以朝代或政权名称，并加"（）"号，如（清）军机处、（民国）外交部。

个人责任者一般只著录姓名，必要时在姓名后著录职务、职称或其他职责，并加"（）"号，如李伯勇（劳动部长）。

文件所署个人责任者为别名、笔名等时均照原文著录，但应将其真实姓名附后，并加"（）"，如朱玉阶（朱德）、茅盾（沈雁冰）。

清代以前的个人责任者在著录时须在姓名前标明朝代，加"（）"号，便于利用和识别，如（清）李鸿章、（明）魏忠贤。

外国责任者应著录各历史时期易于识别的国别简称、统一的中文姓氏译名，必要时著录姓氏原文和名的缩写。国别、姓氏的原文和名的缩写均加"（）"号。

未署责任者的文件应著录根据其内容、形式特征考证出的责任者，并加"［］"号。文件上未署责任者，绝不可认为该文件无责任者，因为没有责任者就不可能形成文件。责任者对于判定文件价值、提供利用都是很重要的，应尽可能考证出来，只有匿名检举信是例外。假若经过考证仍无结果时，以三个"□□□"代替。

文件的责任者有误，仍照原文著录，但应考证出真实责任者附后，并加"［］"号。

4.附件

附件是文件正文后的附加材料，只著录附件题名，其前冠"+"号。文件正文有多个附件时应逐一著录各附件题名，各附件题名前均冠以"+"号。若附件题名具有独立检索意义，亦

可另行著录条目，但应在附注项中加以说明„

（二）稿本与文种项

稿本是指档案文件的文稿、文本和版本。稿本项实际情况著录为草稿、定稿、手稿、草图、原图、底图、蓝图、正本、副本等，其前加一"号。

文种是指文件种类的名称。文本项实际情况著录为命令、决议、指示、请示、批复、报告、函、通知、会议纪要等，其前加"："号。

（三）法级与保管期限项

密级是指文件的机密程度。密级一般按文件形成时所定的密级著录，对已升、

降、解密的应著录新的密级，其前加一"号。

保管期限项一般按案卷组成或文件归档时所定保管期限著录，已更改的应著录新的保管期限，其前加"："号。

（四）时间项

时间项视著录对象分为文件级的文件形成时间和案卷级的案卷内文件起止时间。时间项是一个重要著录项目。著录文件的时间对了解文件何时形成与生效、正确判定文件的价值，开展提供利用工作以及公布出版和供利用者引用都有重要的意义。时间项著录时，其前加"·一"号。

文件上只有一个时间，照原文著录。文件上有几个时间，著录时就应选择，一般公私文书、信件为发文时间，决议、决定、命令为通过时间或发布时间，条约、合同为签署时间，报表、计划为编制时间，工程、产品图纸为设计时间等。

时间项依据GB2808—81《全数字日期表示法》著录，一律用八位数表示，第1 4位数表示年，第5 6位数表示月，第7 8位数表示日。例如，2016年10月5日应写成20161005。历史档案中的朝代纪年、农历、地支代月、韵目代日应照原文著录，同时将换算好的公元纪年附后，并加"（）"号。

文件上没有时间或形成时间不清的文件，既不可听之任之，又不可想当然地随意乱加，而应根据其内容、形式、载体特征以及参考其他材料考证出形成的时间再著录，并加"〔广号。假若考证不出时，著录为".一□□□□□□□□"，亦可著录文件上的收文时间和其他时间，并在附注中说明。

时间记载有误的文件仍照原文著录，再将考证出的时间附后，并加"｜］"号，必要时应在附注项中说明考证之依据。

案卷内文件起止日期，是著录卷内最早和最迟形成文件的时间，其间用"一"号连接。

（五）载体形态项

载体形态项著录档案的载体类型标识及档案载体的物质形态特征。

1. 载体类型

档案的载体类型分为甲骨、金石、简牍、缣帛、纸、唱片、胶片、胶卷、磁带、磁盘、光盘等。以纸张为载体的档案一般不予著录，其他载体类型据实著录，其前加"一"号。

2. 载体形态

数量及单位。数量为阿拉伯数字，单位用档案物质形态的统计单位，如"页""卷""册""张""片""盒""米"等。著录时其前加"："号，如"：12页"

规格。它指档案载体的尺寸及型号，著录时其前加号，如：

"105mm×148mm"一磁盘："2片：3.5英寸"。

（六）附注与提要项

1. 附注项

附注项著录档案中需要解释和补充的事项。附注项的内容依各项目的顺序著录，项目以外需解释和补充的列在其后。每一条附注均以"一"号分隔。每一条附注都分段著录时,可省略该标识符。

各著录项目中需要注明的事项。①题名附注:注明同一文件的不同题名或其他称谓,如 . 一题名又称"工业三十条"。②责任者附注:注明考证出责任者的依据和责任者项未著录责任者的数目或名称,如 . 一责任者据笔迹考证。③时间附注:注明考证出时间的依据。若著录为非文件形成时间时,应注明为何种时间,如 . 一时间为收文时间。④载体形态附注:注明载体形态的破损、残缺、变质及字迹褪变等情况,如 . 一中间缺3页。

2. 提要项

提要项是对文件和案卷内容的简介,应反映其主要内容、重要数据(包括技术参数等)。

提要在附注之后另起一段空两格著录,一般不超过200字。提要内容依汉语的语法和标点符号使用法著录。

(七) 排拾与编号项

排检与编号项是目录排检和档案馆(室)业务注记项。

1. 分类号

分类号依据《中国档案分类法》和《档案分类标引规则》的有关规定著录,置于条目左上角第一行。

2. 档案馆代码

档案馆代码依据《编制全国档案馆名称代码实施细则》所赋予的代码著录,置于条目右上角第一行。

档案馆代码在建立目录中心或报道交流时必须著录。

3. 档号

档号是指档案馆(室)在整理和管理档案的过程中以字符形式赋予档案的一组代码。档号著录于条目左上角第二行,与分类号齐头。档号中各号之间以"一"号相隔。

4. 电子文挡号

电子文档号是档案馆(室)管理电子文件的一组符号代码,著录于条目第二行的中间位置。

5. 缩微号

缩微号是档案馆(室)赋予档案缩微制品的编号,著录于条目右上角第二行,与档案馆代码齐头。

6. 主题词或关键词

主题词是在标引和检索中用以表达档案主题内容的规范化的词或词组;关键词是在标引和检索中取自文件题名或正文用以表达档案主题并具有检索意义的词或词组。主题词参照《中国档案主题词表》《档案主题标引规则》及本专业、本单位的规范化词表进行标引。主题词或关键词著录于附注与提要项之后,另起一项齐头著录。各词之间空一格,一个词或词组不得分作两行书写。

第五节　档案标引

档案标引，是对文件或案卷进行主题分析，把自然语言转换成规范化检索语言的过程，即对主题分析的结果赋予检索标识的过程。给予文件或案卷以分类号标识，称为分类标引；给予文件或案卷以主题词标识，称为主题标引。标引工作就是实施和完成上述转换的具体工作。

（一）档案标引的意义

1. 标引是建立档案检索系统的前提条件

通过标引对文件或案卷的内容特征和外形特征进行分析、描述和著录，使其获得检索标识，才能纳入检索系统，组织成各种检索工具。显然，没有标引，就不可能建立检索系统和编制检索工具，就不能把大量杂乱无序的二次文件转变为有次序的二次文件的集合，丰富的馆藏就无法提供利用，档案就不可能充分发挥作用。

2. 标引的质量对检索的效率和质量有着决定性的影响

正确的标引能把本馆（室）或某一全宗同一主题的文件信息集中在一起，组成一个互有联系的有机体系，利于检索。假若标引不正确、不全面、专指性低，甚至给予错误的检索标识，就可能将同一主题的文件的信息分散在若干不同的条目之中，集合在不同检索工具内，就会漏检和误检。这样，不但会使许多有用的档案材料长期被淹没，而且会检出大量无用的档案材料，浪费人力和时间。

3. 标引为查找档案材料提供依据

由于档案形成的特点和某些保密的要求，档案馆（室）收藏的档案材料，外界很少了解。通过标引赋予的检索标识，可以向外宣传报道档案的内容，引导利用者前来利用档案。广大利用者到档案馆（室）查阅档案，一般是不能进入库房直接索取的，只能根据标引人员赋予的档案标识，判断有无自己需要的档案材料。档案管理人员也是根据这些检索标识向利用者提供档案材料的。因此，档案标引工作是利用者和档案人员查找档案材料的依据。

（二）档案标引工作的要求

1. 标引工作标准化

档案标引必须按照统一的标准和有关规定进行，才能确保标引的质量。在标引过程中，由于人们的立场、观点和方法的不同，对同一份文件进行主题分析就可能标出不同的主题词和分类号，即便同一个人在不同时期对同一份文件进行标引也会出现差异。所以，如何保证标引的一致性是一个很重要的问题。要取得标引的一致，消除因使用同义词和多义词而产生的漏检与误检，就必须走标引工作标准化的道路。标准化的内容包括标引语言和标引过程两方面。标引语言是指全国采用统一的分类表和主题词表，以保证不同标引在赋予检索标识上的一致性。因此，档案分类标引应以《中国档案分类法》及分类标引规则为依据，档案主题标引应以《中国档案主题词表》及其标引规则为依据，进行标引工作。

2. 标引要全面、准确和有一定的深度

标引对文件或案卷内容的分析要全面深入，抓准主题，既把文件中有查考利用价值的信息尽可能标引出来，保持一定的深度，又要有所取舍，防止过度标引。主题分析力求准确无误，主题分析的结果转换成正确的主题概念。对同一概念的标引，赋予的检索标i只要前后一致。

3. 符合利用者的需求

标引的结果是形成检索系统，编制检索工具，供档案人员和利用者查找档案时使用的。因此，标引全过程要从利用者的需要出发，进行主题概念提炼，标出有利用价值的主题，以使标引结果既能准确揭示主题，又符合利用者的需求。

二、档案主题标引

主题标引是对档案内容进行主题分析，赋予主题词标识的过程。它在档案检索中有两项任务：一是从档案中分析、提取有关某一主题的情报信息；二是将得出的主题概念，按照主题词表标出主题词。

（一）档案主题标引的程序

1. 阅读文件，了解主题

标引人员拿到一份文件应先进行阅读，了解文件研究和论述的主题是什么？只有准确地把握住了文件的主题~~中心内容，才能进行正确的标引。阅读文件要先看题名，这是了解主题的捷径之一。文件的题名通常由责任者、问题、名称组成，能够揭示文件的内容和成分，概括指出文件的主题。但有时也会出现文不对题、题大文小、题小文大的情况。特别是在档案文件中还存在有些文件的题名是文件名称，或责任者加文件名称，使题名不能揭示文件的内容。因此，不能把文件题名作为了解主题和进行标引的唯一依据，必须浏览正文。浏览正文的重点是阅读文件的前言、简介、提要、说明、批语、结论、大小标题等，这样就可以大体了解作者的意图、文件的重点和主题内容。此外，查看文头、文尾和附加标记，也往往可以提供辅助的依据。

2. 主题分析

标引人员在审读文件的基础上，从纷繁的内容中分析出文件所论述的主要对象，进而明确主题内容，形成主题概念，这一过程称为主题分析。主题分析的主要内容：一是分析主题的类型，二是分析主题的结构。

文件的主题类型一般分为单主题和多主题两种。单主题是指一份文件内容所论述、研究的对象或问题是单一的，只有一个主题；多主题，又称并列主题，是指一份文件所论述、研究的对象或问题有两个以上相互独立的主题，具有并列关系。标引时，单主题可用一个专指性的主题词或几个主题词进行组配来表达主题；多主题则应先分解为一个个单主题，用几个主题词或分组组配的形式来表示。

分析主题结构，是指构成主题的各个因素，亦称主题因素。按照国家标准《文献主题标引规则》的规定，主题因素分为五种。

主体因素。它是文件或案卷所论述的关键性概念，是主题词表中具有独立检索意义的主题词，能作为该份文件的检索入口，为利用者提供检索途径。它几乎包括各种事物、问题、学科领域中的最基本概念。通常有研究对象、材料、方法、过程、条件等。

通用因素。它是为使档案文件内容的主题概念表达完全，用以补充说明主体因素的主题词，是主题因素中的次要部分，对主题因素起细分的作用。它在主题词表中是一些没有独立检索意义的主题词，不能作为查找文件的检索入口，不能为利用者提供检索途径。

位置因素。它是表明文件或案卷所论述事物、对象和问题所处的空间、地理位置的主题因素，具体指明文件论述的主题的位置属性，也就是指明在何处，对主体因素在地理位置上起限定作用。它包括主题词表中的国家、地区、地名、机构名称等方面的主题词，没有独立的检索意义。

时间因素。它是档案文件内容所研究和论述的事物、对象和问题所处时间范围的主题因素，包括朝代、年代、年度、时间等。时间因素是指明主题的时间属性，对主体因素起限定和修饰作用，一般也没有独立的检索意义。

文件类型因素。它是文件的种类或名称的主题因素，如会议记录、条例、指示、报告、通知等。

上述五种主题构成因素，基本上概括了档案文件可能出现的主题因素。其中，主体因素是首要因素，是主题构成的核心因素，是利用者查找文件的主要检索入口，必须加以标引，作为主标题使用。通用因素处于次要的地位，没有独立的检索意义，但对主体因素有细分和修饰的作用，能与主体因素结合而成为一个完整的主题。位置因素和时间因素是对主体因素在位置或时间方面的一种限定和修饰，是一种辅助性的属性。文件类型因素与主体因素没有必然联系，但有助于了解论述的对象，所以放在最后。

3. 主题概念的提炼

一份文件或一个案卷的主题概念并不要求全部都标引出来，而应当根据要求有所取舍。取舍主题概念应考虑以下因素：依据本部门的性质任务，确定主题标引范围大小及其重点；按检索工具或检索系统的要求，确定主题标引的定额或平均数；充分考虑利用者的检索需求，只标引重要的和有实际参考价值与利用价值的主题概念，舍弃价值不大、一般论述或没有实际意义的主题内容。最终选定的主题概念应是档案中论述的问题，标出的主题词应能全面、准确地表达档案主题。

4. 主题概念的转换

转换的方法是：由标引人员根据选定的主题概念，查看主题词表中有无与该主题概念相

对应的正式主题词，若有就将该主题词作为标引词记录下来，于是便完成了转换过程。如果选定的主题概念在词表中没有相应的主题词，就应通过组配的方法来解决。

5. 标引记录

标引记录是按照一定的格式，将主题概念转换的主题词，要准确地记录在卡片、书本或其他载体上。

6.校对审查

校对审查制度是标引工作的一项重要内容，也是最后一道工序。各档案馆（室）应重视校审工作，选派精通业务的人负责该工作，以加强标引的一致性和准确性。

（二）档案主题词的选词标引规则

档案主题词的选词标引是对主题分析出的概念给予主题标的过程一般应遵循以下规则：

1.标引必须持客观态度，要直接地、忠实地反映出文件或案卷所论述的事物或研究的对象与问题，切忌标引人员掺杂个人的意见，随意猜测和褒贬。

2.档案主题标引的核心，是揭示文件或案卷论述的主要事物或问题。凡文件或案卷论述某一事物或问题的，应以事物或问题本身作为标引的依据，标引出该事物、该问题的概念本身。凡论述事物或问题的某一个或几个方面的，则应标引事物与问题某一个或几个方面的概念。假若涉及三个以上方面，也可考虑只标引事物对象本身这个概念。

3.选定的主题词一般必须是词表中规定使用的主题词（正式主题词），书写形式与词表中的词形相一致，非正式主题词不能作为标引词使用。

4.选词必须选用词表中相对应的、最专指的、能够准确反映档案主题概念的主题词进行标引，一般不得选用上位或下位主题词标引。

5.当词表中找不到最专指的主题词时，则应选用最直接相关的几个主题词进行组配标引。如果词表中没有恰当的主题词组配，或者组配仍无法达到要求，可选用一个最直接的上位主题词或相近的主题词进行上位标引或靠词标引。必要时，可以临时选择一个适当的关键词标引。

（三）主题词的组配和组配规则

主题词的组配，是运用主题词的语义关系和逻辑性质，通过不同主题词之间的语法限定或逻辑组合，把两个或更多的主题词组合在一起，来表达档案文件的复杂概念和某一个完整的主题。主题词的组配既不是单纯的字面组合，也不是随意进行组配，而应是概念组配。

主题词的组配一般有概念限定组配和概念相交组配两种。

1.概念限定组配，也称方面组配

它是通过主题词间存在的语义关系或语法关系，一个概念用一个或几个主题词，从时间、空间、学科或专业范围等方面去进行限定或修饰，从而使档案文件的内容主题，能够充分表达和揭示的一种主题词组配方法。主要表现为事物与其各个方面问题之间的关系、整体与部分的关系，适用范围很广泛，在组配中方面组配占有很大比重。例如，"社会主义国家"这一主题概念，就是通过"社会主义"这个主题词概念和"国家"这个主题词概念进行限定组配，从而得到的专指程度更高的新概念。

概念限定组配的主要特点是限定概念与被限定概念之间不具有交叉关系，两概念之间一般是并列关系。相互组配是用一个概念作为缩小另一概念外延和加深其内涵为条件。组配后所得的概念，只是被限定概念的种概念。例如，"环境污染"是属概念"污染"经过概念限定方式产生的。限定后所得的种概念包含在被限定的属概念之中。

2. 概念相交组配，也称交叉组配

它指进行组配的几个主题词之间具有概念交叉关系。所谓概念交叉关系，指概念之间内涵不同，而外延有部分重合。这种组配一般表现为同级主题词之间，或事物与事物之间并列交叉组配。通过组配使新得到的概念能够充分表达和揭示档案文件的内容主题。例如，用"共产党员"和"作家"这两个概念进行组配，就可以得出"党员作家"这一新的专指概念。这种组配反映了"共产党员"和"作家"这两种事物之间的内在联系。又如，"工人"和"工程师"这两个概念可以组配出"工人工程师"这一专指程度更高的概念。

主题词的组配规则包括下列内容：组配必须是概念组配，应避免单纯字面组配；用组配方式表达词表中未收录的复合词时，应优先考虑交叉组配；要避免多标识错误组配和越级组配，使组配的结果和概念清楚、确切、含义专一。

三、档案分类标引

档案分类标引是将档案文件进行主题分析赋予分类号标识的过程。依据国家标准GB/T15418-94《档案分类标引规则》的有关规定，现将分类标引程序规则与方法简述如下。

（一）分类标引的程序

1. 确定使用何种分类表

在分类工作开始之前，应慎重选好采用何种分类表。国家档案局已经制定了《中国档案分类法》。它包括《中华人民共和国档案分类表》《新民主主义档案分类表》《民国档案分类表》《清代档案分类表》，并在全国档案馆（室）使用。这是推行分类标引标准化的重要措施，各档案馆（室）的分类标引工作应据此进行。

2. 深入进行主题分析

（1）分析题名。题名一般能概括反映文件或案卷的中心内容和所论述的事物，为分类标引提供重要线索。但是，有些文件和案卷题名不能正确揭示或不能揭示主题内容，所以题名不能作为分类标引的唯一依据，必要时还应阅览正文。

（2）审读正文。先将文件或案卷的正文粗略地浏览一遍，目的在于找出档案文件内容论述和研究的中心问题。中心问题可能是人、物、专业、现象，也可能是事物的一个方面、一个部分，是某一专业的一个侧面等。然后，将内容归纳成主题，再分析是单主题还是多主题，进一步分析该主题所涉的各个方面以及所属时间、地点和具有检索意义的概念。

（3）查阅文件版头与附加标记。党政机关形成的文件都有固定的文件版头，标明发文机关的全称或通用简称，其下为发文字号，文尾有发文机关、抄送机关、成文日期、盖印与签署。此外，文件的附加标记有密级、缓急时限、阅读范围等。这有助于了解文件的主题、写作目的、使用范围、参考价值以及这一文件与另一文件的关系等。

（4）相互商讨。档案文件的内容极为丰富几乎无所不包，而一个人的知识是有限的，在进行内容分析时，由于对某些专业不够了解，在确定其主题时会遇到各种各样的困难，有时需要与有关同志商量，或者请教业务人员，集思广益，求得解答，以便进行正确标引。

3.确定归属类别

将一份文件、一个案卷的主题及其诸因素分析出来后，必须根据使用的分类表，准确判断类别，按照分类标引规则进行标引。

为了准确地辨别每份文件或每个案卷主题的所属类别，除了分类标引人员要掌握分类表中的一般列类标准和列类原则、方法、类目含义以外，还要对一些类目划分和排列的隐含规则和类目隐含内容有所了解和掌握。只有这样，才能按照分析出来的主题，从分类表中找到适当的类目。但是，有些档案文件的主题并不那么单纯，常常牵扯到几个门类或者一个门类中的几个问题。这时，除了归入主要类目外，还应在有关类目中也反映出来，才能为利用者提供较多的检索途径和达到充分反映的要求。

4.给予分类号

当一份文件或一个案卷被确定了恰当类目之后，应立即把代表该类目的号码记录下来。赋予分类号时，必须注意，给予分类号的正确性和完整性，既不能漏掉一个符号，也不能多一个符号。

5.审查核对

为了检验分类标引是否正确，应组织专人逐条审校，遇有主题分析不准、归类不当、前后不一、符号出错等均应立即纠正。

（二）档案分类标引基本规则

1.档案分类标引必须依据《中国档案分类法》及其分类原则，辨清类目的确切含义，不能脱离类目之间的联系和类目注释的限定来孤立地理解类目的含义。

2.档案分类标引的内容，必须是档案文件中论述比较具体的，有一定参考利用价值，可以成为检索对象的。具备了上述条件不予以标引，是标引不足。反之，就是标引过度。

3.档案分类标引必须符合专指性的要求，将档案文件分入最大用途和最切合档案内容的类目，给予准确的分类号。

4.档案分类标引应能为利用者提供必要数量的检索途径。凡一份文件涉及两个或两个以上主题者，除按第一主题标分类号外，第二或第三主题也可给予相应的分类号；但最多不超过三个分类号。

5.档案分类标引应保持一致性。若遇难以归类或分类表上无恰当类目可归时，可归入上位类或关系密切的相关类目。凡遇类似情况，均按前例处理。

（三）档案分类标引的方法

1.一份文件或一个案卷只论述一件事物或一个问题时，一般依照其内容性质，赋予分类表中恰当的分类号。

2. 从不同方面来论述同一主题的文件，则按分类表中有关分散和集中的要求，归入相应的类目。

3. 一份文件或一个案卷论述的是两个或两个以上的主题。对这类档案文件的标引，必须

分析其各主题的相互之间的关系，然后确定给予一个或几个分类号。

（1）一份文件或一个案卷有几个主题，但这些主题之间是并列关系，除了按第一主题的属性给分类号外，第二、第三主题也应按其属性赋予分类号，以便充分揭示主题，为利用者提供较多的检索途径。假若并列主题超过三个以上，又属于同一上位类，则赋予上位类的分类号。

（2）一份文件或一个案卷论述的有几个主题，但这些主题之间是从属关系，即上下位关系、整体和部分关系，一般应赋予上位类的分类号。

（3）一份文件或一个案卷论述的几个主题是因果关系，一般应标引结果方面所属类目的分类号。若几个主题论述是受影响关系，则按受影响的主题赋予分类号。如果几个主题是论述理论与应用的关系，则按应用所属类目赋予分类号。

多主题档案文件的分类标引应视具体情况先给出最主要的分类号，同时根据需要赋予相应的分类号，使档案文件的主题充分揭示出来，提供较多的检索途径，更好地发挥档案的作用。但是，分类标引的深度应适可而止，不能标引过细，使卡片数量过多，分类目录过于庞大，影响检索速度。

第六节　中国档案分类法

为了实现我国档案分类检索体系的规范化，提高档案检索的效率，给全国与地方建立目录中心和进行分类标引提供规范化的工具，在国家档案局主持下，我国于1987年出版了《中国档案分类法》第一版（以下简称《中档法》）。经过十年的使用，又进行了大幅度的扩充和修订，于1997年出版了第二版。这部200万字的分类法主要包括以下内容。

一、《中档法》的编制原则

中国档案分类法是以马克思主义、毛泽东思想、邓小平理论为指导，以国家机构、社会组织从事社会实践活动的职能分工为基础，并结合档案的内容和特点，分门别类组成的分类表。这部分类法是按以下原则编制的。

第一，以马克思主义、毛泽东思想为指导，遵循辩证唯物主义和历史唯物主义，分类体系的确立、类目的设置和其序列的先后，力求具有思想性、科学性、逻辑性、实用性，充分反映我国档案的特点，适应我国社会主义各项事业利用档案的需要。

第二，分类法的体系和基本类目的设置以不同历史时期的国家机构、社会组织从事社会实践活动的职能分工为基础，紧密结合档案内容记述和反映的事物属性关系，采取从总到分、从一般到具体的逻辑体系。

第三，分类法在总体上具有概括性和包容性，能够容纳各个历史时期、各项社会实践活动所形成的各类档案，并力求保持基本类目的稳定性。分类法既能适用于分类

档案馆（室）现有档案的实际需要，又给今后档案种类增多和内容的变化留有充分的余地。

第四，分类法的类目名称和标记符号力求准确、规范、简明、易懂、好记，便于人们掌握和使用。

二、《中档法》的体系结构

（一）《中档法》的宏观结构

1. 编制说明

编制说明置于分类表的前面，包括分类法的编制目的、原则、体系结构、标记制度、适用范围以及使用分类法应注意问题的总体说明。

2. 分类表

《中档法》从我国档案信息资源构成的实际出发，在统一编制原则和标记制度的前提下，以不同的历史时期，分别编制了中华人民共和国档案分类表、新民主主义档案分类表、民国档案分类表、清代档案分类表。这四个分类表既是独立的，又是《中档法》有机体系的组成部分。四个分类表中的每一个分类表都由主表和辅助表组成。主表也称详表或类表，是档案分类法的主体，是分类体系的具体体现。它是将众多的类目根据类目之间的关系，按照一定原则编排成一个有层次、逐级展开的一览表。主表由类号、类名、注释组成。辅助表又称附表、复分表，是对主表类目进行复分的依据。

3. 附录

《中档法》附录了编委会名单、综合编审组名单以及审定委员会的审定意见和后记。后记全面介绍了《中档法（第二版）》的编制与修订过程，可使人们了解《中档法（第二版）》的修订原则、修订要点，以及更好地使用《中档法》。

（二）《中档法》的微观结构

1. 中华人民共和国档案分类表包括主表、辅助表两大部分

主表是分类表的主体，是档案信息分类的具体体现。它将中华人民共和国成立以来的档案信息依职能分工原则区分为许多大小门类，编排成一个有层次的逐级展开的类目表。中华人民共和国档案分类表共设19个基本大类。

A 中国共产党党务

B 国家政务总类

C 政法

D 军事

E 外交

F 政协、民主党派、群众团体

G 文化、教育、卫生、体育

H 科学研究

J 计划、经济管理

K财政、金融

L贸易、旅游

M农业、林业、水利

N工业

P交通

Q邮电

R城乡建设、建筑业

S环境保护、土地管理

T海洋、气象、地震、测绘

U标准、计量、专利

在每一个基本大类下，再做5　6级区分，个别大类下设7　8级类目，形成一个等级分明、次第清楚的科学系统。基本大类是在基本部类的基础上扩展起来的。基本部类是类目表中最概括、最本质的区分，并不用来类分档案信息，故在表中未明确标出基本部类。但基本大类的设置和排列是建立在一定的理论基础上，按政治，文化、经济三大部类设置，并依其相互关系加以排列的。

政治部类中，根据我国的性质和特点，先列出"中国共产党党务"大类，然后列出社会的组织和管理主要职能活动和国家政务。为减少分类层次，把国家政务活动分为政务总类、政法、军事、外交等，都作为一级类，排在政务总类之后。最后，列出在国家和社会活动中有重要作用的"政协、民主党派、群众团体"类组。

文化部类中，先列出"文化、教育、卫生、体育"类组，然后列出"科学研究"。这两个大类都是社会意识形态，属于广义的"文化"范畴。

经济是中心，经济部类形成的档案数量最多，分别设置11个大类。在这一部类中，因为我国的经济体制是从计划经济向社会主义市场经济转变，所以先列出了"计划、经济管理"大类，接着是"财政、金融"类组，其后按国民经济各部门依次列出"贸易、旅游""农业、林业、水利""工业""交通""邮电"，最后列出保护人类生存环境的"环境保护、土地管理""海洋、气象、地震、测绘"等类。

辅助表又称附表、复分表。编制主表时，其中有许多类目的进一步细分都是采用同一标准，而分出来的类目也大致相同。为了节省篇幅和帮助记忆，于是把这些相同或相似的类目集中起来，配以号码，编制成表，附于主表之后。中华人民共和国档案分类表的辅助表有综合复分表、世界各国和地区表、中国行政区划表、中国民族表、科技档案复分表。

2. 新民主主义档案分类表

新民主主义档案分类表由主表和综合复分表组成。主表设置13个基本大类，大类序列如下：A中国共产党党务

B政务

C公安、司法、法院

D军事

E国际共运、外事

F群众团体、群众运动

G文化、教育、卫生、科研、体育

J经济管理

K财政、金融

L商业

M农业

N工业

P交通、邮电

每一基本大类下，根据现存档案实际，一般都设立三级类目，有的设立四级类目。为了共性类目的复分，特别是根据该历史时期综合性档案较多的特点，设置综合复分表，列出政策法规、会议、计划规划、报告总结、调查统计、出版物、历史、人物八方面的类目，供主表各类需要复分时使用。

3. 民国档案分类表

民国档案分类表由主表与辅助表组成。主表是分类表的主体，是按政治、文化、经济三大部类设置的。

在三大部类的基础上，主表共设16个大类，其序列如下：

A中国国民党党务

B政务总类

C内政

D社会

E考试、监察

F司法

G军事

H外交

J教育、文化、科学研究

K经济总类

L财政、金融

M农、林、水利

N工、、矿、电业

P商业

Q交通

R邮电

在每一个基本大类下，视不同需要分设若干属类，一般设立四级类目。

为适应共性复分的需要，特编制了综合复分表、世界各国和地区表、民国时期行政区划表三个辅助表，供共性类目复分时使用。

4. 清代档案分类表

清代档案分类表是遵循《中档法》的基本原则，根据清代档案的内容和特点，在总结清代档案工作经验的基础上，参照《大清会典》中各衙署职能的规定而制定的。

清代档案分类表，由主表和辅助表组成。主表的基本大类，是以政治、文化、经济三大部类为基础设置的。主表共设置18个基本大类，其序列如下：

A政务总类

B宫廷、皇族及八旗事务

C职官、吏役

D军事

E政法

F民族事务

G中外关系

H镇压人民斗争活动

J宗教事务

K文化、教育、卫生、科学研究

M财政

N金融

P农业、水利、畜牧业

Q手工业、工业、公用事业

R建筑

S交通、邮电

T商业

W天文、地理

基本大类之下，一般设立三级、四级类目。

主表后面附有四个辅助表，即综合复分表、世界各国和地区表、清代行政区划表、中国民族表，供主表共性类目的复分。它与其他三个主表后面附的辅助表差异甚大，使用时不能张冠李戴。

三、《中档法》的标记符号和注释

《中档法》的标记符号采用汉语拼音和阿拉伯数字相结合的混合号码制。四个分类表的基本大类用拼音字母标出，并以字母的顺序反映大类的序列。中华人民共和国档案分类表除用拼音字母标出19个大类外，对于工业和其他类组下的二级类，因范围广泛，内容繁多，为了适应分类的需要，采用了双字母制。在字母之后采用了阿拉伯数字表示下属类的划分并顺序编号，数字的数位一般表示类目的级位，基本上遵循层累制的编号原则。

为了使号码适应类目设置需要，在号码配置上采用了两种灵活的办法。第一，当同位类目超过10个，并在16个以内时，采用八分制，即同一级类目的号码由1用到8，以后用91、92直到98。第二，当同位类目超过16个时，为避免号码冗长，采用双位制表示各同位类，即用11、12直到19，再从21、22直到29，以此类推，可以容纳81个同位类。在编号时，为以后扩充类目留有一些空号。

《中档法》还采用了以下几种辅助符号：

-综合复分号
（） 世界各国和地区区分号
[ ] 　　中国地区区分号、交替符号
《》民族区分号
〈 〉 科技档案复分号
= 　专用复分号
•专类复分号
: 　关联符号
+ 　并列符号
/ 　起止符号

为了帮助分类人员理解和使用类目，本分类表对一部分类目做了必要的注释，说明类目的内容、类目之间的关系、类目适用范围、类目的细分方法等。

第七节　中国档案主题词表

《中国档案主题词表》是内容达档案内容主题的自然语言中优选出的语义相关、族性相关的科学术语所组成的规范化词典。在档案标引和检索过程中，它是用以将档案、标引人员及用户的自然语言转换为统一的主题词检索语言的一种术语控制工具。它主要供档案馆、档案室及文书处理部门标引和检索档案、文件、资料之用。1989年8月，我国出版了《中国档案主题词表》试行本，在对试行情况进行验证的基础上又加以修改和完善，于1995年11月正式出版。这部词表主要用于各级综合性档案馆和档案室收藏档案的标引与检索，企业、事业单位在对公文、资料进行主题标引与检索时也可参考使用。该表对科技档案及某些专门档案中的专业名词收录较少，明清时期的专用名词基本未收。中央专业主管机关的档案部门可参照本表体例，编制自己专用的档案主题词表。

一、《中国档案主题词表》的选词原则与选词范围

（一）选词原则

《中国档案主题词表》共收录主题词25891条，其中正式主题词21785条，非正式主题

4106条。在选词中所遵循的原则是：

1.坚持辩证唯物主义和历史唯物主义观点，力求思想性、科学性和实用性的统一；

2.选用的主题词能够反映综合性档案馆、机关档案室馆藏档案内容的主题概念，在标引与检索中具有使用价值和一定的使用频率；

3.选用的主题词符合汉语的结构特点，词形简练，概念明确，词义单一。

（二）选词范围

《中国档案主题词表》主要选收20世纪初叶以来，反映党、政府机关各项管理工作内容的名词，党政公文中经常涉及的政治活动、科学研究、生产技术、经济建设等方面的名词术语，反映新事物概念的专用名词。同时，选用以下方面的词和词组。

1.中国各民族、各民族文字与语言的名称，世界上其他主要文字、语言的名称，主要宗教名称，如"回族""苗族""满文""维吾尔文""道教""佛教"等。

2.常见的党、政、军、群企事业组织机构名称的泛指词，中央级党、政、军机关名称，有影响的社团、企事业机构名称，在全国范围内有较大影响的知名人士姓名，如"政府""国家科委""中国共产党""八路军""钱三强"等。

3.行政职务与专业技术职务名称，军职与军衔名称。如"省长""县长""局长""教授""副编审"等。

4.部分国家法律和规章的名称、如"财政法""民航条例"等。

5.节日、节令名称和具有特殊重要意义的会议名称及有重大影响的历史事件名称，如"国庆节""立春""北平和平解放"等。

6.学科名称及反映学科具体内容概念的部分词目，重要的、常见的化学元素、矿物、合金、化合物名称，如"系统科学""锌合金"等。

7.小说、戏剧、曲艺、诗歌、绘画等文学艺术作品的泛称词及其使用频率高的下位词，如"古典小说""沪剧""农民画"等。

8.田径运动、水上运动、冰上运动和体操等体育运动项目名称及其直接下位词，如"跳高""跳水""推铅球""自由泳"等。

9.常见的动物、植物、疾病、医药及各类工农业产品的名称。

10.枪械、火炮、弹药等武器称谓及直接下位词。

二、《中国档案主题词表》的结构体例

《中国档案主题词表》由主表（字顺表）、词族索引、范畴索引、首字笔画检字表和附表、附录组成。

（一）主表

主表的基本单元是主题词款目。主题词款目由款目主题词及其汉语拼音、范畴号、注释和词间关系项等内容组成。如图7-2所示。

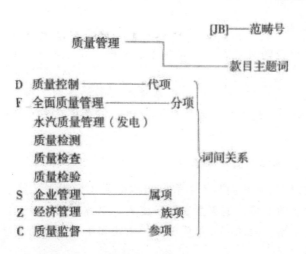

图 7-2 主题词款目

对主题词款目中各项目内容说明如下：

款目主题词依照首字音序、调序结合字形笔画排列，首字相同者依第二字音序、调序，字形笔画排列，依此类推。

注释是对主题词所做的简要说明，包括范围限定注释、含义注释。其目的是明确词义，防止误解，以保证选词的准确性。限定注释指明该主题词的使用范围，用圆括号注于主题词之后，作为主题词的组成部分。含义注释说明该主题词的特定内容，用圆括号注于主题词之下，不作为主题词的组成部分，如图 7-3 所示：

古田会议（1929）⎫
革委会（文革）　⎬ 限定注释
　　　　　　　　⎭
农业八字宪法　　　⎫
（指土肥水种密保管工八项农作物增产措施）⎬ 含义注释
三北地区　　　　　⎭

（东北、华北、西北）

图 7-3 含义注释

范畴号。款目主题均注有范畴分类类目代号，标识于款目主题词的右侧。借助范畴号可以在范畴索引中查寻与该主题词同属一类的有关主题词。

词间关系是用来说明与款目主题词发生关系的一些词，包括等同关系、属分关系、相关关系。等同关系，是指两个或几个概念相同或概念相近的主题词之间的关系，并在其中选一个词作正式主题词，其余的词作非正式主题词，主题词与非正式主题词在主表中用符号"Y"（用）、"D"（代）来表示。属分关系是指概念上具有隶属关系一系列主题词之间的关系，上位词、下位词在主表中用符号"S"（属）、"F"（分）来表示。相关关系是指主题词之间不存在等同关系和属分关系，而具有其他密切的关联，标引和检索时需要参考的一种相互参照关系，在主表中用符号"C"（参）表示。

（二）范畴索引

范畴索引又称范畴分类索引，是将主表中的全部主题词按照既定的类目分类排列，以便按类查词的一种辅助工具。

《中国档案主题词表》的范畴索引是将主表中的全部主题词分为20个一级类目103个二级类目37个三级类目。类目的标识符号采用汉语拼音字母与阿拉伯数字的混合号码制。

（三）附表——人名表、机构名表

《中国档案主题词表》编制人名表、机构名表作为附表，置于主表之后。编制附表是为了控制主表的词量，避免主表过于庞大，也方便利用者查找人物与机构方面的主题词。附表是主题词表的有机组成部分，主表和附表收录的主题词加在一起，构成主题词总数之和。

人名表的收录范围是，明清时期进士、三品以上命官，国民政府及执政党正部级官员，中华人民共和国中央人民政府及中共中央部委局办一级机构正职以上领导人，其他党派、群众团体主要负责人，上将正军级以上军职人员，全国各界著名人士，著名华侨与国际友人，与中国重大历史事件有关的著名外国人。

机构名表主要收录明清中央政府机构以及著名工矿、学堂名称，辛亥革命以来中央政府及其直属机构和派出机构的名称，中央立法、司法、军事机构及大军区的名称，执政党中央机构和派出机构的名称，其他政党、团体中央机构的名称，有影响的全国学会、协会、宗教团体的名称，中央级企事业单位的名称以及与上述机构有相同级别的临时机构的名称。

第八节　卡片式检索工具

一、卡片式检索工具概述

20世纪20年代末30年代初，卡片式检索工具在我国档案界出现，由于成本较高和人们不够习惯等多种因素，未能广泛运用。新中国成立后，随着档案工作的开展，广泛开展利用工作的需要，档案部门才开始大量编制卡片式检索工具。

卡片式检索工具用长方形的卡片编成，每一张卡片上登记一个案卷或一份文件，每张各不相连，形式上方便灵活，插入、取出自由，可以随做随补充，具有流水作业性质，便于逐渐积累。它能根据利用者的需要和查找的方便，随时自由地调整卡片的排列顺序，组织若干专题，同类易于集中。它可随意增加或减少，便于更新和修改目录，无论是案卷的重新组合、增加、减少、销毁和移出，还是卡片目录上个别项目的更动，只影响局部，便于排检与更换。每张卡片上的记载有档号，具体指明每个案卷或每份文件的出处，每30~50张卡片之间放置导片一张，导片上标明类别，用以指示卡片位置，检索时一索即得。一种卡片目录分装在几个目录抽屉内，可供几个人同时查阅。

卡片式检索工具的缺点：一是体积大，每一个条目至少一张卡片，若有互见、分析，卡片数量更多，一个大档案馆要填制上千万张卡片，制卡工作量大，卡片的体积也惊人，随着档案数量的日益增长，馆（室）藏量不断丰富，卡片的制作与贮存都将带来新的问题；二是卡片不便于携带，辗转传递和馆际交流，仅限于馆（室）内使用，利用者必须来馆（室）查阅，作用发挥受到限制；三是卡片纸必须优良，费用较高，又需要指引卡目录箱等装具，不够经济；四是组织与管理比较复杂，分类排列的工作量繁重，易于混乱、丢失和磨损，必须经常整理与更换；五是查阅时必须逐片（至少在一组卡片中）翻阅，费时较多。卡片式检索工具虽然存在上述缺点，但总的说来，对于档案馆（室）开展工作还是不可缺少的。

二、全宗文件卡片目录

全宗文件卡片目录是以全宗为对象，将所有文件（指永久与长期保存的文件）的内容和形式特征记录在卡片上，按照内容所反映的问题加以系统化组织而成的目录。它是档案馆（室）最常用的一种检索工具。

全宗文件卡片目录是把一个全宗的文件信息存储起来，加以科学的分类，便于从专业和

专题的角度提供比较系统的档案材料。利用者需要哪一个问题的材料就到哪个门类去查找，便于族性检索。

全宗文件卡片目录采用一文一卡或一文多卡著录，能具体揭示每份文件的内容和成分，具体指明文件的所属类目和出处，存储的信息量丰富，具有查找迅速、准确、全面的特点，是一种基础性的检索工具。

全宗文件卡片目录的著录项目一般应该设置题名（又称标题）责任者（又称作者）文件编号、文件形成时间、附注、主题词、（内容）提要、分类号、档号等。

制卡的方法主要是一文一'卡，但也有一文多卡、多文一卡、一卷一卡几种形式。一文一卡，即一份文件填制一张卡片；多文一卡，指请示与批复、正件与附件，或同一事件、同一案件、事故方面的多份文件可以填在一张卡片上；一文多卡，就是一份文件材料反映了几个内容，应按不同内容或主题填制几张卡片，分别归入有关类目中去；一卷一卡，如财务预算、决算、统计表、花名册等分别立卷的，可以一卷填一张卡片。

卡片填制完后，应做好校对工作，再进行系统排列。排列的方法，一般按照大类一类一项目（问题）一年度一作者一时间的顺序排列。这样排列的好处是，同一性质的文件集中排列在一起，便于迅速查找。

三、重要文件卡片目录

重要文件卡片目录是一种以卡片形式揭示档案馆（室）中某一全宗内重要文件内容和成分的检索工具。

重要文件卡片上一般设有类、目、文件题名、责任者、文件形成时间、文件所在档号（全宗号、案卷目录号、案卷号、页号）等项目。卡片的填制一般是每一份重要

文件填制一张卡片，但为了减少卡片的数量和查找利用上的方便，也可以将若干份互有联系，或内容相近的一组文件填制一张卡片。卡片填好后，进行系统的分类排列。

编制重要文件卡片目录的一个重要问题是确定重要文件的范围，什么是重要文件，什么不是重要文件。档案本来就有重要与不重要之分。所谓重要文件，一般指党和国家在各个时期制定的方针政策性文件，记述反映本机关主要职能活动的文件和典型材料。比如，各种会议文件、负责同志报告、重要会议记录、工作计划、总结以及本机关在各项工作中所形成的指示、决议、决定、规定、办法、条例等。这些文件在党和国家各方面工作（特别是机关日常工作）中经常被查找利用。在每个档案馆内，由于各种原因，都保存了一些重要和不重要的档案，区分主次是很有必要的。但在实际工作中，具体挑选文件时，什么是重要文件，什么不是重要文件，范围不好掌握，很难制定一个大家公认的标准。利用者的需要与档案馆（室）编制的重要文件卡片目录并不完全一致，制成的目录常有遗漏，查全与查准率低，效率不甚显著。因为文件的重要与否还会受以下因素的影响。

从利用者的需要看，他所要查找的文件对他来说都是重要的，能为利用者解决一定问题。反之，则不重要。档案馆（室）要面向社会，面对各行各业，人们对档案的需求不同，从某种意义上说，文件的重要与否，因人而异，档案馆（室）很难越俎代庖。

从档案人员看，面对来自不同时期、不同系统和部门的档案，他们需要有广博的知识，了解各机关的历史工作性质，深入研究档案内容，才能正确区分重要与次要。在具体区分时，主观与客观并不完全一致，我们认为重要的，别人并不一定也认为重要，即便是一个小组或同一个人去挑选重要文件，由于思想认识的变化，前后也难以完全一致，标准较难掌握。

从时间来看，档案重要与否也受时间的制约。有的现在重要，将来不一定重要。反之，现在不重要的，将来也可能是重要的。虽然通过多方面的分析，可以做出比较符合实际的判断，但要搞准确仍有一定困难。

从档案的类型来看，历史档案由于年代久远，加上档案人员对历史情况也不够熟悉，区分重要与不重要更加困难，因此历史档案不适宜编重要文件卡片目录。

从档案进馆的范围来看，省以上档案馆只接收永久保存的档案，县以上档案馆只接收永久与长期保存的档案。这些档案都是比较重要的，如果再去区分重要与不重要，没有这个必要。

实践是检验真理的标准。新中国成立以来，档案馆（室）编制了大量的重要文件卡片目录，虽然也发挥了一些作用，但由于上述各种因素的影响，不仅选材困难，标准掌握上也很难。因此，对编制重要文件卡片目录应持谨慎态度。一个档案馆（室）有了全宗文件卡片目录，由于它的作用与重要文件目录相同，而且不会漏掉材料，检索效果更好，因此不必同时编这两种目录，以免平行重复，造成人力、物力的浪费。

四、分类卡片目录

分类卡片目录是依据分类表，按照分类标识，以一定次序编排而成的一种档案目录。它的主要特点是将全部卡片超越全宗的界限和全宗内分类排列的次序，依其内容和性质，用科学的方法分门别类，组成特定的合理体系，以达到便于检索和记忆的目的，这也正是"分类卡片目录"名称的由来。

分类卡片目录要求把档案馆（室）全部档案材料的内容和外形特征存储起来，按照档案的内容、性质进行科学的分门别类。它具有系统性强、问题集中的特点，是档案馆（室）的一种综合性、主导性的检索工具，在档案检索体系中占有重要地位。

分类卡片的著录格式以往无统一规定，格式多种多样，很影响检索效率。今后，应根据国家档案局颁布的行业标准《档案著录规则》所推荐的文件级卡片著录格式和案卷级卡片著录格式，编制分类卡片目录。

著录单位目前有案卷级（含一组案卷）、文件级（含一组文件），各有优缺点，一份文件著录一个条目，卡片数量大，花费力量多，填制时间长，保管也不方便。但这种卡片目录贮存的信息量丰富，能具体揭示每份文件的内容和形式特征，只要分类科学，排列有序，就有较高的查全率、查准率。以案卷为单位著录成条目，数量较少，花费的力量小，但不能具体揭示每份文件的内容和形式特征，且贮存的信息量较少，检索效果较差。以一组文件或一组案卷为对象进行著录，是将主题内容相同的几份文件甚至几个案卷组合起来著录成一个条目。如请示与批复、结论与依据、转发件与原件，以及同一案件、同一种统计报表、一次会议形成的几个案卷都可以著录成一个条目，既减少条目数量，又方便检索。从长远的发展趋势看，输入电子计算机贮存，以文件级或一组文件为著录单位更好一些。

分类卡片目录最重要的问题是对条目类分。一个档案馆以案卷级或文件级为著录单位，可能著录成几十万张、几百万张卡片。数量如此庞大，怎样对每张卡片类分不是一件轻而易举的事，必须依赖事先编制好的分类表。国家档案局颁布的《中国档案分类法》是类分条目的依据，类分后再进行系统排列。

编制分类卡片目录是档案馆（室）的一项重要业务建设，工作量很大，应作为一项长期性的工作，有计划地进行。

五、专题卡片目录

专题卡片目录是按照特定专题以一定次序编排而成的一种档案目录。它的特点是以专门题目为对象，把同一属性的文件条目组织在一起，可以是一个全宗内有关某一专题的档案材料，也可以不受全宗的限制，把全馆（室）有关某一专门题目的档案集中揭示出来。反映的内容全面、系统、专深、针对性强，有利于档案馆（室）工作人员迅速地、系统地提供成批的档案材料，对于科学研究、总结工作经验、决定某些重要问题很有帮助，深受机关干部、科研工作者的欢迎。

专题卡片目录的编制步骤如下：

（一）选题

选题是编制专题卡片目录的一个特点，也是编制工作的一个重要环节。选题恰当，符合利用者的需要，专题卡片目录就能发挥应有的作用；选题不当，就难以发挥作用，甚至造成人力、物力的浪费。选题应根据社会主义建设的总任务，党和国家的中心工作、科学研究和其他各项工作的需要，利用者和有关部门提出的要求，根据本馆（室）保存档案的特点和人力、物力等条件，选择最优的题目。

（二）制定计划

对一些较大的专题，在编制工作开始之前应制定计划。计划的主要内容包括：题目的准确名称；题目内容所包含的问题及其分类方案；题目所包括的年限；题目所涉及的地区；查找档案所涉及的范围；选材标准；工作步骤和方法；人力分配等。计划不是一成不变的，在编制过程中还可做补充和调整。

（三）选材

档案馆（室）内往往由于某一专题涉及许多全宗和类别，需要进行挑选。首先，根据既定的专题内容，详细了解和确定与专题有关的全宗、年度、类别所包括的案卷；其次，将有关的案卷调出后，直接阅卷，逐卷逐件挑选属于本专题有考查价值的档案材料。选材的范围要适当广泛一些，有关该专题各方面不同论点的材料尽可能选入，给利用者提供全面、系统、完整的材料，但也不能把没有参考价值，甚至与专题无关的材料选入而影响专题卡片目录质量。

（四）填制卡片

填卡一般在选材过程中结合进行，只要选材标准和范围明确，可以边选材边填卡。卡片的

填写方法有三种：一是一文一卡；二是一个案卷填一张卡片；三是组合填卡，即将几份内容相近的文件或几个内容相近的案卷组合填在一张卡片上。组合填卡有两种填法：一般来说一种是将若干份文件或几个案卷按其相互关系逐个填在一张卡片上，这就需要在卡片上设置若干横格；另一种是将若干内容相近的文件或案卷内容综合拟写一个题名（标题）填在一张卡片上。填写卡片应按全宗和类别进行，不同全宗和类别的文件或案卷不能填写在一张卡片上。专题卡片目录的著录项目一般有专题名称、类、项、目、文件题名（标题）、责任者（作者）、文件编号、时间、主题词、附注、档号（全宗号、案卷目录号、案卷号、页号）等。

（五）系统排列

专题卡片目录的排列应打乱全宗的界限，按照卡片反映档案的内容，分开类别和项目，在每一具体项目内再按文件的形成时间、重要程度等方法排列，然后将卡片放在卡片箱内。为便于查找，还应在类、项、目之间设置指引卡，标出不同的类、项、目。

六、主题卡片目录

主题卡片目录是依据主题词表，按照主题标识，以一定次序编排而成的一种档案目录。

（一）主题卡片目录的特点

主题卡片目录，具有集中性、具体性、灵活性、直接性的特点。所谓集中性，是

指主题卡片目录可以不受全宗、类别、知识门类、学科领域、分类体系的限制，把同一主题的档案材料信息集中起来，能向利用者提供某一主题的全部档案材料；所谓具体性，就是将每份文件的内容用几个主题词揭示出来，不仅能揭示文件的主要内容，也能揭示比较次要的内容，比单靠文件的题名去反映内容要详细得多，丰富了检索工具贮存的信息量，减少了漏检和误检；所谓灵活性，是指主题卡片目录按字顺排列，可以随时对主题词加以增补、删除、改动，同一字顺里前后次序也不必严格要求；所谓直接性，是指以规范化的词来揭示文件或案卷的主题，不论什么内容都能用词、词组去揭示，给人以鲜明、直接的感觉，检索时就像查字典一样，很容易查找，不像查分类卡片目录，先了解分类体系、类目间的逻辑关系，熟悉数字代码，转来绕去地兜一个大圈子才能查到。

（二）主题卡片目录的作用

主题卡片目录的上述特点决定了它在档案馆（室）的检索体系中有着重要的作用。

第一，它可以进一步完善档案馆（室）的检索体系。我国档案馆（室）现有的检索工具主要是采用分类法，虽然便于族性检索，但有很大局限性，特别是近年来各专业之间互相渗透、互相结合，日益使直线序列的分类法难以揭示文件的内容，体现相互关系，满足不了利用者从不同角度查找档案的需要。主题卡片目录是从文件的主题，即具体的事物、对象或问题直接查找档案，不受分类体系的束缚。二者各有利弊，互为补充，使检索体系更臻完善。

第二，能提高检索工具质量。主题卡片目录反映文件或案卷的内容比较具体，贮存的信息量丰富，查全和查准率高，漏检与误检率低。

第三，为手检向机检过渡打下基础。机检要求输入的信息能具体揭示文件或案卷的内容，主题标引可以满足。主题卡片目录既能用于手检，又可以输入计算机建立数据库，从这点来看，为机检奠定了基础。

（三）主题卡片目录的组织

1. 主题卡片目录的形成

主题卡片目录的条目有两种：一种以《档案著录规则》推荐的条目著录格式为依据，在条目上方的正中位置，或在分类号上方著录上"主题标目"即可；另一种是对《档案著录规则》的格式略加增删，设主题标目的汉语拼音、主题标目、题名、责任者、时间、主题词、档号等项目。其格式如表7-1所示：

表7-1 主题卡片目录的形成

主题标目的汉语拼音	全宗号	案卷目录号	案卷号 页号
主题标目			
题名			
责任者	时间		
主题词			
附注			

一份文件或一个案卷需要著录几个主题词（或者组配），就在主题词项标明1、2、3…分别著录成几张卡片，以便按主题标目排列。

有的档案馆（室）为了减少卡片数量，在制卡时把主题词相同的若干份文件或案卷著录在一张卡片上。在同一主题标目下，注明该主题的每份文件、案卷的所在档号。这样，卡片数量少，又能节约人力，查验时一目十行，使用方便，可以提高检索效率。这种主题卡片目录的条目著录格式如下：

表7-2 同一主题标目下目录的形成

汉语拼音			
主题标目			
主题词			
全宗号	案卷目录号	案卷号	页号
全宗号	案卷目录号	案卷号	页号
全宗号	案卷目录号	案卷号	页号

2. 主题卡片条目的组织

统排主题条目。将主题条目按照主题标目的汉语拼音进行排列时，同一主题的卡片集中在一起。

编制指引片，指明同一主题档案材料的位置。这是指引利用者按标题字顺查找档案材料的重要手段。

标题内条目的排列。同标题的若干条目可考虑按档号的顺序排列，同一全宗、同一案卷目录的排在一起，也可以按作者的拼音字顺排列，还可以按制成卡片的先后顺序排列，先编的排在前面，后编的排在后面。

七、人名卡片目录

人名卡片目录是将档案馆（室）所藏档案材料中涉及人名及其简要情况著录下来，向利用者提供所查人名线索的一种检索工具。

人名卡片目录的著录项目主要由两部分组成：一是个人的自然情况，包括姓名、性别、出生年月、民族、籍贯、文化程度、政治面目等；二是指引部分，包括材料出处的档号（全宗号、案卷目录号、案卷号、页号）以及备注等。

从著录项目上分，人名卡片目录有简单和详细两种。简单的人名卡片目录，只在人名（包括别名、曾用名）后面注上档案材料的出处，即档号就可以了；详细的人名卡片目录，除了简单的人名卡片目录的项目之外，还可以著录上性别、出生年月、职业、文化程度、政治面目、民族、籍贯等，有的可以标明文件的题名、责任者等。由于利用目的不同，还可以增加问题性质、处理机关、处理结果等。

从体例上分，人名卡片目录有综合性和专题性两种。综合性人名卡片目录是以档案馆（室）的若干全宗或全部档案为对象，将单份文件所涉及的人名都著录在卡片上，然后排列组织成目录。专题人名卡片目录是以馆（室）藏档案中涉及某一个专门题目的有关人名著录在卡片上，组织成专题性的人名目录，如干部处分、肃反、审干、退职退休、干部任免等各种人名卡片目录。人名卡片目录可以解决查人头材料的困难，能在很短的时间内查出本馆（室）档案中有关某一个人的档案材料，具有迅速、准确、系统的特点，是其他检索工具无法代替的。在开展利用工作中很受利用者的欢迎。

编制综合性的人名卡片目录，原则上凡是本馆（室）保存的永久、长期的档案材料中涉及人的材料都要著录成卡片。属于专题性的人名卡片目录，首先按一定题目，查出涉及人名的案卷，然后按专题填写卡片，卡片填完后，要把该专题所有人名的卡片按姓氏笔画或按姓名的汉语拼音分开，将同一姓名的排列在一起。

编制人名卡片目录，进行系统排列时，可把同一个人的卡片集中在一起，但要把同姓同名而异人的区别开来，避免发生张冠李戴，造成漏检与误检。由于历史原因，我国各民族姓名的组成多种多样。姓有单姓与复姓，人的名字有名、字、别名、艺名、笔名、室名、小名、别字、小字、自号、别号、绰号、代号、尊号、谥号等。许多历史人物和老一辈无产阶级革命家，一个人有许多名字。在档案材料上，作者常常以别号、代号称呼他人，甚至省略了姓氏，这在当时的当事人还可以理解，但时隔多年之后，就很容易搞错，给今天的利用带来困难。因此，在编制人名卡片目录时应进行必要的考证，凡有别名、笔名均照原文著录，并将其真实姓名附后，加"（）"，如朱玉阶（朱德）。

上述的全宗文件卡片目录、重要文件卡片目录、分类卡片目录、专题卡片目录、主题卡片目录、人名卡片目录等卡片式检索工具，抄录或排版印刷成书本式目录就是全宗文件目录、重要文件目录、分类目录、专题目录、主题目录、人名目录。编制方法、主要项目基本相同，只是簿册式目录出版时，在每一条目前加上一个顺序号。

第九节　书本式目录和指南

一、书本式目录和指南概述

书本式目录是将一份文件或一个案卷的内容和形式特征著录成一条条目，将条目按照一定的规则组合排列起来，书写或复印在空白书册上的档案目录。

书本式目录是我国传统的档案检索工具，世代相传，直至今天还发挥着重要的作用。它的优点是装订成册，次序整齐，不易散失，利于资料的大量积累。每页可登记几个条目，编排紧凑，体积较小，查阅时可以一目十行，检索十分方便。因已装订成册，可以出版或内部发行，进行情报交流，能在不同的时间和空间之内，辗转供多数人查考，利用者不到档案馆（室）查询，通过书本式检索工具就能够了解到自己所需要的档案材料保存在哪里。缺点是须待全部准备工作完成，方能编制正式目录，装订成册，这样不可能增减、修改目录，易失去目录的时效。

从装订与否区分，书本式目录和指南，有装订成册和活页式两种。从体例上区分，有目录式和叙述式。属于目录式的有案卷目录、案卷文件目录（全引目录）、文件分类目录、全宗文件目录、重要文件目录、专题目录、主题目录、联合目录、责任者（作者）目录、文件目录等；属于叙述式的有全宗指南、档案馆指南等。

书本式目录与卡片式目录有着密切的联系，在一定条件下可以互相转化。当卡片式目录积累到一定数量时，可以编排印刷或抄写成书本式目录，以缩小体积，便于携带和交流；书本式目录经过剪贴也可以转换成卡片式目录。二者优缺点相反，互为补充，相辅相成，有些书本式目录与卡片式目录在内容上差异不大，只是形式上的区别。

二、案卷文件目录

案卷文件目录，亦称"卷内文件目录汇集"（全引目录），它是将全宗或全宗内的某一部分案卷目录和卷内文件目录汇编而成的一种检索工具。它不仅以案卷为检索单位，还能以文件为检索单位，在揭示档案内容与成分上有具体、系统、准确的特点，是全面了解档案内容与成分的基本工具，也为进一步编制其他检索工具准备条件。

案卷文件目录的格式比较常见的有两种一种形式是先列出每一个案卷的案卷号、案卷题名、起止日期、页号、保管期限等，实际是将案卷目录表的项目重抄一次，在每一个案卷下面再详细列出卷内文件目录；另一种是仅指明案卷号，下面列出这个案卷的卷内文件目录。

这种检索工具产生于"文化大革命"期间，档案转移到后库，馆（室）内只保存案卷目录，账物分家。利用者要查阅单份文件，只能从案卷目录的题名上去判断，有时调回来的案卷，却没有利用者所需要的材料。为了改变这种被动局面，一个档案馆（室）除了案卷目录外，还应编卷内文件目录，既能检索案卷，又能检索单份文件，于是"案卷文件目录"就诞生了，并逐步发展起来。

案卷文件目录沿用了案卷的分类体系，不能摆脱案卷这个圈子，只是有所补充，虽然列出了卷内文件目录，但不能严格按每份文件的内容来分类，问题不够集中，不便于按专题查找。查阅时必须对卷内文件目录逐条审阅，也影响检索速度，有一定局限性。

三、联合目录

联合目录是选定两个以上档案馆的全部或部分馆藏编制而成的目录。它是馆际协作的产物。

联合目录能把分散在各地区以至全国收藏的某种类型的档案材料著录下来，从目录上联成一体，具有资源共享的功能。编制联合目录，有利于建立全国和地区性的目录中心，有利于馆际协作和情报交流，进一步推动档案著录标准化，为实现档案检索自动化、网络化创造条件。

联合目录的种类很多，从档案类型上可分为明清档案、民国档案、革命历史档案联合目录，从内容上可分为综合性、专题性联合目录，从文种上可分为中文、外文联合目录，从地域上可分为全国性和地区性联合目录等。

编制联合目录通常有以下三种方式。

1. 以一馆为基础，其他馆校对补充。先由收藏该类档案最多的馆编出一套目录，分送到有关馆去校对补充，最后由牵头的档案馆汇总。

2. 在统一著录格式和著录要求的前提下，各馆分编，由一个馆负责汇总和校对补充。

3. 各馆分编，由档案行政机关或专业主管机关组织专门力量集中校对补充和汇总。

四、全宗指南

全宗指南，又名全宗介绍，是以文章叙述的形式，介绍和揭示档案馆（室）收藏的某一全宗档案内容和成分及其意义的一种参考材料。其主要作用是向利用者介绍和报道有关某一全宗的立档单位的历史、全宗的历史、档案内容和成分的综合概述，为利用者研究机关历史和查找档案提供线索，同时帮助档案人员熟悉档案内容，更好地对档案进行科学管理和开展利用工作。

一个档案馆保存若干个全宗，它们的价值不同并不一定要求每个全宗都要写全宗指南，只有那些在政治、科学以及实际工作中有重要意义的全宗才写全宗指南。假若条件许可每个全宗都可以编写一个全宗指南，这无论对提供利用和搞好档案管理工作都是有积极意义的。

编写全宗指南应该在档案材料经过整理，进行了基本编目的基础上进行。如果该全宗的档案处于零散状态或者还准备加工整理，即使编制了全宗指南，也难以较好地发挥作用。

编写全宗指南必须充分占有该全宗的有关材料，如立档单位历史考证、全宗历史考证、能说明机关历史与档案情况的有关材料以及该全宗的各种检索工具和参考资料。只有在详细查阅档案、熟悉档案内容的基础上，才能编写出有质量的全宗指南。

全宗指南的内容一般包括立档单位的简要历史、全宗的简要历史、全宗内档案的内容和成分介绍、全宗指南的辅助工具等，其中重要的是立档单位和全宗的历史简况，特别是全宗内档案内容和成分的介绍是主体。

（一）立档单位的简要历史

包括立档单位成立的历史背景、成立时间、地点、机关名称、性质、任务、隶属关系、所辖区域、组织机构设置及其职能的变化、立档单位经历的重大事件、执行的特殊任务，撤销机关还应指出撤销原因及其代行职能或继承单位的机关名称。编写立档单位的简要历史，能帮助利用者了解档案形成者—立档单位的社会地位和职能任务，更好地认识该全宗档案的特点及意义，也便于档案人员了解档案形成的历史背景，正确地进行档案的编目、鉴定等工作。

（二）全宗简要历史

包括档案材料的起止日期案卷数量、种类、主要内容、完整程度、整理、鉴定、保管、利用、交接情况以及检索工具的种类等。

（三）全宗内档案材料内容和成分的介绍，这是全宗指南的主体

叙述方法可以按组织机构分别介绍，也可以按档案内容和成分所反映的问题分别介绍。究竟采用何种方式，需要根据原来档案的整理基础和便于利用的原则来选择。如果档案整理的比较好，一般以原分类方案为基础进行介绍。如果原来的分类不科学，可以做适当调整。

按问题介绍档案内容，应根据档案内容，参照立档单位的职能和任务确定类目，在介绍每一类目时先指明类目的准确名称，然后介绍该类内档案所属的时间、案卷数量、内容和成分、利用价值等。

按组织机构介绍档案时，先指出组织机构名称，然后指明该组织机构的职能任务、案卷数量，再进一步介绍档案内容和成分。

介绍档案的内容和成分，主要是指明档案的来源、内容、可靠程度、形成时间、利用价值等。具体介绍方法，常见的有三种。

1. 简要介绍。即将案卷内容综合概括地进行介绍。优点是短小精练，阅读方便，编写迅速，可以及时提供利用；缺点是比较简略，内容不具体，难以满足利用者特别是科研工作者的需要。简要介绍一般适合于一些不太重要的全宗。

2. 详细介绍，是比较详细具体地介绍档案内容，甚至可以详细到对案卷逐个介绍以及注明卷号、起止时间等。优点是能提供详细的素材，深受利用者特别是科研工作者的欢迎；缺点是篇幅较大，不易编写，阅读不便。这种介绍方法，一般适用于具有重要价值，而案卷数量又不太多的全宗。

3. 重点与全面相结合的方法。对于全宗内比较次要的案卷做综合概括介绍，对重要案卷或个别价值较大的文件做比较详细的介绍，甚至注明卷号、起止日期等。这种介绍方法，是实际经验的总结，主次分明，兼有上述两种介绍方法之长，却避免了二者之短，是比较好的方法，很受利用者的欢迎。

（四）全宗指南的辅助工具

为了便于利用全宗指南，可以编一些辅助工具，如人名、地名索引、目次、机关通用简称等。

人物全宗指南，在编写方法上具有独特特点，必须揭示出该人物的政治、科研与社会活动、亲属与社会关系以及档案内容和保存状况等。一般由以下几部分组成：①简要传略材料；②著作手稿、日记、回忆录；③来往信件；④公务活动与社会活动的文件；⑤财产状况与经济活动的文件；⑥照片、图片、录音、录像；⑦亲属及主要社会关系的材料等。

五、专题介绍

这种检索工具是按照一定的题目，以文章叙述的形式，综合介绍档案馆（室）中有关该题目档案的一种材料，也属于一种工具书。在选题与选材方面它与专题卡片目录是一致的；在档案的内容和成分介绍方面，则类似全宗指南，不同的是只有按档案内容介绍的方式，而没有按组织机构介绍的方式。

六、档案馆指南

档案馆指南是以文章叙述的方式，全面概要地介绍档案馆所，保存档案情况的一种工具书。编写、出版档案馆指南的目的是使有关机关团体、科研工作者、广大利用者了解档案馆所存档案的成分和内容，看是否保存有他们所需要的档案材料以便利用。编写档案馆指南，对档案馆工作人员也有重要作用，档案馆工作人员通过它可以了解本馆所保存档案材料的概貌，哪些档案材料在政治、经济、科学研究等方面具有重要价值，这对于主动提供利用，及时解答利用者的问题，迅速查找档案材料和开展编研工作都起重要作用。对档案馆来说，编制档案馆指南，是一项重大的业务建设，也是档案馆工作成果和水平的集中反映，因此世界上一些大的档案馆都很重视编辑和出版档案馆指南的工作。

（一）档案馆指南的结构

档案馆指南的结构主要包括目录、序言、档案馆概况、档案全宗介绍、馆藏资料介绍、附录等。

1. 目录

目录是目和录的合称。把指南中的各个组成部分或章节的名目按一定的次序排列起来，并指明在指南中的页次，便是目录，也称目次。

2. 序言

也称前言、引言、导言，一般置于指南正文之前。

档案馆指南是以书本形式公开出版一般都有序言。序言应指出编写指南的目的和意义，结构体例、材料排列、指南的使用方法，概括地说明本馆保存的档案材料对全面建设小康社会，加快推进社会主义现代化，开创中国特色社会主义事业新局面重要意义，以引起利用者的重视。档案馆指南没有必要对馆藏所有全宗一个不漏地介绍，那样篇幅太大，不便利用，只用在序言中指出没有列入指南的是哪些全宗，有一个简单的交代。此外，还应说明关于借阅文件与制发文件副本、文件摘要的规定和手续，以便利用者明确知道哪些材料可以查阅，哪些材料不能查阅，特别是对限制查阅或需要办理专门手续才能查阅的各类文件，应该列举清楚，并告诉利用者如何使用指南以及有什么辅助工具。总之，序言是指导利用者分析和利用档案的有力武器，是他们的良师益友，起着提示和引导的作用。

在序言中，可以将档案馆的历史（档案馆概况）做简要概述，其中包括档案馆的建立、内部的组织机构、材料来源、档案材料的数量及起止时间、档案材料的整理、保管、利用情况等。档案馆概况既可以写在序言中，也可以作为正文自成一个章节。

3. 档案全宗介绍

它是整个指南的主体。介绍方法可分为逐个介绍和综合介绍。

逐个介绍是对档案馆的重要全宗逐一进行介绍。介绍方法与前面讲的"全宗指南"的编写方法大致相同，只是比"全宗指南"更概括和简要一些。除了指明全宗名称外，一般还应包括以下三个部分：①全宗的概况；②立档单位的历史概况；③全宗内档案内容和成分的简要介绍。

综合介绍是将档案馆保存有若干性质相同或彼此间有很多共同点以及互有联系的全宗综合在一起进行介绍。因为这些全宗的档案类型相同，具有共性，采用综合介绍，可以避免重复。介绍方法是，先给许多全宗拟定一个总的名称，如"医院""中学"，然后指出这些全宗所属立档单位的成立、性质和撤销的总概况，再对这些全宗的档案给予总的简要介绍，最后列举各个全宗的名称、全宗号、案卷数量和档案的所属年代。

4. 全宗介绍的分类排列

全宗介绍在指南中的排列方法是一项不可忽视的工作。综合性档案馆保存有革命历史档案、旧政权档案、中华人民共和国档案，应作为不同的大类分开排列。在排列各部类全宗的时候，可根据历史时期、全宗性质、机关隶属关系、重要程度等特点，采取不同的排列方法。如旧政权档案中先分明、清、北洋政府、国民党政府、日伪等不同时期的政权性质，再结合其他特点排列。中华人民共和国的档案全宗可采用以下方法排列：①性质相同的全宗，按时间顺序排列；②按隶属关系排列，把同一系统的全宗排在一起，本着先上级后下级的方法排列；③按重要程度排列，党政首脑机关和综合性机关排前，一般机关排后；（4）按全宗的性质分别排列，如医院、工厂、学校、乡、村等。

5. 馆藏资料概况

每个档案馆不但保存档案，而且保存有丰富的资料。长期的实践经验证明，利用档案的人往往需要利用资料，以补充档案之不足。因此，在指南中对馆藏历史资料、新中国成立后资料分类介绍，对利用者是有帮助的。

6. 附录

附录包括以下部分：①档案馆的检索工具的名册；②档案馆的规章制度，主要是有关利用和开放档案的各种制度；③档案馆指南的辅助工具，如人名索引、地名索引、机关团体名称的简称表等。

第十节　档案的计算机检索

一、档案计算机检索的特点

档案计算机检索在检索方法、检索性能上与手工检索相比较，具有以下特点。

（一）检索速度快

由于计算机检索能存储大量的档案信息和数据，处理速度快，运算准确，可靠性高，检索所花的时间少，可以用秒、分计算，"一索即得"，大大提高了检索效率，缩短了利用者的等待时间，节省了人力。特别是按专题批量查找档案材料，快速功能更为凸现。

（二）检索点多，检出率高

计算机具有一次输入、多次输出的特点。凡输入计算机的每一个检索项目均可成为检索人口，产生极为丰富的检索点。计算机可以按著录项目单项检索，也可以若干项目组合起来检索，还可以利用光盘、缩微存储技术或计算机生成的电子文件进行全文检索。计算机既可用人工检索语言（受控语言），也可用自然语言（非受控语言）检索，这大大提高了档案信息的检出率。

（三）能满足多元检索需求，检索效果好

由于计算机检索系统采用了逻辑运算和限制检索等功能，使各类检索词之间能够灵活地进行组配，不受档案信息内容交叉、分散的局限，只要使用质量较好的软件，就能迅速准确地检到所需的信息，有较高的检全率和检准率、较低的漏检率和误检率，性能大大优于手工检索。

（四）利于实现资源共享

通过通信设备、通信线路和各种计算机网络，可以为分散和远距离的利用者提供快速的联机检索，及时获取各档案馆（室）丰富的档案信息资源，实现资源共享。

（五）服务方式灵活多样

计算机检索系统一般都能提供联机回溯检索、定题检索以及网上直接获取档案材料等多种服务。检索结果既可以在屏幕上显示阅读，也可以脱机打印或以文件形式拷贝到磁盘，为利用者提供灵活多样的服务。

二、计算机检索系统的基本结构

档案计算机检索系统由硬件、软件和数据等部分组成。

（一）硬件

计算机检索系统所依赖的硬件是指主机及其外围设备。主机可以是大型机、小型机、微机、网络服务器或工作站；外围设备通常包括输入设备（键盘、鼠标、扫描仪等）、输出设备（显示器、打印机等）、存储器（硬盘、软盘、光盘等）、运算器和控制器等设备。

（二）软件

计算机软件是指计算机系统使用的各种程序，由这些软件来指挥计算机完成各种作业。它主要由系统软件和应用软件组成，包括操作系统、数据库管理系统、相关的软件开发工具与平台，以及用于计算机检索的软件等。

（三）数据

数据主要有档案目录信息、电子文件、多媒体文件、检索语言词典等。

三、计算机检索系统的流程

计算机检索与手工检索的原理是一样的，也由存储与查找两部分组成，在计算机检索中通常称为输入和输出。

（一）档案信息的输入

利用计算机完成档案信息的输入过程分为两步：第一步，档案信息的收集、加工、著录、标引，生成检索标识；第二步，输入计算机，存入数据库，并根据需要建立相应的倒排文档。

（二）档案信息的输出

利用计算机完成档案信息的输出（查找或称查检）的基本过程也分为两步：第一步，根据利用者的提问，给出检索提问表达式并输入计算机；第二步，计算机根据检索提问表达式在数据库中查找后将结果输出。

四、数据库

数据库是指为满足利用者查找档案信息的需要，按一定数据模型在计算机系统中组织建立的数据集合，是检索系统中的信息源。它存储在计算机的磁带、磁盘或光盘上，借助数据库的管理软件和检索系统，实现档案信息的检索。数据库是档案检索系统的核心部分。数据库中存储信息的数量和质量对于计算机系统性能优劣有着决定性的影响。在档案检索系统的构造过程中，工作量最大、最难以完成的是数据的采集与录入，包括将每份（卷）档案文件的题名、责任者、主题词或关键词、形成时间等内容和形式特征的项目录入计算机。各档案馆（室）应花大力气，建立起科学合理的数据库。

第八章　档案的提供利用和编研工作

第一节　档案提供利用工作概述

一、档案提供利用工作的含义

所谓档案提供利用工作，就是指通过一定的方式和方法直接提供档案给利用者服务的工作，又称为"档案利用工作"。档案提供利用工作的基本内容：熟悉档案馆（室）所存档案的内容和成分，了解客观需要，及时向利用者介绍和报道馆（室）藏，通过各种方式迅速、准确地查找出有关档案，并提供给利用者使用。

"利用档案"和"档案提供利用"是密切联系而又不同的两个概念。利用档案是指利用者为了研究和解决各种问题来档案馆（室）使用档案。档案提供利用是指档案馆（室）为满足利用需要向利用者提供档案材料，也就是为利用者服务的工作称之为档案提供利用工作。但这两者之间又有密切联系：有了利用档案的需要，才有档案提供利用工作；有了档案提供利用工作，才能实现对档案的利用价值。档案提供利用是为利用档案创造方便条件，利用档案是档案提供利用工作的内容，两者结合才能充分发挥档案的作用。利用档案是利用者的任务，提供利用是档案工作者的职责。弄清这两个概念，有利于档案部门明确自己的工作范围和档案利用工作的目的，积极主动地开展利用工作，为祖国现代化建设事业服务。

二、档案提供利用工作在档案工作中的地位

档案的提供利用是档案工作为社会主义事业服务的手段，直接体现整个档案工作的作用，在档案工作中占有突出的地位。

（一）档案提供利用工作是档案工作的中心任务

我们不是为档案工作而做档案工作，档案工作的目的是为了提供档案为党和国家各项工作服务，充分发挥档案的作用。从这个意义来说，档案提供利用工作是实现档案工作目的的主要手段，这也就决定了档案提供利用工作是档案工作的中心任务，是

最重要的一项工作。

（二） 档案提供利用工作是档案工作为社会主义事业服务的直接体现

档案提供利用工作是运用各种方式把档案材料提供给社会上各行各业使用，是为社会主义现代化建设事业服务，体现了档案工作的服务性和政治性。只有通过档案提供利用工作，才能使档案工作在实现党和国家的总目标总任务中发挥应有的作用，否则，档案工作就失去了方向，乃至失去了存在的意义。所以，在实际工作中，人们总是把档案提供利用工作做得如何作为衡量档案馆（室）业务开展的尺度、工作好坏的标志。

（三） 档案提供利用工作对整个档案工作有检验和作用

在档案提供利用工作中，能够比较客观地发现和了解档案工作其他业务环节的优缺点，如收集的档案是否齐全，整理是否科学，鉴定是否准确，保管是否安全等，从而促使我们采取有效措施改进档案管理工作。

（四） 档案提供利用工作是档案工作诸环节中最富有活力的一个环节

档案提供利用工作与广大利用者发生密切的联系，是档案工作联系群众、服务群众的纽带。一方面，通过提供利用工作把收藏的大量档案材料提供给利用者，满足多方面的需要，充分发挥档案的作用；另一方面，是对档案工作最实际、最有效的宣传，能扩大档案工作在社会上的影响，争取各方的重视与支持。实践证明，哪一个档案馆（室）提供利用工作搞得好，哪里的档案工作就受到领导的重视和群众的支持，档案工作就顺利发展；哪里的档案提供利用工作开展得不好，整个档案工作就死气沉沉，打不开局面。当前，我国处于历史发展的新时期，档案事业要发展，档案工作要开创新局面，最重要的是搞好档案提供利用工作，使档案工作在社会主义物质文明与精神文明建设中发挥应有的作用。

档案提供利用工作虽然在档案工作中具有突出的地位，对其他各项业务工作产生了深刻的影响，但不能忽视其他各项业务工作对档案提供利用工作的作用。它们是档案提供利用工作的基础和前提条件，档案提供利用工作不能离开这些工作而存在和发展，只有搞好了档案收集、整理、鉴定、保管、检索等工作，档案提供利用工作才能有坚实可靠的基础，否则就会成为无源之水、无本之木，谈不上开展档案的提供利用工作。

三、怎样做好档案的提供利用工作

（一） 明确服务方向，端正服务态度

档案工作是服务性的工作，它的服务性集中表现在档案的提供利用工作上。要想把档案的提供利用工作做好，先取决于服务方向的明确、服务态度的端正。

以服务社会主义现代化建设事业为中心，全面地为党和国家各项工作服务，这是档案提供利用工作的服务方向。随着全党全国工作重点的转移，我国进入一个新的历史时期，党和国家的档案工作也必须随着全国工作的重点转移而转移，档案工作的服

务重点从政治斗争转移到经济建设、科学研究、技术发展和精神文明建设方面来，以服务建设有中国特色的社会主义和集中力量进行社会主义现代化建设为根本任务。各档案馆（室）的档案工作人员必须解放思想，明确方向，适应建立社会主义市场经济体制的新形势，根据各馆（室）保存档案的性质、内容和范围等特点，具体安排为党政领导和机关工作、生产建设、文化教育、科学研究、经济体制改革等各项工作服务的不同重点，积极做好档案的提供利用工作。这就要求档案工作者对无产阶级革命事业无限忠诚，具有高度的责任感、坚定的群众观点和主动服务精神，解放思想，开动脑筋，不断研究档案提供利用工作的新情况、新特点，解决档案提供利用工作的新问题，千方百计地为各项工作服务，时时为利用者着想，处处给他们以最大的方便。解决端正服务态度的问题，要采取得力措施，加强岗位责任制，做到分工明确，职责清楚，定期考核评比和奖惩制度，把权、责、利三者有机结合起来。

（二）熟悉档案，了解和研究利用者的需要

要想做好档案的提供利用工作必须熟悉本档案馆（室）保存档案的内容，做到这一点，工作才会由被动变为主动，才能及时、准确地把档案提供给利用者。所谓熟悉档案主要是熟悉馆（室）藏档案的数量、成分、内容及存址，熟悉每一个全宗的档案形成和整理状况以及全宗与全宗之间的有机联系，熟悉各全宗档案的利用价值。熟悉档案的方法有很多：结合收集、整理、鉴定、保管、统计等日常工作，有意识地熟悉档案；通过编制检索工具和开展编研工作，系统地熟悉档案的内容和成分。此外，还可以通过定期或不定期的检查，有计划、有目的地翻阅某些重要档案以及结合提供利用工作来熟悉档案3只有熟悉档案的内容和数量等方面的状况，才能减少提供利用工作的盲目性。

了解和研究利用者的需要，就是做好档案提供利用的预测工作。利用者对档案的需要千差万别、变化多端，但仍有规律可循，有共同性的利用倾向，有机关团体和个人的不同利用倾向。各种利用者利用档案都要受社会某种主要因素的影响和制约。例如，社会形势、党和国家的中心任务，利用者的职业、担负的任务等，都制约着利用者对档案的需要。在不同的历史时期、同一个历史时期的不同发展阶段，还有着不同的政治形势，不同的经济要求和文化状况，不同的路线、方针、任务，这些都会产生不同的利用档案的倾向。因此，档案馆（室）必须根据社会主义事业的发展、当前党和国家各项工作的动向，通过利用统计的分析或直接访问利用者，或向有关机关询问等方式，了解各个时期需要利用什么档案，怎样利用等情况，才能未雨绸缪、有的放矢做好档案提供利用工作。要做到这一点，档案工作者必须认真学习党的方针政策，关心国家大事，加强调查研究，注意社会发展和各项工作动向，了解和研究利用者的需要。一般来说，档案提供利用工作是被动性的工作，但如果既熟悉档案，又了解和研究客观需要，做到"知己知彼"，掌握利用的特点和规律，就能化被动为主动，做好档案提供利用工作。

（三）正确处理档案提供利用和保法的关系

利用和保密的关系问题在提供利用工作中表现得最为突出，应注意解决好。保存档案的目的是为社会主义事业服务，提供档案给各方使用，充分发挥档案的作用。档案馆的档案，党和国家以至全社会都要用。保存档案是为了用，如果只锁在箱柜里，长期禁锢起来不准使用，就失去了保存档案的意义。但是，档案不仅是可供各项工作利用的重要材料，还有一部分属于党和国家机密。因此，在档案提供利用工作中要注意保守党和国家机密，这是关系党和国家安危的大事，是社会主义革命和建设取得胜利的重要保证。每个档案工作者必须严守党和国家机密，同一切失密、泄密现象做坚决的斗争。在开展档案提供利用工作时，既要积极提供档案为各项工作服务，又要坚持保密原则。从根本上说，利用与保密是一致的，都是为了合理地发挥档案在社会主义事业中的作用。保密的目的是为了更好地利用。保密只是相对地把档案的使用限定在一定的范围和人员内。那种认为保密就不准任何人使用，或永远无限期地保密下去，都是不正确的。保密是动态的，不是一成不变的，而是随着形势的发展，时间、地点等条件的变化而不断变化，有可能昨天是保密的，今天就公开了。但在实际工作中，对什么样的档案要继续保密，什么样的档案可以解密，由于国家未制定解密法，加上有时利用与保密确有矛盾之处，因此不好处理。以往对处理利用与保密关系的提法是："利用服从保密""在保密的前提下提供利用"以及"保密服从利用"等，经过实践检验，证明这些提法不够科学，有一定片面性，容易产生误解。"利用危险、保密保险"的思想，是"左"的余毒，应该肃清。缺乏保密观念，认为"无密可保"，也是错误的。档案在什么情况下提供利用，给谁提供利用，以什么方式提供利用，档案在什么情况下需要保密，范围多大，什么情况下需要解密等，都要服从党和国家的利益，在这个总的前提下，以党的方针政策为标准，把二者统一起来。凡是档案提供利用有利于坚持四项基本原则，促进安定团结和社会主义现代化建设就积极大胆地提供利用。反，则应注意保密。在具体处理提供利用与保密的关系时，要深入审查档案内容，根据时间的推移、地点和条件的变化，调整档案的密级，逐步扩大利用范围，减少烦琐的批准手续，以方便利用者。

第二节　档案利用服务的方式

档案馆（室）的利用服务方式是多种多样的。从档案文献的服务方式分，一般有三种3第一，以档案原件提供利用。在档案馆（室）开辟阅览室，利用者在馆（室）内阅览，也可以将档案原件暂时借出馆（室）外使用。第二，以档案复制品提供利用。向利用者提供档案缩微胶卷（片）、静电复印件、印发或出版文件汇编和在报刊上公布档案等。第三，根据档案内容综合编写参考资料提供利用，如编写各种参考资料，制发档案证明，函复查询外调，根据档案撰写文章和著书立说等。本节主要介绍档案馆（室）为利用者服务的方式。

一、阅览服务

将档案提供给利用者阅览是档案馆（室）利用服务工作的重要方式。因此，档案馆（室）大都建立阅览室，它是档案馆（室）为利用者开设的查阅和研究档案的场所。

　　档案是历史记录的原始材料，在数量上一般都是单份，有的内容有一定的机密性。这些特点决定了档案在一般情况下是不外借的，要在档案馆（室）内阅览。在阅览室内利用档案好处很多：有专人监护档案的利用，便于保护档案材料，能减轻毁损速度，延长档案寿命；有利于更多的利用者查阅原件，充分发挥档案材料的作用；提高周转率和利用率，避免因一人借出馆外而妨碍他人利用；档案工作人员在阅览室有较多的机会接近利用者，能及时了解利用需要和利用效果，便于研究和掌握利用工作情况，有针对性地开展服务工作；利用者在阅览室可以同时利用许多档案材料，从中查阅某一卷、某一份文件、某一数据、某一图表，而不受数量的限制；利用者可以查阅许多不外借、不出版交流的内部的和珍贵的档案材料；利用者可以利用阅览室提供的条件和各种特殊设备，如查阅各种工具书、参考资料，使用缩微阅读设备、视听设备等，更好地阅览和人事研究工作。所以，在阅览室利用档案，无论对利用者还是档案工作人员来说都是很方便的。因此，阅览室就成了档案馆（室）工作的"橱窗"，它代表档案馆（室）与利用者直接发生关系，利用者往往以阅览室工作的好坏来评价档案馆（室）工作。档案馆（室）应配备专职或兼职人员负责阅览室的日常工作，开展咨询辅导，解答利用者提出的各种问题，及时扩大利用档案的线索，不断提供新的档案材料。

　　阅览室的设置既要从服务观点出发，又要从便于管理着眼，其地址的选择要符合宽敞、明亮、舒适、安静、方便的要求，以接近库房为宜，使环境既适宜于阅览和从事研究，又便于调卷。室内一般设有服务台、阅览桌、布告栏、存物柜等设备。阅览桌最好不设置抽屉，以免互相打扰，也便于工作人员对档案进行监护。在有条件的档案馆除开辟综合性的阅览室外，还可设立若干专门的小阅览室，如视听档案阅览室、缩微档案阅览室等。阅览室可以附设为利用者服务的图书资料室，收藏历史、经济、政治出版物，报刊资料以及文摘、索引、书目、辞典、年鉴、手册、指南之类的工具书，档案检索工具和参考资料供利用者使用。阅览室的开放时间要适当延长，不要轻易挂"今天学习，恕不接待"的牌子，把利用者拒于门外。阅览室还应建立健全各种必要的制度，内容一般包括阅览室接待的对象、档案材料的借阅范围和批准手续、阅览者应遵守的各种制度等。

　　为了保密和保护档案，利用者不能借阅与其利用目的无关的档案。各级各类档案馆提供社会利用的档案应逐步以缩微品代替原件。档案缩微品和其他复制形式的档案载有档案收藏单位法定代表人的签名或者印章标记的，具有与档案原件同等的效力。对于残旧、容易损坏和特别珍贵的档案最好是提供复制本，一般不借给原件，如果必须利用原件，应用完立即归还。尚未整理的零散文件一般不外借，必须借阅时要逐件登记。利用者不得将档案带出阅览室外，阅毕归还时需仔细检查档案材料的状况，如发生污损、涂改、遗失等情况，立即报告领导人，酌情处理。

二、档案的外借

　　档案一般是不借出馆外使用的，但是根据党政领导机关工作的需要，或某些机关必须用档案原件作证据，不能在阅览室利用档案，可以暂时借出去使用。机关档案室把档案借给本机关领导和内部各业务单位使用的情况就更为常见。必要时，可以采取"送卷上门"的服务方式。

档案外借使用有严格的制度，要经过一定的批准手续，借出使用的时间不宜过长，借出档案时要交接清楚，有登记签字手续，借用档案的单位或个人应承担保护档案的完整和安全的义务，不得将档案自行拆散或变更次序，不得将档案转借、转抄、损坏、遗失，不得自行影印或复制，并要按期归还。档案馆（室）对借出的档案要定期检查了解借用单位对档案的保管使用情况，并在借出案卷的位置上，设置醒目的代卷卡片，指明借阅卷号、借阅时间、借阅单位和借阅人姓名，以利备查和督促借阅者按期归还。借出档案收回时，应认真清点，并在借阅登记簿上注销。若发现有被拆散、抽换、涂改、散失、污损等情况，要及时报请领导处理。

三、制发档案复制本

档案馆（室）提供档案为党和国家各项工作利用，既可以提供原件，也可以根据档案原件制发各种复制本。制发档案复制本，根据所需单位的不同用途，分为副本和摘录两种。副本，是指同一文件的抄写或复印的复本，反映档案原件的所有组成部分；摘录是摘录文件内的某一段落、某个问题或某一事实、某一人物情况或某些数字的材料以及只反映原件的某些部分。

制发档案复制本的方法大体可分为手抄、打字、印刷以及摄影、静电复印等。必要时，可以仿制与档案原件的复制材料及其外形完全相同的副本。制发档案复制本提供利用具有较多的优点。首先，可以使利用者不到档案馆（室）就在自己的工作岗位上随时参考所需的档案材料，为党和国家各级机关广泛利用档案创造了极为便利的条件；其次，制发档案复制本，可以在同一时间内，满足较多利用者的需要，使档案更充分地发挥作用；再次，用档案复制本代替档案原件提供利用，减少原件利用的次数，有助于延长档案的寿命。同时制发档案复制本，数量相应的增加，即使档案原件由于天灾人祸毁损了，只要复制本能保存下来，也能取得此失彼存的效果，对档案的保存和流传有重要作用。

档案复制本的局限性是利用者总想看到原件，有的还要作为凭证对复制本感到不满足。由于科学技术的发展，复制本的质量和精确度大大提高，能达到复制本与正本没有多大区别，基本上可以满足需要。档案复制本的印发不利于保密，容易辗转翻刻、复印或公布，档案部门不易控制，因此在制发范围和批准权限方面应妥善处理。

制发档案复制本是档案部门根据自己的设备条件和利用者的申请进行的，先由申请者提出所要复制的档案，并说明复制的要求份数和用途等，然后经过一定的批准手续加以复制，档案复制本必须和档案原件细致校对，并在边上或背后注明本档案馆（室）的名称、档案原件的编号，加盖公章，以示对复制本负责。

四、档案证明

档案证明是档案馆根据机关、团体或个人的询问和申请，为了、证实某种事实在本馆（室）保存档案内有无记载和如何记载而摘抄的书面证明材料。如公安、司法部门需要审理案件，个人需要有关工龄、学历等方面的证明材料等。因此，制发档案证明是满足各方面利用档案来说明一定事实的一种手段，是档案馆（室）提供档案为党和国家机关、人民群众服务的方式之一。

　　档案证明必须根据机关、团体或个人的申请才能制发。在申请书中，要求写明申请发给证明的目的，并详细指出所需要证明问题的发生时间、地点等情况，以便制发证明时对申请书的审查和对证明材料的查找与编写。制发档案证明不是纯技术性的工作，而是一项具有政治性的工作，对申请书的严格审查和正确地编写档案证明，都需要档案馆（室）严肃而认真地对待。档案证明一般都根据档案的正本或可靠（经校对）的副本来编写，只有在没有正本或可靠副本的情况下，才能用草案、草稿来编写，并在证明上加以说明。不论根据什么材料编写，都需要在档案证明上注明材料的出处和依据。档案证明的文字要确切，只能以引述和节录档案原文为主要方法。如果要由档案工作人员重新组织编写或采用摘要方式叙述，必须注意准确和真实。不能擅自对材料进行解释和做出结论，否则就不能起到证明的作用。

　　此外，档案展览、公布档案文件、编辑文件汇集、编写参考资料也是档案提供利用的有效方式。

第三节　档案提供利用的宣传和参考咨询

　　开展宣传和参考咨询工作是档案提供利用工作的一个重要组成部分。为了充分发挥档案的作用，扩大档案工作的影响，提高服务质量，档案馆工作人员在开展提供利用工作中应做好宣传和参考咨询工作，主动揭示馆藏，解答利用者提出的各种问题，及时准确地为利用者提供所需要的档案材料。

一、档案提供利用的宣传工作

（一）宣传内容

　　档案提供利用中的宣传工作是启示人们正确认识和使用档案的一种手段，能使档案工作为人所知，取得领导和社会各界的重视与支持，促进档案事业的不断发展。宣传的内容应当抓住以下三点。

　　1. 宣传馆藏档案内容

　　档案馆是科学文化事业机构，是永久保管档案的基地，是科学研究和各方利用档案史料的中心。但由于档案的本质属性所赋予它的保密要求，千百年来，档案馆成为巨锁封闭的禁区，人们很难进入这个档案的世界，去发掘那些宝贵的文化财富，为人民群众造福。社会主义制度为档案的广泛利用创造了条件。随着社会主义现代化建设事业的发展，我国已宣布开放档案，凡是我国公民都有权使用自己所需的档案。但广大利用者却不了解档案馆保存着什么档案，是否有自己需要的档案材料，如何去利用它，顾虑重重而踌躇不前。因此，必须大张旗鼓地宣传馆藏和开放档案的内容，鼓励和欢迎人们来使用，为利用者创造各种方便的条件，使来者有兴，去者满意，从而扩大档案馆的影响，密切档案馆与利用者的联系。

2.宣传档案对四化建设的作用和实际效果

当前，社会上不少人不了解档案的作用，甚至有档案也不用，给工作和生产带来损失。档案馆（室）应在提供利用工作中宣传本馆（室）所藏档案对机关工作、生产建设、科学研究等方面发挥的作用，以典型事例说明，使人们了解档案的价值和作用，自觉地去使用它。

3.宣传有关档案馆（室）工作的规章制度和基本知识

向广大利用者乃至有关群众宣传档案馆（室）的职能、工作任务和基本原则，利用档案的有关规章制度和手续，并在如何利用档案上给予具体帮助，从而提高利用者查找与引用档案的效率，使他们自觉遵守规章制度，维护档案的完整与安全。

（一）宣传方式

1.档案展览

举办档案展览，是为了配合各项工作的需要，根据一定的主题，系统地揭示和介绍档案馆（室）所保存档案的内容和成分的一种宣传方式，也是一项开展利用的实际工作。举办档案展览的形式有很多：从时间上分，有短期和长期的展览；从内容上分，有综合性和专题性的展览。档案馆根据自己的条件可以在馆内设立长期的展览厅（室），陈列本馆保存有关国家、民族、本地区、本馆历史的珍贵文件和各种类型的档案材料，使人们一进入档案馆就对什么是档案、档案的种类和作用等有一个概括的了解，引起对档案工作的重视。档案馆可以配合党和国家以及社会上一些重大政治活动和纪念活动，举办各种类型的展览，如清代档案展览、革命历史档案展览、各种专题性的人物和事件档案展览。机关档案室为配合当前的任务、机关的中心工作，也可以根据机关领导的指示，举办各种小型展览，如某些机关曾经举办过反文牍主义展览、规章制度展览等。档案展览可以由一个档案馆（室）单独举办，也可以几个档案馆（室）联合举办，或与博物馆、图书馆等有关部门联合举办。规模可大可小，内容可以随着需要定期更动，可以是知识性的，也可以是教育性的。展览可以是长期陈列，也可以临时展览。

档案展览具有独特的特点。可以在一定的时间范围内组织较多的人参观，服务面广泛，展出的档案材料经过加工比较系统、集中，且内容丰富，形象鲜明生动。因此，档案展览能够起到多方面的作用。档案展览本身就是提供利用的现场，利用者不必花许多时间去查找，就可以较为集中和系统地得到所需要的材料，甚至得到从未见过和难于找到的珍贵材料和线索；档案展览是经过选择的典型材料，最有价值、最吸引人，以新颖、形象鲜明见长，能以档案的原始性、真实性揭示历史事件的本来面目，给观众留下深刻的印象，起到生动的宣传教育作用；档案展览能显示档案内容的丰富多彩和发挥为社会主义事业服务的作用，从而使人们了解档案的意义，意识到档案财富的宝贵和保护这些历史遗产的必要性，引起社会上对

档案和档案工作的重视与支持。

举办档案展览是一项具有政治性、思想性、科学性和艺术性的工作，必须认真组织好，档案展览的组织工作包括四方面。

第一，选定展览的主题。举办展览应有明确的目的性，选好展览的主题是搞好展览的关键。选题要配合国家的中心任务、重大政治事件或社会主义现代化建设中一些重大的、急需解决的关键性问题。题目选对了，展览的效果就会好。题目的大小要适当，题目过大，档案过多，质量深度不易保证；题目过窄，感兴趣的群众少，也会影响展出效果。

第二，精心选材。围绕展览的主题，精心选出展品，是组织展览过程中最重要的一环。档案展览内容的思想性、科学性和展出效果如何，档案的内容和种类的选择具有决定性的意义。展出的档案材料是最能表现和反映主题的材料，是能正确揭示事件或事物本质，具有长远查考价值的材料。

第三，编制展品和编写说明。对选出的档案进行分类编排也是很重要的。展品一般按专题编排，每个专题内再按事件和时间的顺序排列，既要照顾到一个专题内档案的集中和系统性，又要照顾到各个专题间的相互联系，使人看后既感到材料丰富、全面，又觉得主题明确、重点突出、层次分明，确保展览的各部分之间形成一个有机整体。为了使观众一目了然，要为展览编写前言，在每个部分或专题之前写明题名、提要和介绍。展览的说明文字要准确、简练、生动，能给观众留下鲜明而深刻的印象，这对于加强展览效果有重要作用。

第四，陈列展出。展出后，应注意搜集和听取观众的意见，不断改进工作。

举办档案展览，必须重视对展出档案的保护和保密。展出一般都用仿制的复制本，必须展出原件时，最好陈放于玻璃柜中或采取其他保护措施，防止档案的遗失和损坏，且原件展出时间不宜过长。展出机密性的档案，须经领导批准，并限定参观者的范围。

2. 利用电台、电视、报纸、刊物进行宣传

近年来，有些档案馆根据党和国家的方针政策，配合社会教育和党史、革命斗争史、编修地方史志的需要，在报纸上公布档案史料或撰写文章。中国第一和第二历史档案馆创办了刊物《历史档案》《民国档案》，主要公布明清档案和民国档案，并撰写一些印证历史和宣传历史档案有重要意义的论文。

3. 编辑出版档案史料和编写各种专题参考资料

档案馆（室）根据社会主义现代化建设和国家各项事业的需要，按照一定的专题或会议，将有关档案史料编辑成册，公开出版或内部参考，起到集中材料、便于查考的作用，是一种较好的宣传和提供利用的方式，受到了各界，特别是学术界的赞同。

二、参考咨询

参考咨询工作是档案馆（室）为利用者服务的一种方式。它是以档案为根据，通过个别解答问题的方式，向利用者提供档案、档案专业知识、档案检索途径的一项服务的工作。

广大利用者向档案部门提出咨询问题的方式，有口头咨询、书面咨询和电话咨询几种情况。口头咨询是利用者来馆（室）查阅档案的过程中可能遇到许多疑难问题，要求档案人员帮助解决。利用者提出的咨询问题多种多样，有的要求查找某一事实或

某个专题的档案材料，有的要求介绍馆藏档案与检索工具的使用方法，有的要求解答某一个名词术语扩大查找线索。接受口头咨询时，档案人员与利用者直接交谈，弄清其意图、要求及问题的中心实质，善于从利用者的谈话中进一步获得解决问题的线索。书面咨询是指远离档案馆（室）的单位或个人，写信来咨询。电话咨询一般多用于处理利用者急需解答的咨询问题。

参考咨询工作分五步。①接受咨询问题，建立咨询记录。把电话咨询、口头咨询变为书面咨询。②研究分析问题。只有对利用者提出的问题，了解具体，找出问题的关键所在，考虑所需档案材料的范围，才能使问题的解决针对性强，才能有助于提高咨询工作的质量和服务水平。③查找档案材料。在调查研究的基础上，按照已确定的范围，选定检索工具，明确检索途径和方法，查找有关的档案材料。④答复咨询问题。经过一系列工作，找到利用者所需要的档案材料后，即可答复咨询问题。答复咨询的方式，依具体情况而定。可分别采用直接提供答案，提供档案复制件，介绍有关查找线索等。⑤建立咨询档案。答复利用者的问题，凡是比较重要和今后可能重复出现的以及一时解答不了的问题应记录下来，建立完整的档案，以便定期统计和总结工作，提高咨询水平。

第四节　开放档案

一、开放档案的概念

开放档案，就是将已满一定保密期限的和可以公开的档案，解除封锁、禁令和不必要限制，向社会开放，允许经过一定的手续就可以通过各种方式利用。也就是说，开放档案是指档案馆所保存的档案过了一定期限，除按照国家有关保密的规定需要继续保密和控制使用的外，均须根据不同情况，分期分批向社会开放。凡属开放的档案，我国公民持有合法证明（介绍信、工作证、居民身份证等），经档案馆同意后，办理借阅登记手续，就可以利用开放的档案。《中华人民共和国档案法》第十九条规定："国家档案馆保管的档案，一般应当自形成之日起满三十年向社会开放。经济、科学、技术、文化等类档案向社会开放的期限可以少于三十年，涉及国家安全或者重大利益以及其他到期不宜开放的档案向社会开放的期限可以多于三十年。""中华人民共和国公民和组织持有合法证明，可以利用已经开放的档案"。以法律的形式规定了档案开放的大体期限，而利用已开放档案是公民的权利，受到法律的保护，任何人不得侵犯和剥夺。档案管理部门有责任保障公民的合法权利，为其提供利用有关的档案。

我国是社会主义国家，人民是国家的主人，在利用档案方面有较多的权利。《中华人民共和国档案法》第二十条规定："机关、团体、企业事业单位和其他组织以及公民根据经济建设、国防建设、教学科研和其他各项工作的需要，可以按照有关规定，利用档案馆未开放的档案以及有关机关、团体、企业事业单位和其他组织保存的档案。"这就是说，我国公民和各种社会组织不但可以利用已开放档案，而且可以根据工作、教学、科研的需要，按照一定的手续要求利用未开放的档案。这是国家赋予公民的权利，受到法律的保护。

二、开放档案的意义

第一，开放档案是有利于"开发信息资源，服务四化建设"的新方针，是繁荣科学文化事业的一项新政策，对有效地开发与利用档案信息资源，发展我国科学文化事业，推动社会主义现代化建设，都将产生巨大而深远的影响。

第二，开放档案是实现档案馆由封闭型、半封闭型向开放型战略转化的重大措施。由于历史原因，档案馆长期处于封闭、半封闭状态，想利用档案的人不得其门而入，许多有价值的档案不能发挥作用。现在，档案馆的大门已经徐徐向社会打开了。广大利用者纷纷来馆利用，沉睡的瑰宝在社会主义现代化建设中发挥出重要的作用。人们对档案的价值、作用以及档案工作的重要性也有了更深刻的认识。

第三，开放档案将对档案馆工作的开展产生深远的影响。开放档案既是思想观念上的革新，又是档案馆工作上的巨大变革，能使档案馆工作由过去的收集、整理等基础工作和准备工作逐步转移到今后更好地开展对档案内容的研究工作和利用工作方面来，由过去被动的、零散的和主要为党政领导机关和政治斗争服务转变为今后大量地、系统地提供档案，面向社会主动地为党和国家各项工作服务，为社会主义现代化建设以及科学研究和历史研究服务方面来，通过提供利用来检验和推动各项业务工作，促进档案馆工作的建设与发展。

第四，开放档案，系统公布和出版档案史料，撰写史志，促进历史科学的研究，为祖国保存、整理世代流传珍贵的文化遗产，为后代留下档案，为维护中华民族历史的真实面貌等做出积极的贡献。

三、开放档案的理论依据

开放档案的依据，由以下因素决定。

1. 档案价值在一定意义上是一种客体满足主体需要的关系及其程度，档案价值的实现决定了档案必须向社会开放。

2. 随着时间的推移和条件的变化，档案机密性的弱化趋势决定了档案最终可以开放。

3. 档案是重要的信息资源，只有使其走向社会供人民群众利用，才能把深藏于档案馆中的档案信息变成精神的和物质的财富，造福于人类，这决定了开放档案的必要性。

4. 档案是"知识之源、文化之母"，内容丰富，可以满足各行各业的利用，这决定了档案开放的广泛性。

5. 社会民主化进程加快，促进了档案的开放。

四、档案开放的标志和条件

档案向社会开放的标志是：开放档案与受控档案已经分开，并编制有开放目录；

档案开放的范围与数量已经同级党政领导机关正式批准，并向社会发布了开放档案的信息；在接待对象和接待手续方面已符合法规要求；已采取不同的形式向社会开放档案，已有数量不等的公民持合法证件到档案馆查阅所需要的档案。

档案开放的条件有：有一定数量的档案；档案已经过整理编目；有开放档案的规章制度；具备必要的阅览条件和复制设备。

五、档案开放的起始时间

根据1997年6月7日国家档案局发布施行的《中华人民共和国档案法实施办法》第20条的规定，开放档案的起始时间：

1. 中华人民共和国成立以前的档案（包括清代和清代以前的档案、民国时期的档案和革命历史档案），自本办法实施之日起向社会开放；

2. 中华人民共和国成立以来形成的档案，自形成之日起满30年向社会开放；

3. 经济、科学、技术、文化等类档案，可以随时向社会开放。

前款所列档案中涉及国防、外交、公安、国家安全等国家重大利益的档案以及其他虽自形成之日起已满30年，但档案馆认为到期仍不宜开放的档案，经上一级档案行政管理部门批准，可以延期向社会开放。

六、如何做好开放档案的工作

开放档案，是在新的历史时期，党和国家赋予档案馆的一项光荣而又艰巨的任务，它既是社会发展的客观需要，又是档案馆工作发展的需要。因此，应把开放档案作为档案馆工作的着眼点和出发点，结合本馆实际，采取多种措施，把开放档案工作做好。

具体做法：应当继续解放思想，增强开放意识，克服一切有碍于开放档案的思想阻力和障碍；正确处理好开放与保密的关系，搞好新中国成立后档案的降密、解密工作，加快新中国成立后档案的开放速度；切实处理好开放档案与被控制档案的关系，做到该开放的开放，该控制的控制；切实解决好开放工作中存在的实际问题，正确处理好开放工作与基础工作的关系，使开放工作与基础工作再上一个新台阶；开辟各种渠道，突出服务的多样性、主动性和针对性；强化开放档案的宣传工作，使开放档案深入人心，引导公众自觉地利用档案。

第五节　档案馆（室）的编研工作

一、档案编研工作的内容

档案馆（室）编研工作是以馆（室）藏档案为主要对象，以满足社会利用档案为主要目的，在研究档案内容的基础上，汇编和出版档案史料，编制参考资料，参加编史修志，撰写文章和著作，为社会主义现代化建设和科学研究服务。

从我国现有实践和发展趋势来看，档案编研工作的主要内容可归纳为三个方面。

（一）熟悉与研究档案内容，编写参考资料

编写参考资料是一项研究性的工作。这里讲的档案参考资料同一般意义上的参考资料含义和范围不同，它是根据档案内容加工编写而成的一种材料，是档案馆（室）提供利用的一种方式。用这种方式提供的不是档案原件、复制件，而是档案内容的加工品，是系统的素材。有了这种系统的素材，利用者可以不必翻阅大批档案，就能满足一定的利用需要，或者找到需要查阅档案的线索。档案参考资料不同于专门的论著，它是按一定的题目综合档案内容，为利用者提供系统的实际材料。它也不同于一般的检索工具，而是直接为利用者提供半加工的、有具体内容的实际材料。

（二）汇编档案文集和编辑专题史料

汇编档案文集和编辑专题史料是档案馆（室）编研工作的重要内容之一。按照一定的作者、专题、时间或文种等特征，把档案材料选编成册，在一定范围内使用或公开出版，如党政机关的重要文件汇编、政策法令汇编、档案馆的各种专题档案史料汇编等。汇编和公布档案是档案馆（室）积极主动地开展档案提供利用的一种重要方式。

汇编和公布档案是一项政治性、科学性很强的工作，为了做好这项工作，档案工作人员不仅要有比较高的政治思想、政策水平，还要具有历史学、文献编纂学、目录学等方面的专门知识。同时，要经常注意和收集社会各个方面对档案利用需要的动向，并加强同有关部门的协作联系。这样就可使我们所搞的汇编和公布档案符合与适应社会各方面的需要。

（三）参加历史研究和编史修志，撰写文章和著作

档案工作和史学研究虽已各有分工，但作为永久保管档案的基地，作为科学研究和各方面工作利用档案史料的中心，档案馆仍须进行一定的历史研究，利用档案印证一些历史事实，撰写历史论著，参加编史修志。这也是档案馆（室）编研工作的重要内容之一。

二、档案编研工作的意义

（一）编研工作是档案馆（室）积极主动地、系统地、广泛地开展利用工作的一种重要方式

其突出特点表现在工作成果的研究性、提供方式的主动性、材料的系统性、作用的广泛性。它是一种较高形式的、较高效能的提供利用的手段。

（二）档案编研工作的开展是提高档案馆工作水平的重要途径

切实搞好档案馆（室）的收集、整理等基础工作，是开展编研工作的基础和前提条件。编研工作的开展，既对基础工作提出新的要求，又能发现和检验这些工作的优缺点，便于及时发扬和改进，从而推动各项工作的全面发展，进一步提高档案馆的工作水平。

（三）档案编研工作是保护档案原件的有效措施

档案大部分是"孤本"，多者也不过几份，在开展利用工作中总是把原件提供使用，容易损坏，影响档案既为当前服务，又为今后服务。通过编研工作，将档案编辑成册，内部印发或公开出版提供利用，减少对档案原件的重复使用，有利于延长档案的寿命，使其长久保存下去，流传后世。同时汇编档案史料发行量大，存放地点多，即使遇有不测，也会此失彼存。我国现存的明代以前的档案原件很少，但出版的档案史料汇编却有许多都保存下来了。

（四）档案编研工作可以扩大档案的影响，促进档案事业的发展

档案馆通过向党政领导和有关部门提供编研成果，能使广大利用者感到比到档案馆查阅方便，具体看到了档案的作用，加深了对档案和档案工作的了解，起到了很好的宣传作用，同时加强了档案馆与各方面的联系，扩大了在社会上的影响，从而取得了各方面的重视和支持，促进了档案事业的发展。

三、参考资料的编写

（一）什么是参考资料

从广义上讲，凡是可供人们进行工作和研究问题时参考的文献材料，如书籍、报刊、照片、图片等，都称之为参考资料。档案界所说的参考资料是档案馆（室）根据一定的题目，将自己所保存的档案材料的有关内容进行综合加工编写的一种材料，为利用者提供较为系统的"素材"。

参考资料与汇编的档案文集不同，不是提供档案原件或制发复制本，而是根据一定的题目对有关档案材料的内容进行综合加工编写而成的系统材料，它已改变了档案原来的面貌，具有问题集中、内容准确、文字精练、概括性强的特点。参考资料与利用档案撰写的科研专著和学术论文不同，专著与论文是在研究档案内容的基础上经过加工提炼，提出自己的观点，反映和说明一定事物的规律性和研究作品。参考资料主要是综合记述档案内容、反映情况、为利用者提供加工的半成品，供研究问题时参考。参考资料也不同于检索工具，它不仅能起到一定的查找、介绍和报道档案情况的作用，还能直接为利用者提供有内容的实际材料。

（二）参考资料的种类

参考资料的种类很多，名称不一，用途广泛，这里仅将档案馆（室）常用的几种介绍如下。

1. 大事记

大事记就是一个机关、一个地区、一个时期、一项运动所发生的重大事件，按时间顺序的先后，用简明的文字记载下来的书面材料。它系统扼要地记录一定事件的历史发展事实，揭示重要事件和活动的发生、发展的过程以及它们彼此间的关系，从而便于人们研究史实发展的规律。

大事记的用途：第一，可以帮助各机关领导同志和广大干部回顾过去的工作，了解本单位、本地区、本系统的工作活动、发展变化情况，便于考察工作，总结经验，

研究问题时参考；第三，大事记对历史研究人员研究国家和地方历史及编史修志也是很重要的参考材料。第三，大事记是对群众进行宣传教育的有力工具。

我国档案馆（室）目前编制的大事记主要有：①机关工作大事记，记载一个机关在一定时期内的重要活动；②国家或地区大事记，记载全国或一个地区在一定时期内的重要活动。

③专题大事记，是按照一定专题记载国家一定地区或一定机关在一定时期内某一方面的重大事件；④年谱，记载某些著名历史人物的生平事迹和重大活动。

大事记的内容主要由时间和大事记述两部分组成。还可以根据大事记的编写目的、对象、篇幅大小、年限长短等因素，设置前言、材料出处、注释等。

大事记述是大事记的主要组成部分，通过许多重大历史事件的记述，反映历史发展的概貌和规律。所谓大事是指事件涉及的范围较广，对社会的影响较大、较深，在工作和历史发展中起重要或决定作用。反之，局部性的，只有一般意义的事件和活动都是小事。大事和小事是相对而言的，受一定时间和空间的制约。比如，一个机关的大事，在全市、全国就不一定是大事；这个地区的大事，在另一个地区也不一定是大事。所以，在选材范围上，坚持历史唯物主义观点，一切从实际出发，不能大事小事一样罗列，也不能遗漏大事。

编写机关大事记，可以从下列内容中选择大事记的素材：①党的代表大会和人代会以及全会活动情况；②党委书记、常委以及机关行政领导人的重要活动情况；③以机关党政名义召开的各种重要会议；④以机关名义制定的路线、方针政策、法律、法令、法规，重大决定、决议、规划；⑤本机关的成立、撤销、隶属关系、职权范围、机构的变动；⑥本机关主要领导成员的任免、奖惩；⑦上级机关和上级领导对本机关的重要指示或上级领导同志来本机关检查工作的重要活动情况；⑧报纸、刊物发展的本机关的经验介绍、教训和批评的有关报道和重要新闻等。

大事记的时间也是大事记的重要组成部分。时间的持续性和顺序性反映了事件发生、发展的过程，任何历史事件都是在一定的时间内发生的，时间对历史研究有重要意义。因此，对每件大事业须写明时间，即某年某月某日，有的甚至还有确切的时、分、秒，如果重要事件没有时间或时间不够准确，应尽力进行考证。

编写大事记的要求：取材真实准确，文字简明扼要。一般应一条一事，不能一条多事。每条大事涉及的时间、地点、人物、数据、发展过程、因果关系均能揭示出来。

2.组织沿革

组织沿革是系统记载一个机关、地区或专业系统的组织机构人员编制、体制变革情况的一种参考资料，内容包括地区概况、组织机构沿革、地址迁移，成立、撤销、合并的时间，职权范围、性质任务、隶属关系、领导人任免、编制的扩大与缩小、内部机构设置等情况

组织沿革的主要用途，是为了便于机关领导人员各部门及有关方面查考和研究本地区、本机关、本系统的组织机构、人员发展变化情况。组织沿革也为研究国家机关史、地方史、革命史和专业史提供所需的参考材料。对档案馆（室）来说，它为编写立档单位历史考证提供了系统的材料，对于整理、鉴定档案价值，熟悉、了解立档单

位的情况都有一定的作用。

组织沿革的种类，大体有下列三种：①记载一个机关的产生发展及其内部组织机构的演变、工作情况；②记载一个地区内（省、地、市、县、区、乡）所属党、政、群各组织的设置、行政区划人口、建制沿革的发展变化；③记载一个专业系统（如工业、商业、文教卫生系统等）所属组织的设置和变化。此外，还有按一定地区和一定专业系统结合起来编写的。

3. 会议基本情况简介

会议基本情况简介，又称会议简介，就是利用会议文件材料，将#议的全过程简短、扼要地加以叙述，反映出每一次会议基本情况的一种参考材料。召开各种重要会议决定大政方针，商议大事，是我国党政机关、群众团体进行领导活动的重要方式。筹备各种会议，广大机关干部必须查阅会议方面的档案材料。因此，编写会议基本情况受到了机关领导和业务部门的欢迎。

会议基本情况简介，主要有党代会、人代会、政协会议、工代会、妇代会以及这些会议的全体委员或常委会议、重要的专业会议等。简介的主要内容有会议的届次、召开的时间、地点、主持人、参加人（代表名额分配情况，列席范围）、会议的开法和议程、讨论与决议事项、选举结果。

机关单位可以编制机关党委常委、全委扩大会议或行政办公会议的基本情况简介。编制方法是将这些会议的记录按日期或次数的先后，把每次会议的内容、议题、决议事项等依次编出。可以一年一编，也可以随时积累逐渐形成。

4. 基础数字汇集

基础数字汇集是以数字的形式反映一定地区或某一方面基本情况的参考材料。它的产生是由于人们在日常工作中研究问题、开展和指导工作、总结经验、制定计划以及进行科学研究都需要了解和掌握一定的数字，作为分析、综合的依据和参考。但是，这些数字分散在各种统计报表、总结报告、计划等文件材料中，不便于系统地提供利用。因此，通过编写基础数字汇集，把分散的数字集中起来，成为系统的材料，满足利用者多方面的需要。

基础数字汇集具有内容集中、简单明了、形式灵活、利用方便的特点。汇集的形式有文字叙述和表格簿册形式、用图表示意形式，可以自由选择。基础数字汇集的内容有综合性的汇集和专题性的汇集，涉及的范围可以是全国的、地区的，一个机关、一个系统的，一个年度或若干年度的。

编制基础数字汇集最重要的是材料必须准确可靠，对统计报表、调查的数字要认真核对，征询业务部门的意见，请他们参加核实，最好使用统计部门的材料。因此，编写基础数字汇集，可与统计部门、有关业务单位合编，以保证各种数字的完整性、准确性，提高汇集的质量。

5. 专题概要

专题概要是以文章叙述的形式，简要地说明某一方面的工作生产或其他社会现象和自然现象的产生发展变化的参考资料，如"历年自然灾害情况""历年工农业发展基本情况"。

第九章　人事档案

第一节　人事档案和人事档案工作

一、人事档案

（一）人事档案的定义及其基本含义

人事档案是国家机构、社会组织在人事管理活动中形成的，记述和反映个人经历、德才能绩、工作表现的，以个人为单位集中保存起来以备查考的文字、表格及其他各种形式的历史记录。

人事档案是历史地、全面地考查了解和正确选拔使用职工的重要依据，是国家档案的重要组成部分。我国的干部（公务员）、职员、工人、学生（从中学开始）、军人都建立了人事档案，其中主体是干部和工人档案。

人事档案主要来源于一定单位的人事管理活动。"所谓人事，并不是指人和事，而是指用人以治事，主要是指人的方面以及同人有关的事的方面。"人事档案就是国家在用人治事以及处理与人有关的事情中所形成的文件材料。如为了解员工的基本情况，布置填写履历表、登记表、自传；对员工进行鉴定、考核和民主评议，形成鉴定书和考核材料；在用人过程中，形成录用、定级、调资、任免、升迁、奖惩等方面的各种文字、表格材料。

人事档案是反映个人经历、思想品德、业务实绩、个性特点、专长爱好等情况的原始记录，真实反映一个人的客观面貌。人事档案中的自传、履历表、登记表是个人经历、思想演变、家庭与社会关系的反映；历年的鉴定记载着个人不同时期的表现和组织的评价；入党、入团、提职、晋级等材料是个人在党和组织的教育培养下成长的佐证；政治与工作情况的考核、奖惩与科研成果的登记等方面的材料，是个人政治表现、工作能力、成绩贡献、技术专长的展现。

人事档案是处理完毕的具有使用价值和保存价值的文件材料。人事管理活动中形成的文件材料，凡是决定归入人事档案的，必须是完成了审批程序，内容真实、完整齐全、手续完备，有查考价值的材料，以保持人事档案的优化状态。

人事档案是以个人姓名为特征组成的专卷或专册。它的内容和成分只能是同一个人的有关材料，才方便查找利用。假如一个人的材料被分散，就无法正确反映该人的全貌，影响对其全面评价。如卷内混杂了他人的材料，就会因张冠李戴而贻误工作，造成不良后果。

上述人事档案的定义指明了人事档案的来源、形成原因、内容范围、价值因素和以个人为单位的形式特征，既揭示了人事档案的本质属性——历史记录，也指出了如何识别和判定一份文件材料是否属于人事档案的标志。

（二）人事档案的特点

1. 现实性

人事档案是由组织、人事、劳动部门以现职人员和离退休人员为单位建立的，由专门反映员工个人情况的文件材料所组成。它涉及的当事人绝大多数还在不同岗位上工作、生产或学习。组织、人事、劳动部门为了考查和正确安排员工，要经常查阅人事档案，了解其经历、德才和工作业绩，以便安置在最适合的岗位上，充分发挥其聪明才智。现实生活中，用人就要先看档案，已成为必要的工作程序。作为依据性的人事档案有时会对一个人是否被录用以及如何用人起着决定性作用。但是，人事档案是"昨天"的历史记录，而它反映的对象——人每天都在发生变化，谱写自己的历史篇章。因此，档案人员需要跟踪追迹，及时补充新材料，使档案既能反映某人的历史面貌，又能反映现实状况，达到"阅卷见人"或"档若其人"的要求。反映现实与具有现实效力和作用，是人事档案的重要特点之一。

2. 真实性

人事档案的真实性与一般意义上所说的档案的真实性有一定区别。档案的真实性有两方面的含义：一方面，档案从总体上说是由社会实践活动中形成的文件材料转化来的，是历史的沉淀物，客观地记录了历史情况，其内容和形式都表现出原始性，是令人信服的证据；另一方面，从具体的每份档案材料来说，由于人们认识水平的局限性和政治斗争的复杂性等原因，有一部分档案所记载的内容并不真实，甚至是恶意歪曲与诬陷。但档案毕竟是历史上形成的，即使是内容不真实，仍表达了形成者的意图，留下了当事人的行为痕迹，反映了当时的情况，仍不失其为历史记录而被保存下来。所以，档案的真实性是相对的。人事档案的真实性有着特定的含义。从个体来说，每一份档案材料从来源、内容、形式等方面都必须完全可靠和真实。凡是来源不明、内容不实、是非不清的文件材料不能转化为人事档案，即便已经归档也要剔除。从整体上说要求一个人的人事档案完整系统，既反映过去，又反映现在，既可以提供个人成长的道路，又能勾画出全方位概貌。真实性是人事档案的生命，是人事档案能否正确发挥作用的基础和赖以存在的前提。

3. 动态性

历史在发展，社会向前进，每个员工的情况也在不断发生变化。人事档案从建立之日起就是动态，而不是静止的。一方面，由于人事档案涉及的当事人每时每刻都在谱写自己的历史，各方面都在发生变化，因而决定了人事档案必须根据当事人情况的变化而不断增加新的内容，补充新材料，以适应人事管理的需要。比如，学历的变化、能力的提高、职务和职称的晋升、工作的新成就、工作岗位的变化、奖励、处分都应及时记载并收集有关材料归档，直至逝世（有的职工举行告别仪式的报道消息、讣告、悼词装人本人档案），这才意味着收集补充材料工作的终止。另一方面，人事档案随着人员的流动而不断转递。人到哪里，档案就转到哪里，"档随人走""人档统一"是管理人事档案的一条原则，也是人事档案发挥作用的必要条件之一。如果人事档案转递不及时，会出现人、档分家，发生"有档无人"或"有人无档"的现象，影响单位对工作人员的了解、培养和使用。人事档案也因对象的下落不明而成为"无头档案"的死材料。总之人事档案从建立到向档案馆移交前，始终处于"动态"之中。

4. 机密性

人事档案在相当长的时间内是保密的，不宜对外开放。1991年中央组织部、国家档案局颁布的《干部档案工作条例》（以下简称《条例》）指出："在干部档案管理工作中，必须贯彻执行党和国家有关档案保密的法规和制度，严密保管，确保干部档案的完整与安全。"《条例》对人事档案也是完全适用的。人事档案是组织上在考查和使用员工活动中形成的，记载了员工的自然情况（姓名、出生年月、民族、籍贯、学历、家庭情况、社会关系、政治表现、个性特点、专长爱好等），学习、工作、科研成就、考核与奖惩等。它既涉及有关工作的重大事项，又有公民的隐私。由于人事档案涉及国家机密和个人私生活的秘密，在较长时间内必须保密，应建立严格的管理、利用制度，确保国家机密的安全，切实维护个人隐私权不受侵犯。

（三）人事档案的一般作用

人事档案是考查、了解员工的重要手段。一个员工的工作与生产实践活动、思想言行、政治、业务水平以及个人素质都被记载下来，跃然纸上。人事档案有助于组织上根据每个人的特点提出培训、录用、升迁等建议，达到"因材施教""量才录用"，调动人才群体的积极性。

人事档案是做好组织、人事工作不可缺少的依据。组织、人事工作的根本任务是知人用人，应做到知人善任，选贤举能。知人是善任的基础，要想知人，就要全方位地了解人。既要了解其德，又要了解其才；既要了解其长，又要了解其短；既要了解其过去，又要了解其现在。了解的方法除直接考查这个人的现状外，还必须通过人事档案掌握其全面情况。实践证明，二者有机结合，收效颇佳。

人事档案是澄清个人问题的凭证。人事档案是个人历史与现实的原始记录，可以为落实人事政策，平反冤假错案，调整工资级别，改善生活待遇，确定或更改参加工作、入党、入团时间及解决个人历史上的遗留问题等提供可靠的线索或凭证，是考查、了解和处理问题的依据。

人事档案为人才开发提供信息和数据。组织、人事部门通过使用人事档案，从中探索人才成长规律，提高人事管理科学化水平，开发人才资、源，适应社会对人才的广泛需求。

人事档案是编写人物传记和专业史的宝贵史料。人事档案内容丰富、数量巨大，有较高的史料价值。它是研究党和国家人事工作，研究党史、军史、地方史、思想史、专业史，撰写名人传记的珍贵资料。人事档案是组织人事部门形成的，其中许多材料是当事人的自述，情节具体，事情真实，时间准确，内容翔实，是印证历史的可靠材料。

二、人事档案工作

（一）人事档案工作的基本任务和人事档案管理部门的职责

人事档案工作是用科学的原则和方法管理人事档案，提供档案信息，为组织、人事工作服务的一项工作。人事档案工作是组织、人事工作的重要组成部分，也是国家档案工作的组成部分。它是为贯彻执行人事工作路线、方针和政策，选贤举能，知人善任，为社会主义现代化建设服务的。

人事档案工作的基本任务：根据改革开放形势下组织、人事工作的需要，加强人事档案材料的收集归档工作，完善管理体制，搞好队伍建设，做好基础工作，进一步改善保管条件，努力提高科学管理水平，保障提供利用，有效地为组织、人事工作服务，为社会主义现代化建设服务。

人事档案管理部门的职责：①保管人事档案，为国家积累档案史料；②收集、鉴定和整理人事档案材料；③办理人事档案的查阅、借用和转递；④登记员工的职务、工资和工作变动情况；⑤为组织、人事工作提供人才信息，为有关部门提供员工情况；⑥做好人事档案的安全、保密、保护工作；⑦调查研究人事档案工作情况，制定规章制度，搞好人事档案的业务建设和业务指导；⑧推广、应用人事档案现代化管理技术；⑨定期向档案馆（室）移交死亡员工的档案；⑩办理其他有关事项。

（二）人事档案工作的管理体制

人事档案工作实行集中统一和分级负责的管理体制。人事档案是人事管理活动的历史记录，是开展人事工作的必要条件，管理人事档案是人事工作自身的需要，是组织、人事、劳动部门的职责，人事档案应由各级组织、人事、劳动部门集中统一管理。我国现行的人事档案管理体制：工人档案由所在单位的劳动（劳资）部门管理，学生档案由所在学校的教务或学生工作部门管理，军人档案由各级政治（干部）部门管理，干部档案按干部管理权限集中统一管理。各级组织、人事部门有明确的管理权限，分管哪一级干部，就管哪一级干部的人事档案，做到"人档统一"。这一原则在地（市）以上是完全适用的，但在县以下的单位（包括县委、县府直属单位），管的干部少，大多只有几十人，有的甚至只有几个人。单位小，档案少，无专人管理，不具备保管条件，严重影响了干部档案的安全保密和业务建设。因此，《条例》规定："县以下机关、单位的干部档案实行由县委组织部集中管理，或由县委组织部、县人事局等单位相对集中管理。不具备保管条件或档案很少的单位，其干部档案由上一级单位管理。干部档案被纳入综合档案室管理的单位，其干部档案要固定专人管理

目前，我国人事档案工作仍实行分块管理，干部档案工作的领导与指导由各级党委的组织部负责；企业职工档案工作由所在企业的劳动职能机构负责，接受劳动主管部门的领导与指导；学生档案工作由所在学校的有关部门负责，由教育主管部门领导与指导；军人档案工作由各级政治（干部）部门负责领导与管理。除军人档案工作

外，上述三项档案工作均已纳入全国档案工作管理体系，由各级档案行政部门按《中华人民共和国档案法》等有关规定进行宏观管理和协调。

（三）人事档案工作机构

《条例》规定："县以上（含县）的组织、人事部门应建立相应干部档案管理工作机构，并负责对本地区、本部门、本系统的干部档案工作进行指导、监督和检查。每管理1000人的档案需配备一名专职干部，有业务指导任务的单位要配备相应的业务指导人员。县以下实行集中或相对集中管理档案的单位根据上述原则应当配备专职人员。不需要建立机构的单位必须配备专职或以干部档案工作为主的兼职档案工作人员。"1992年，劳动部、国家档案局颁发的《企业职工档案管理工作规定》指出职工档案由所在企业的劳动（组织人事）职能机构管理。实行档案综合管理的企业单位，档案综合管理部门应设专人管理职工档案。"依据以上规定，中央各部委、省、地（市）、县均建立了人事档案管理机构，按照管理1000人档案配备一名专职干部的要求配备人员。中央各部委和省（市、自治区）一级的人事档案部门除管好本身的人事档案外，还担负本系统和全省（市、自治区）人事档案工作的检查与指导任务，根据指导任务的实际需要酌情配备业务指导人员。

（四）人事档案工作人员

1. 新时期对人事档案工作人员的要求

《条例》第39条对新时期人事档案工作人员提出了以下要求：

——坚持四项基本原则、认真学习马列主义、毛泽东思想和党的各项方针、政策，努力提高政治思想水平；

——热爱本职工作，忠于职守，刻苦钻研业务，提高业务水平和工作能力，积极为人事工作服务；

——严格遵守《中华人民共和国档案法》和保密规定，保护档案的安全，不得泄露档案内容；

——坚持原则，严格按照档案管理工作的各项规章制度办事；

——工作调动时，必须做好档案和档案材料及业务文件等的交接工作。

《条例》提出的要求全体人事档案工作人员都必须严格遵守，模范执行。人事档案工作干部要刻苦学习，积极钻研业务，努力提高自身的政治素质，适应人事工作和人事档案工作发展变化的需求。

2. 人事档案工作人员应具备的素质

人事档案工作的性质要求工作人员必须具备较好的政治素质和专业素质。

（1）要熟悉党和国家的干部人事制度，熟悉人事管理工作的方针、政策，如调配、任免、录用聘用、考核考查、政审、奖惩、工资、教育培训等工作的情况，用以指导工作，以保证

人事档案工作的正确方向。

（2）要熟悉党的历史。人事档案的许多内容都与我党各个历史时期的重大事件有关，有扎实的党史知识，就能了解有关档案材料形成的历史背景，正确判定档案材料

的价值。

（3）要精通人事档案工作业务，做好收集、鉴别、整理、保管、保护、转递和提供利用等工作，科学地管理档案，实现管理现代化。

（4）要有高尚的职业道德和情操，严于律己，认真负责，坚持原则，不徇私情，不以权谋私，严格按政策规定办事，坚决杜绝一切失密的现象和徇私舞弊的行为。

第二节　人事档案的收集和鉴别

一、人事档案的收集

收集人事档案材料，充实人事档案内容，是贯穿于人事档案工作始终的一项经常性的工作。收集人事档案材料，政策性强，涉及面广，难度较大，不仅是人事档案部门的任务，也是形成人事档案材料部门的任务，必须各方密切合作才能做好。

（一）人事档案的归档

1. 人事档案材料的归档范围

做好收集工作，首先应明确收集什么。依据中共中央组织部制定的《干部人事档案材料收集归档规定》的精神，人事档案材料的归档范围包括调配、任免、考查考核材料，录用材料，办理出国、出境材料，各种代表会材料，工资待遇材料，学历和评定岗位技能材料，职称材料，加入党团组织材料，政审、考核材料，奖励与处分材料，履历、自传、鉴定材料，科研材料，残疾材料，其他材料。

2. 归档要求

①办理完毕的正式文件材料。②材料必须完整、齐全、真实、文字清楚、对象明确，写明承办单位及时间。③手续完备。凡规定应由组织审查盖章的，须有组织盖章；凡须经本人见面或签字的，必须经过见面或签字。④档案材料须统一使用16开规格的办公用纸。不得使用圆珠笔、铅笔、红色及纯蓝墨水、复写纸书写。除电传材料外，一般不得用复印件代替原件归档。⑤对收集的人事档案材料在半个月内归入档案袋（盒）内，每年装订入卷归档一次，不能长期散在外面和卷外。

（二）人事档案材料的收集渠道

人事档案材料的形成不仅仅局限于组织、人事、劳动部门，凡是与人事管理活动有关的部门都有可能产生人事档案材料。摸清人事档案材料的来源，做到"有的放矢"。当前，人事档案材料主要通过以下渠道收集。

通过组织、人事、劳动（劳资）及其他人员管理部门收集各种履历表、登记表、自传、鉴定、考核、考绩、任免、招聘、录用、"以工代干"转干的材料；评聘、晋升、套改专业技术职务（职称）和评定工人岗位技能的材料；授予学位、学衔、军衔的材料；审计工作中形成的有关材料；出国、出境、办理工资、调整级别待遇、离休、退休的材料。

通过员工所在党、团组织，政府机关，企业、事业单位的有关部门收集员工入党，民主评议党员、退党、退团、除名及参加民主党派的有关材料；授予各种荣誉称号的先进事迹和奖励材料；有关政治历史问题的审查、甄别、平反结论、调查报告和本人的申诉、检查交代材料；更改姓名、年龄、参加革命工作时间、入党入团时间、申请书和组织审批材料。

通过纪律检查部门、行政监察部门、保卫部门和公安、司法、检察部门收集员工违犯党纪、政纪、国法所受的党内外处分及撤销处分的材料、刑事判决书等。

通过科技、业务部门、学校和培训部门收集反映员工业务能力的科技发明、论著的篇目，业务考绩、成果、贡献评定、学习成绩、学历、鉴定、奖励、处分等材料。

通过军队有关部门和地方民政部门收集曾在部队工作过的人员的档案材料、地方干部兼任部队职务的审批材料、复员和转业军人的档案材料。

（三）建立和健全收集制度

1.移交制度

人事档案部门应建立和健全移交制度。档案管理部门应和材料形成部门确定材料送交范围、送交时限、送交份数及送交方式。例如，各单位党团组织与同级组织、人事、业务部门应移交干部任免、调整职级、配备领导班子、专业技术职务评聘资料，评定工人岗位技能、考核考查以及调入院校学习或培训的材料。县团或相当于县团级以上党代会、人代会、政协会和工、青、妇等群众团体会议的代表登记表、委员简历、政绩材料等均应及时归入人事档案。保卫部门对员工的政治历史问题已弄清并做出结论后，应将结论、决定及有关重要材料送人事档案部门归档。纪检、监察部门应将有关员工奖惩的决定及重要材料送人事档案部门一份，归入人事档案。

2.索要制度

在人事档案工作中，不能完全坐等有关单位主动送材料上门，要常与有关部门保持密切联系，定期（季、半年、1年）或不定期索要应归档的人事档案材料。对于迟迟未交者，应及时发函、打电话或登门索要，做到嘴勤、手勤、腿勤。

3.检查核对制度

人事档案部门对所管人事档案数量的状况应定期（季度、半年、1年）进行检查核对将不符合归档要求的材料退回形成单位重新制作或补办手续；不属人事档案范围的材料，予以剔除或退回原单位处理；发现缺少的材料应填写补充材料登记表，以便有计划地进行收集。

4.补充制度

组织、人事、劳动（劳资）等部门根据工作需要和档案材料的缺少情况，统一布置填写履历表、登记表、鉴定表、自传等，使人事档案及时得到补充。

（四）新时期人事档案材料收集的重点

根据新时期人事档案工作的要求和新的用人观点，针对目前人事档案不能全面反映员工的现实状况，缺少反映业务水平、技术专长、工作业绩等材料。因此，当前要重点收集反映德、能、勤、绩、廉的材料归档，充实档案内容9

1.反映工作能力、成就贡献、工作实绩的材料包括考核工作中形成的登记表、民主评议、鉴定材料；评聘专业技术职务（职称）的任职资格申报表、专业技术职务考绩材料，聘任专业技术职务（职称）审批表、登记表、创造发明和技术革新的鉴定、评价材料，论文和著作目录；党内外奖励及授予英雄、模范、先进工作者等各种称号的事迹材料。

2. 反映学识水平和智能结构的材料

包括学员登记表、学习成绩登记表、毕业登记表、学习鉴定、授予学位的材料、学历证明、培训结业登记表。

3. 反映政治思想的材料

包括贯彻执行党的路线、方针、政策，遵纪守法的材料；反映革命事业心、党性原则、道德品质、思想作风的材料；员工在国外、境外的鉴定材料。

4. 反映员工身体状况的材料

包括新近体检表、健康鉴定、伤残证明、确定伤残等级的材料。

5. 反映廉洁奉公的材料

包括员工个人的审计报告或审计意见材料、离任审计考核材料等。

二、人事档案的鉴别

人事档案鉴别工作就是按照一定的原则和规定，对收集起来的档案材料进行审查，甄别其真伪，判定有无保存价值，确定其是否归入人事档案。它是人事档案材料归档以前的最后一次检查。鉴别是系统整理的基础和前提，也是保证人事档案材料完整、精练、真实的重要手段。鉴别工作的好坏直接决定着人事档案质量的优劣。对能否正确贯彻人事政策也有一定的影响。它是一项非常重要的工作，在人事档案工作中占有特殊的地位。

（一）鉴别工作的原则

鉴别工作的政策性很强，必须遵循"取之有据，舍之有理"的原则。取之有据是指归入人事档案的材料要有依据，符合上级的有关规定。舍之有理是指决定剔除材料，要有足够的理由，尤其是对待准备销毁的材料更须十分谨慎，不能武断和草率。人事档案是培养、选拔职工的依据，有时一份材料会影响一个人的使用。因此，应以高度负责的精神，慎之又慎地决定材料的取舍。为正确贯彻鉴别工作原则，必须做到以下几点。

1. 鉴别档案材料必须以有关政策规定为依据

《干部档案整理工作细则》指出："鉴别归档材料必须根据中央有关文件的精神，以《干部档案工作条例》和《干部人事档案材料收集归档规定》等有关规定为依据，严肃认真地进行。"在人事档案工作的长期实践中，中央有关部门制定了一系列文件，确立了鉴别的原则、政策界限和具体要求，是鉴别工作的依据和准绳。人事档案工作人员只有树立牢固的政策观念，深刻领会有关文件精神和具体规定，才能做好鉴别人事档案材料的工作。

2. 鉴别档案材料应坚持历史的辩证的观点和实事求是的原则

《干部档案整理工作细则》指出："鉴别工作应坚持历史唯物主义和辩证唯物主义

的观点，具体问题具体分析，根据形成材料的历史条件，材料的主要内容、用途及其保存价值，确定材料是否归入档案。"人事档案形成于不同的历史时期、不同的单位和个人，内容错综复杂，情况千差万别。对每份材料的处理不可能全部从党中央、国务院有关文件中找到现成的答案。因此，必须运用历史的辩证的观点，具体问题具体分析。既要对材料内容和形式进行认真、全面、细致的分析，又要联系材料形成的历史条件，具体判定每份材料的价值和手续完备的程度，切勿简单化和一概而论。

3. 鉴别档案材料要有严格的制度

鉴别是决定档案取舍和存毁的大事，必须有严格的制度保证其顺利进行。凡从档案中撤出的材料必须遵循"舍之有据"的原则，符合有关规定；要有专人负责，严格把关，对比较重要材料的取舍，应请示有关领导；销毁档案材料必须逐份登记，履行审批和监销手续。

（二）鉴别的沟通和方法

1. 判断材料是否属于人事档案

通过各种渠道收集来的材料，由于种种原因，有些属人事档案，有些属文书档案、案件档案、业务考绩档案、诉讼档案等，有的材料应该归档，有的应由本人收存，有的需转递有关部门。鉴别工作的任务之一就是把不属于人事档案归档范围的材料剔除出去。

从党团组织收集来的入党入团志愿书、申请书、转正申请书、本人的政审材料、党团员登记表、优秀党团员事迹材料等属于人事档案范围。讨论入党入团的会议记录、个人思想汇报、审批通知书，未被批准的入党入团志愿书、申请书等由所在党组织保存。

从纪检、监察和行政管理部门收集来的处分决定、结论、批复、本人对处分决定的意见和检查交代材料属于人事档案范围。本人申诉材料、旁证、检举揭发材料属于案件档案范围，由纪检、监察部门保存。

从专业技术单位和学校收集来的评聘专业技术职称的申报表、审批表、考绩材料，发明、创造、革新成果登记和论著目录，受奖材料，学位学衔材料，毕业登记表，学历证明，考试成绩单（册）等属人事档案范围。著作、论文、译文、技术革新与创造发明体会等属科技人员业务考绩档案范围。入学通知、试卷等由学校和培训部门保存。毕业证书、学生证、受奖证书等由本人保存。

从组织、人事、劳动部门收集来的干部职务任免、员工录用、聘用、招用、职级待遇调整、更改姓名、参加工作时间等的登记表和审批材料等属于人事档案范围。干部任免、职级待遇调整的请示、批复、命令、通知、离退休的审批材料等属文书档案的范围。任命书、残疾证、离退休证、个人信件、日记等由本人保存。

2. 判断是否本人的档案材料

人事档案是以员工姓名为特征整理保存的，确定档案材料是否归档，首先应弄清楚是谁的档案，不能因同名同姓、同姓异名、异姓同名而张冠李戴，因一人多名而将材料分散。为防止张冠李戴，应仔细核对档案材料上的籍贯、年龄、性别、家庭出身、本人成分、工作单位、加入党团组织和参加工作时间、职务、工资级别等基本情况是否相同，主要经历是否一致。有些材料从形式看像是某人的，实际上不是，须从内容上加以辨认区分。由于历史原因，形成一人多名，鉴别时要核查曾用名及更改姓名的材料，否则，容易把同一个人的材料分散在几处，给查找、利用造成困难。

3. 判断材料是否处理完毕和手续齐全

只有处理完毕和手续完备的材料，才能归入人事档案。凡是悬而未决需要继续办理的"敞口"材料，不得归入人事档案。如干部任免、晋级、授衔、工人转干、有请示而无批复、涉及重大问题只有检举揭发无结论者，均属未处理完毕，不应归入人事档案，即使归入人事档案，也应退回材料形成单位，待处理完毕后再归档。

4. 判断材料是否真实、准确、完整

人事档案材料的内容必须真实、准确，不能有虚假、模棱两可、相互矛盾。鉴别中发现内容不实、词义含混、观点不明确、相互矛盾的材料，均应及时退回原形成单位重新撰写、核实。鉴别中应仔细检查材料系列的完整程度，每份材料不得有缺页，无时间、作者或签名盖章等要素，一经发现应及时收集补充、补办手续。

5. 查对材料是否重复

人事档案要保持精练，拣出重份和内容重复的材料。不管什么材料，正、副本只各保存一份。如某人一次填了几份履历表，正、副本各放一份即可。有人在入党过程中多次写了申请书，有人被审查时对同一问题多次写了交代材料，有人对同一问题在不同时期写了内容相同的证明材料，鉴别时，只需选取1~2份内容齐全、手续完备、字迹清楚的归入本人档案，其余的剔除。

鉴别工作中，还应同时检查档案材料有无破损、霉烂变质、字迹模糊、伪造或涂改等现象，有问题及时处理。

（三）剔除材料的处理

1. 转出

经过鉴别，认定不属员工本人的材料，或者是不应归入人事档案的材料，均应转给有关单位保存或处理。转出时，要写好转递材料通知单。

2. 退回

近期形成的档案材料手续不够完全，或内容尚需查对核实，应提出具体意见，退还有关单位，待修改补充后再交回来。凡应退还本人的材料，经领导批准后退还本人，退还时应进行登记，接收人清点无误，签名盖章。

3. 留存

不属于人事档案范围又有保存价值的参考材料，整理后由组织、人事部门作为业务资料保存。

4. 销毁

无保存价值、重份的材料应按有关规定销毁。销毁时要认真审查，逐份登记，并说明销毁的理由，经主管领导批准后，进行销毁。

第三节　人事档案的整理与清理

一、人事档案的整理

（一）人事档案整理工作的基本要求

人事档案整理工作是档案建设的基础工作之一。它是将收集起来的人事档案材料进行鉴别、分类、排序、编目、技术加工和装订成卷，并在此基础上不断对档案内容进行补充的工作，也是人事档案立卷的全部过程。通过整理将处于零散状态的档案材料转变为有序集合的案卷（保管单位），有利于对档案的科学管理和提供利用。

人事档案的整理工作一般有两种类型：第一种类型是对新建设档案的整理，如新分配来的大学生、军队转业干部等或建档后未按规定整理过的档案，必须进行比较全面、系统的整理。第二种类型是对人事档案新收集的材料按新规定进行整理，补充进入事档案卷中。通常称为"归档"或"归零散材料"。以上两种类型的整理工作是档案管理人员经常要进行的一项重要业务工作。

（二）人事档案整理工作的要求和目的

1. 整理人事档案的基本要求

《干部档案整理工作细则》规定整理干部档案须做到认真鉴别、分类准确、编排有序、目录清楚、装订整齐。

认真鉴别——归档材料要逐份审阅，取舍合理；

分类准确——归档材料要划分有据，归类无误；

编排有序——排列材料要条理清楚，层次分明；

目录清楚——书写目录要准确、简洁、明了、字迹清楚；

装订整齐——档案装订要统一规范，表面平整，无脱页漏装，无损坏文字的材料。

2. 整理人事档案要达到的目的

通过整理，要使每卷档案完整、真实、条理、精练、实用。

"完整"，整个档案材料内容要完整，能全面地、历史地反映德、能、勤、绩、廉；

"真实"，档案材料要真实、准确，能反映本来面目，成为了解和使用人的可靠依据；

"条理"，档案材料的分类要清楚、排序有条理，做到科学合理；

"精练"，档案内没有不应归档的材料，整个档案精干、简练；

"实用"，档案便于利用和保管。

（三）人事档案材料的分类

人事档案的分类是根据人事档案所反映的内容和形式特征，分门别类、系统组织与揭示人事档案材料的一种方法。人事档案的分类依据《干部档案工作条例》《企业职工档案管理工作规定》的划分方法，人事档案的正本分为10类、副本分为7类。

1. 人事档案正本的分类

人事档案的正本由历史地、全面地反映员工情况的材料构成，其材料分为10类。

第一类履历材料：干部履历表（书）、简历表，干部、职工、教师、医务人员、军人、学生等各类人员登记表，个人简历材料，更改姓名的材料。

第二类自传及属于自传性质的材料。

第三类鉴定（含自我鉴定）、考查、考核材料：以鉴定为主要内容的各类人员登记表，组织正式出具的鉴定性的人员表现情况材料；作为干部任免、调动依据的正式考查综合材料；考核登记表，干部考核和民主评议的综合材料，后备干部登记表（提拔使用后归档）。

第四类学历、学位、学绩、培训和专业技术情况材料：报考中专、高等学校学生登记表、审查表、毕业登记表，学习（培训结业）成绩表学历证明材料，选拔留学生审查登记表；专业技术职务任职资格申报表，专业技术职务考绩材料，聘任专业技术职务的审批表，套改和晋升专业技术职务（职称）审批表；评定工人岗位技能的登记、考核、审批材料，员工的创造发明、科研成果、技术革新成果的评价材料，著作、译著，有重大影响的论文（获奖、在国家级刊物发展的）等的目录。

第五类政治历史审查材料：审查员工政治历史情况（包括党籍问题）的调查报告、审查结论、上级批复、本人对结论的意见、检查交代或说明情况的材料，主要证明材料；甄别、复查结论（意见、决定）、调查报告、批复及有关依据材料；入党、入团、参军、提干、出国等政审材料；更改民族、年龄、家庭出身、个人成分、国籍、入党入团时间、参加工作时间等问题的个人申请、组织审查报告、上级批复以及所依据的证明材料；高等学校学生、考生政审表。

第六类加入党、团材料：中国共产党入党志愿书，入党申请书（1-2分全面系统的）和转正申请书，中国共产党党员登记表，不予登记的决定、组织审批意见及所依据的材料；民主评议党员中形成的组织意见或党员登记表、认定为不合格党员被劝退或除名的主要事实依据材料和组织审批材料，退党材料，取消预备党员资格的组织意见；中国共产主义青年团入团志愿书、申请书，团员登记表、退团材料；加入民主党派的有关材料。

第七类奖励（包括科技和业务）材料：评选各种先进入物登记表、先进模范事迹、嘉奖、通报表扬等材料。

第八类处分材料：员工违犯党纪、政纪、国法的处分决定（免予处分的处理意见），查证核实报告，上级批复，本人对处分的意见和检查、交代材料；通报批评材料；甄别、复查报告、决定，上级批复及本人意见；法院审判工作中形成的判决书等。

第九类工资、任免、待遇、各种代表会议和出国审批材料：员工工资级别登记表、职务工资变动登记表、调资审批表、定级和解决待遇的审批材料；干部任免呈报表（审批表，包括附件），录用和聘用审批表，聘用合同书，续聘审批表，解聘、辞退材料；退（离）休审批表；军衔审批表、军队转业干部审批表；出国、出境人员审批表；党代会、人代会、政协会议、工青妇等群众团体代表会、民主党派代表会代表登记表。

第十类其他可供组织参考有保存价值的材料：有残疾体检表、残疾等级材料；干部逝世后报纸发布的消息或讣告、悼词（生平），非正常死亡的调查报告及有关情况的遗书等。232

2. 人事档案副本的分类

人事档案的副本要能概括反映一个员工的历史和现实情况，它是由正本中的重复件或正本中的复制件所构成。要防止将不是重复件的材料平均分配装订在副本内。归入副本档案的内容应包括下列7个方面。

第一类近期履历材料。

第二类主要鉴定，干部考核材料。

第三类学历、学位、评聘专业技术职务的材料。

第四类政治历史问题的审查结论（包括甄别、复查结论）材料。

第五类奖励材料。

第六类处分决定（包括甄别、复查结论）材料。

第七类任免呈报表和工资、待遇的审批材料。

其他类别多余的重要材料也可归入副本。

整理装订副本时，也应按正本十类内容分类，依次排列。

3. 人事档案建立正本与副本的依据

人事档案建立正本、副本是干部人事工作的需要。按我国目前的干部管理体制，一般是下管一级，另有条与块的双重管理要求。在干部管理上有主管和协管部门。主管部门保管正本，协管部门保管副本。如中央管理的干部，中央是主管部门，省、自治区、直辖市委就是协管部门，档案就必须建立正本和副本，正本由主管干部的中央组织部保管，副本由协管的省、自治区、直辖市委组织部保管。同样，省、自治区、直辖市委管理的干部，省、自治区、直辖市委是主管单位，地、市、盟、区委就是协管单位，省、自治区、直辖市委组织部保管干部档案正本，各地、市、盟、区可建立和保管干部档案的副本。

（四）类内档案材料的排列

1. 排列的要求

人事档案的排列应符合以下要求。

排列次序有条理，能保持材料之间的有机联系，使类内的各材料成为一个有机整体。

从个体来说每份材料应有固定位置，从整体上说一个类内的材料脉络分明，方便利用。

能适应人事档案材料不断增加的特点，便于及时补充新材料又不破坏原有的排列顺序。

2. 人事档案材料的排列方法

（1）按档案材料形成时间顺序排列

依档案材料形成时间的先后由远及近排列。正本的第一、二、三、四、七、十类均按此法排列。其中，第七类的奖励材料应将组织的审批材料放在前面。

（2）按材料内容（问题）的主次关系（重要程度）进行排列

第五、八类的排列顺序为：上级批复、结论或处分决定、本人对决定处分和结论的意见、调查报告、证明材料、本人检查、交代材料。第六类材料的排列应将入团、入党、加入民主党派的材料分别排列。入团志愿书排在入团材料之前，入党志愿书排在入党材料之前，然后排列申请书、转正申请书、党（团）员登记表等。多次填写的党（团）员登记表按时间先后顺序排列。

（3）按内容结合时间顺序排列

第九类材料内容多，采用按内容性质相对集中排序与按时间排序相结合的方法，先分成4个小类：①工资待遇材料；②调动任免与离退休材料；③出国、出境材料；④其他材料。各小类内的材料，均按形成时间的顺序排列。

二、人事档案的清理

（一）人事档案清理工作的含义和意义

为了落实党的干部、知识分子、侨务等方面的政策，人事档案管理部门根据有关文件规定，把已归入人事档案中的冤、假、错案材料和未查证核实的材料清理出来，分别进行处理，同时存入新的复查平反结论或改正处理意见。这种清出、存入档案材料的活动被称为人事档案的清理工作。这对维护人事档案内容的真实性、进一步落实干部政策、肃清"左"的影响、恢复人员的真实情况和本来面目、充分调动人员的积极性以及精练人事档案内容等都有重要的意义。

（二）人事档案清理工作的依据

清理人事档案材料的依据是中央的有关文件规定。这方面的文件有两类，一类是中央有关部门就某一历史事件专门制定的清理档案材料的规定。例如，1979年中央组织部制定的《关于处理整风反右派斗争中干部档案材料的若干规定》《关于处理"文化大革命"运动中干部审查材料的若干规定》、1980年制定的《关于反右倾斗争中干部档案材料处理问题的通知》等。另一类是涉及清理人事档案材料方面有关落实干部政策的文件。如中央办公厅1981年印发的《中央为甘肃、河南、陕西等省地下党被诬陷为"红旗党"问题平反的通知》等。清理档案材料的工作政策性很强，必须以对党、对人民高度负责的精神，严格按有关文件的规定办，认真细致，一丝不苟。

（三）人事档案清理工作的今束

根据中央组织部和有关部门的规定，人事档案的清理主要有以下内容：

1. 对"文革"审查材料的清理；

2. 对整风反右派运动中材料的清理；

3. 对反右倾运动中材料的清理；

4. 对归侨、侨眷、台属、台胞和国民党起义投诚人员档案材料的清理；

5. 其他应该清理的材料。

（四）人事档案清理不是常规性的工作

人事档案清理是在特定历史条件下才需要进行的工作，不是一项常规性的工作。历史上对人事档案进行清理共有3次。第一次是1946年秋天，胡宗南大举进攻延安时，依据毛泽东同志有关保护档案的指示，中央组织部为了转移疏散档案和方便轻装行动，组织人员对干部档案进行清理，除将有重要保存价值的党员登记表、自传、结论、处分决定保留外，其余材料都清理出来予以处理。第二次是新中国成立后对"无头档案"的清理，由于战争和新中国成立初期制度不够健全以及"文革"中制度被破坏，该转递而没有及时转递，或错转与未按时归档、整理等诸多原因，使全国积存了大量的"无头档案"，组织部门组织人力进行了大清理，逐件装袋编号，编印目录索引，发到全国各地查询人员下落，取得了良好效果，使大部分长期滞留在人事档案部门的"无头档案"得到妥善处理，并发挥了其应有的作用。第三次是党的十一届三中全会以后，全党全国开展了落实干部政策、知识分子政策和侨务政策的工作，各级组织、人事部门从1980年后按中央组织部的部署开展了清理冤、假错案档案材料的活动，至1989年基本结束。

第四节　人事档案的保管范围、转递和查阅

一、人事档案的保管范围

人事档案的保管范围是依据统一领导、分级管理、管人与管档案相一致的原则确定的。合理划分人事档案的保管范围是统一领导、分级管理的原则落在实处的举措，有利于人事档案的科学保管、转递、利用工作的顺利开展。

我国人事档案的管理体制是与干部的任免权限相一致的，干部由哪一级任免，工人由哪一级招收，档案就由哪一级管理。任免权限改变了，人事档案的保管也随之改变，做到人档统一。如果两者脱节，组织上一旦要了解该人的情况，会因找不到相应的档案而影响对其了解和使用。该归档和补充的档案材料不能及时归档和补充。如若保管范围混乱，某些人事档案部门积压人事档案，不仅不能发挥作用，时间一久，甚至可能成为无头档案。

人事档案的保管范围依据有关规定综合如下。

（一）在职人员人事档案的保管范围

在职人员人事档案的保管与人员的管理范围相一致。并且人事档案的正本由主管该人的组织、人事部门保管，人事档案的副本由主管或协管该人的组织、人事部门保管。非主要协管和监管的单位不保管人事档案的正、副本，但可以根据工作需要保存近期填的履历表、简历表的重份或摘要登记表、卡片，该人员一调走即可销毁。军队和地方互兼职务的干部主要职务在军队的，档案由部队的政治部保管；主要职务在地方的，档案由地方的组织、人事部门保管。民主党派和无党派的爱国人士的档案由各级党委统战部门保管。企业职工的人事档案由所在企业的劳动（组织、人事）部门保

管。学生档案由学校的学生工作部门或人事部门保管。

（二）离休、退休人员人事档案的保管范围

党中央、国务院管理的干部是中共党员的，其人事档案由中央组织部（或人事部）保管；是民主党派和无党派爱国人士的，由中央统战部保管。其他人员的档案由该人的管理部门保管。工人档案由所在单位的劳动（组织、人事）机构保管。军队高级干部的档案由总政治部保管；其他干部的档案由各大单位或军、师级单位保管。

（三）死亡人员人事档案的保管

党中央、国务院管理的干部死亡后，其档案由原管理单位保管5年后移交中央档案馆保存。中央、国家机关各部委，各省、自治区、直辖市管理的司局级职务的干部，全国著名的科学家、艺术家、教授和有特殊贡献的英雄、模范人物、知名人士死亡后，其档案由原管理单位保管5年后移交本机关档案部门保存，并按《机关档案工作条例》规定的期限定期移交同级档案馆保存。

上述范围以外的其他干部死亡后，其档案由原管理部门保存5年后移交机关档案部门保存，按同级国家档案馆接收范围的规定进馆。

军队干部1949年9月30日以前牺牲、病故的排职以上干部的档案材料交解放军档案馆保管，新中国成立后牺牲、病故和其他原因死亡的正师职以上干部的档案交总政治部档案馆保管．副师职以下干部的档案按隶属关系分别交由各大单位档案馆保管。

企业职工死亡后，其档案由原管理部门保管5年后移交企业综合档案部门保存。对国家和企业有特殊贡献的英雄、模范人物死亡以后，其档案由企业综合档案部门按规定向有关档案馆移交。

（四）辞职、退职、开除公职及受刑事处分人员人事档案的保管

员工辞职、退职、自动离职、被辞退（解聘）后未就业的，其档案由原管理单位保管；已就业的，其档案转至有关的组织、人事、劳动部门保管，不具备保管条件的，转人事部门所属的人才流动服务中心保管。

员工被开除公职以后，未就业的，其档案由原管理单位保管；已就业的，其档案转给有关的人事部门保管。凡通过劳动部门就业的，其档案由有关的劳动部门保管。

员工受刑事处分和劳动教养期间，其档案由原管理单位保管。刑满释放和解除劳教后，重新安排工作的，其档案由主管该人员的部门保管，或由政府所属的人才流动服务中心保管。凡通过劳动部门就业的，其档案由有关的劳动部门保管。

员工出国不归、失踪、逃亡等，其档案由原管理单位保管。

二、人事档案的转递

人事管理工作中，干部的任免权限与人员的主管单位不是一成不变的，由于多种原因，经常改变员工的主管单位和协管单位。因此，人事档案随着干部任免权限的改变、员工主管单位的变化，要及时转至新的主管部门，这就形成了人事档案转递工作。

人事档案工作是为人事工作服务的，只有对人员的管理和人事档案管理相一致，

才有利于发挥人事档案的作用。做好人事档案转递工作是保持管人与管档案相一致的有效措施，是保证人事档案工作及时为人事工作服务的必要条件，是维护人事档案的完整与安全的一项重要业务建设，也是人事档案部门接收人事档案和充实档案内容的重要途径之一。

（一）人事档案转递工作的要求

1. 及时

为避免管人与管档案脱节，发生"有人无档"或"有档无人"的现象的是，必须及时转递人事档案。中共中央组织部早在1952年8月下发的《转递干部档案材料的通知》中明确规定："干部档案材料应于干部调走三天内转走，不得积压。"1990年修订的《干部档案工作条例》也规定："干部工作调动或职务变动后应及时将档案转给新的主管单位。"要达到上述要求，人事管理部门与人事档案部门应密切合作，相互衔接好。人事管理部门在员工提升、调动、转业、复员、离休、退休的决定、通知下达后，应及时抄送或通知人事档案部门，以便续填职务变更登记表和转递人事档案。

2. 准确

转递人事档案必须以任免文件或调动通知为依据，在确知有关人员新的主管单位后，直接将人事档案转至该人新的主管单位。不要把人事档案转到非人事主管单位的上级机关或下级机关，更不能盲目外转。

3. 安全

转递人事档案工作应确保人事档案材料的绝对安全，杜绝失密泄密和丢失现象。转递人事档案可用机密件通过机要交通转递，也可由转出或接收单位派专人送取，不准本人自带，不得以平信、挂号、包裹等形式公开邮寄。凡转递人事档案均应密封并加盖密封章，详细填写统一的"人事档案转递通知单"，确保其绝对安全。

（二）转递人事档案的原因和方式

转递人事档案的原因有：员工职务变动（提拔、免职、降职）改变了主管单位；员工跨单位、跨系统调动；员工所在单位撤销或合并入新单位；干部任免权变化与人事管理范围的调整，人事档案的管理范围也进行相应的调整；员工所在单位的隶属关系发生变动；干部进入院校学习毕业后统一分配；中专、高等院校毕业生分配工作；军队干部转业到地方安置或复员；员工离休、退休后异地安置；员工辞职、退职、开除公职、刑满释放、解除劳教后重新就业的；员工死亡后，按规定应向相应档案馆（室）移交的；"无头档案"查到下落的；形成人事档案材料的单位需要向主管单位人事档案部门移交的；等等。遇有上述情况者，应按规定转递其人事档案。

转递人事档案的方式主要有零星转递和成批移交。零星转递是指日常工作中经常的数量不大的人事档案材料及时转递给有关单位，这是转出的主要的经常的方式，一般通过机要交通来完成。成批移交主要是指管档单位之间数量较多的人事档案的交接，经交接双方商定，由接收单位或移交单位派专车、专人到移交（或接收）单位取送，若移交与接收单位相距太远，则通过机要交通转递。

（三）转递人事档案的程序和手续

1. 转出的工作程序和手续

凡转出的人事档案原主管单位应按规定进行认真清理和整理，必须做到材料齐全，内容真实，装订整齐。零星转递时，应把要转走的档案在转出材料登记簿上详细登记，并在人事档案底册上注销，注明何时何原因转至何处以及转递发文号；仔细填写《人事档案转递通知单》，将材料严密包封，加盖密封章，以机密件寄出；收到接收单位退回的转递通知单（回执）时，要粘贴在转递存根上，以备查考。成批移交的程序和手续：取出人事档案材料，在转出材料登记簿上逐项登记，并在人事档案底册上注销已转出的人员名单；移交单位应编制移交文据和人事档案移交清册一式二份；文据上应有移交原因、档案数量、移交时间、移交单位和移交

人。交接双方在移交文据上签字，以示负责。

2. 接收单位的工作程序和手续

接收单位收到转来的人事档案后，应仔细检查是否属于本单位所管理的人事档案；审核转递人事档案材料通知单，看其转递理由是否充分，有无误转的同名异人的档案，发现有误应及时退回；查对档案材料数量与人事档案转递通知单或移交清册的记载是否相符，档案材料的归档和整理是否符合要求，有无毁损情况，发现问题可退回重新整理、制作或补办手续。经过上述程序，确认无误，接收人应在《人事档案转递通知单》的回执或移交清册上签字，并加盖公章，将回执寄给转档单位，同时对接收的人事档案材料进行登记后入库，格式入表 10-1 所示。

表 10-1 转递人事档案材料通知单

（第二联）　　　　　　　　字第　　号

： 兹将　　　等同志的档案转去，请按档案目录清点查收，并将回执及时退回。 组织部（或人事部、劳资处） 　　　　　　　　　　　　　　　　　　　　　年　　月　　日				
姓名	转递原因	正本（卷）	副本（卷）	档案材料（份）
回 执	： 你处于　　年　　月　　日转来　　字　　号　　等同志的档案共　　卷，材料共　　份，已全部收到，现将回执退回。 收件人签名 收件机关盖章 　　年　　月　　日			

（四）无头档案形成的原因及其处理方法

"无头档案"是由于不知员工去向而积存在人事档案部门的人事档案材料。无头档案长期积压在人事档案部门，既转不出去，又不能销毁，不仅不能发挥作用，而且还需要花费人力、物力去管理，无疑是一种浪费。员工的主管单位由于有人无档，增加了对员工考查了解的难度，影响对员工的培养、选拔和使用。因此，人事档案管理部门既要重视对已有无头档案的处理，又要防止产生新的无头档案。

1. 无头档案形成的原因

之所以有无头档案，主要是由于档案人员不稳定，制度不健全，档案工作与人员调动、任免工作脱节，转递不及时、不准确、不彻底等因素造成的。员工已经改变了主管单位，没有及时转递人事档案，做到"档随人走"，使人与档案脱节，时间久了，情况一变再变，人员去向不明，就形成了无头档案。转递时，对接收单位名称不清楚或书写不准确，接收单位收到又未仔细查对，误收误存，久而久之，人档脱节，找不到档案人下落。人事档案材料的收集、归档不及时，或对收集来的零散材料没有及时整理，而转递人事档案时只转走整理好的，余下的零散材料时间一长就转不出去，形成了无头档案。新中国成立初期档案工作不正规，未建立转递制度，"文革"中转递制度被废除，档案人员调动频繁，交接手续不完备，业务不熟悉，工作不够细致，也是形成无头档案的原因之一。

2. 对无头档案的处理

主要方法是先对无头档案清理鉴别，分清有无价值。对无价值的档案造册登记，报领导审核批准后予以销毁。对有价值的档案详细登记，积极查询该人的主管单位。其方法可以先内后外，先近后远，内查外调，可以查阅历年员工外调登记册、公安局的户口簿，以向原籍查询，必要时人事部门印发被查询员工基本情况名册，发至各地人事部门广为查找，经过多方查询实在无下落者，可将有价值的材料转至当事人原籍的县一级组织、人事部门代为查找，或移交县档案馆保存。

3. 杜绝无头档案的再产生

①人事档案部门要建立严格的管理制度并贯彻执行，发现未转递的档案材料及时予以处理。②人事档案部门要及时掌握人员录用、调动、任免及职务（职称）、军衔变动的信息。人员调动要坚持先调档后调人，新的主管单位一旦发现人到而档案未到时，应主动催要。③对新收集的档案材料，及时归档、整理装订。转递时，坚持一个人的档案一次全部转出，不得分批转递。④保持档案人员的相对稳定，以便熟悉业务，更好地开展工作。档案人员调动时，应坚持"先配后调"，交接清楚后再调出。

三、人事档案的查阅

人事档案的内容涉及党和国家机密与个人隐私，查阅借用中，既要满足组织、人事、劳动工作和其他方面的利用需求，发挥其应有的作用，又要贯彻执行保密法规和制度，确保人事档案的完整与安全，防止失密和泄密。

（一）查阅的原则和事由

查阅人事档案总的原则是宽严适度，内外有别，灵活掌握，便于利用。就利用者而言，由于人事档案是人事工作的重要依据和工具，组织、人事、劳动部门利用档案应从宽，其他部门利用档案应相对严一些。就利用范围而言，高级干部、中级干部、有贡献的专家和学者、有影响的知名人士以及机要人员的人事档案，提供利用时从严掌握，严格审批手续，对一般干部、工人、学生的人事档案，利用范围可从宽一些。

哪些事由才能查阅人事档案。根据有关规定，凡符合下列情况的可提供查阅人事档案或有关材料：

1. 因考查、任免、聘任、调动、组织处理、审干、入党入团、参军、出国、职级待遇、

治丧等需要查阅本人档案的；

2. 因与他人案件有密切联系而本人已经死亡或重病不能口述提供情况以及其他特殊原因，必须从其档案中取得旁证材料，可查阅档案中的有关材料；

3. 因编写党史、军史、革命斗争史、地方志等各种史志或撰写人物传记等，一般不得查阅人事档案，可直接向本人采访，如该人已经死亡或因年迈丧失记忆，有病不能自述书写，可查阅其履历或自传材料；

4. 公安、检察、法院、司法等部门因侦查、审理、公证等事项必须通过人事档案取得旁证材料的，可查阅有关材料。

（二）查阅的要求

利用人事档案必须符合查阅范围的有关规定：利用党委组织部门的人事档案必须是中共党员；组织、人事、劳动部门查阅人事档案须有手续完备的信件，其他部门查阅人事档案应持有本单位领导签字的正式查档介绍信或《查阅人事档案审批表》（以下简称《审批表》）。查档人员不得查阅本人及其亲属的档案；未经领导批准，不得查同级人员的档案，下级不得查阅上级人员的档案；本单位组织、人事部门一般不得查阅本单位领导人的档案。只准查阅介绍信或《审批表》中提到的有关内容，其他所要调查的内容拒绝提供。

（三）查阅的程序和手续

1. 查阅的程序

查阅人事档案必须持介绍信或《审批表》，由主管负责人签字并加盖公章，报人事档案部门审批后方可查阅。《审批表》或介绍信中应写明查何人档案、理由、内容以及查档人姓名、单位、职务、政治面貌等。查阅时，要摘抄或复制档案材料的，要说明理由。

人事档案部门接到《审批表》或介绍信后，应认真审核《审批表》及查档人证件，看查档理由是否充分，查阅内容是否属于利用范围，手续是否齐全完备，然后决定该不该提供利用，提供哪一部分档案，提出处理意见报领导审批。提供利用时，将《审批表》及介绍信留下，办好借阅登记手续后，才能把档案交给利用者阅览。

2. 查阅的手续

查阅人事档案应按干部管理权限办理如下手续：

查阅中央管理的干部档案，应根据中央组织部的规定，先由查阅单位呈报省、自治区、直辖市委各部、委、办主管部门负责同志审核，经签名加盖公章后报省、自治区、直辖市委组织部，由组织部统一办理查阅手续；查阅省、自治区、直辖市委和组织部管理的干部档案，《审批表》须由查阅单位负责人签名和组织（干部）部门盖章，并经省、自治区、直辖市委各部、委办组织（干部）部门负责同志审核同意后，方可查阅；查阅其他干部人事档案，《审批表》由查阅单位党委（含独立总支）负责人签名和组织人事部门盖章，经保管干部人事档案部门审核同意后方可查阅。

3.外借的手续

人事档案一般不外借，在特殊情况下经过批准也可以短期外借，并且外借时须办理以下手续。

申请借阅者必须持有手续完备的《审批表》或介绍信，由人事档案管理部门审核并经主管领导批准后才能借出。借出时要认真登记，除在"借阅人事档案登记册"上逐项登记外，还须填写"人事档案借阅卡片"，并将借阅介绍信或《审批表》一起保存，供备查和催办。归还时，应认真检查、清点无误后在登记册和借阅卡上注销。

（四）出具证明和复制档案材料的手续

利用者索取和要求出具人事档案内容的证明材料，应履行必要的手续。凡符合调查证明材料范围的县级和相当于县级以上党委组织、人事、劳动、公安等部门以及人事档案管理部门可以依据利用者的需要，出具证明材料，经领导审阅批准后，加盖公章，然后登记发出或直接交给利用者。

档案材料的复制先由利用者提出申请，说明复制的内容和形式（手抄、复印、摄影）、份数和用途，经人事档案部门审核批准后，方可复制。复制品应与原件内容一致，注明材料出处、复制日期，必要时加盖公章，以示负责。

（五）查阅人事档案注意事项

查阅注意事项主要包括以下几条。

查阅单位派出的查阅人员必须是中共党员，并持有手续完备的《审批表》，随带本人证件。凡持"调查证明材料介绍信"或"行政介绍信"要求查阅档案的，不予提供查阅。查阅者若非中共党员，但确因工作需要，可由档案管理部门根据党的保密原则代查有关内容。凡要了解员工情况，适宜与本人见面的，可建议直接采访本人，一般不得查阅人事档案。

跨单位、跨系统查阅人事档案，除持完备手续的介绍信或《审批表》外，还必须经人事档案部门主管领导批准。

子女或直系亲属入党、入团、入学、参军、提干、招干、招工、出国等进行审查，需要了解父母和亲属情况的，按有关规定，由员工所在单位的管理部门提供情况，一般不必查阅本人档案。

查阅人事档案只许在指定的阅档室进行，不准携出室外。查阅档案时，严禁随意圈画、抽取、涂改。查阅者不准议论档案内容、泄露和向外公布档案内容。借出的档案要妥善保管，严格保密，不得让无关人翻看，未经批准不得复制。凡违犯者应视情节轻重予以批评教育直至纪律处分。属于假公济私者，按违犯《中华人民共和国档案法》处理。

第十章 档案工作的现代化

第一节 档案工作现代化概述

自 20 世纪 50 年代以来，科学技术的革命浪潮正推动着世界范围内档案工作的技术革命。其目的是采用先进的技术装备和手段解决档案工作面临的各种复杂问题，提高档案工作的效率，使宝贵的文化财富——档案在社会发展中得到充分有效的利用。

新中国的档案工作在党和国家的重视与关怀下得到了迅猛的发展，建立起具有国家规模的社会主义档案事业，妥善地管理着大量的历史档案和中华人民共和国档案，为社会主义革命和建设做出了重要贡献。但在管理方法和手段方面，与世界先进水平相比还有不小的差距，不能适应档案工作的开展，满足不了社会主义现代化建设总任务提出的要事，因此，档案工作迫切需要现代化。

一、档案工作现代化的必要性

（一）实现档案工作的现代化是社会主义现代化建设对档案工作的要求

全党全民的总任务是实现社会主义现代化。在实现现代化以及赶超世界先进水平的过程中，无论是经济建设、科学研究还是机关工作方面，利用档案材料是必不可少的条件。要赶超，必须摸清国际国内的动态，了解过去、现状以及今后发展趋势，才能确定赶超的目标和方向。这就要求档案工作能迅速、准确、全面、系统地提供社会主义现代化建设所需要的档案材料。而传统的档案管理方法无法满足这些要求，只有采用现代化手段，在几分钟几十分钟内，可以把馆（室）所藏的档案材料查找一遍，及时提供出来，才能满足社会主义现代化建设的需要。所以，实现档案工作现代化是适应我国社会主义现代化建设、赶超世界先进水平所要求的。

（二）实现档案工作的现代化是档案事业发展的需要

随着社会主义事业的不断发展，档案的类型和数量急剧增长，特别是电子档案的大批量涌现给保管和使用带来一系列问题。随着社会主义现代化建设的发展，无论是科学技术工作者或机关干部，都要求对个人藏档案处理得仔细，能及时地、无遗漏地把所需档案材料提供出来，并迅速传递到每一个需要使用的地方。而手工管理的落后状态已无法解决档案工作面临的种种难题，影响档案事业的发展。因此，改革落后的管理手段已成为急迫的任务了。科学技术的发展，特别是电子计算机和缩微技术广泛应用于档案工作，为实现档案工作的现代化提供了可靠的物质基础。

综上所述，档案工作的现代化是社会发展的要求，是档案事业发展的必然趋势，将给档案工作带来巨大的变革。

二、档案工作现代化的主要内容

（一）档案工作技术现代化

档案工作技术现代化是指档案的记录、存储、整理、加工、查找、报道、交流、传递都用当代先进的科学技术装备起来，实现工作手段的现代化。它涉及广泛运用电信设备、电子计算机技术、印刷技术、复制技术、缩微技术、声像技术等。比如，广泛使用计算机进行档案的检索、编目、库房管理、阅览管理、各种统计工作，并把电子计算机与现代化的缩微技术、通信技术有机结合起来，实现管理自动化。

（二）档案工作组织与管理现代化

档案事业的建设和档案工作的组织与管理，以系统论、信息论、控制论等现代化的科学理论为指导，运用管理科学的原理，遵循档案工作的客观规律，研究和处理档案管理工作的各种问题。做到管理方法科学化，管理机构高效化，管理工作计划化，档案工作标准化，使档案管理与组织工作更趋于完善。

（三）干部知识化

由于设备的现代化和管理的科学化，需要建设一支具有现代化科学技术知识和业务知识的专业干部队伍。他们不仅应具有较高的政治素养和愿意为社会主义档案事业献身的进取精神，还应懂得电子计算机的基本理论和基本技能，能够进行技术操作和管理，在档案专t上有较深的造诣，才能适应档案工作现代化的需要。

总之，现代化的技术装备与掌握这种技术的人以及科学管理构成了档案工作现代化的三个要素，也就是档案工作现代化的主要内容。

三、档案工作现代化的结果和影响

档案工作现代化，将给档案工作带来重大的变革。其结果主要包括以下几个方面。

第一，利用计算机检索档案，将极大地提高档案的查找速度有较高的查全率和查准率，可节约利用者查阅档案的时间，提高服务质量。

第二，利用计算机和现代通信设备，将使档案信息处理、报道、传递的时间大大缩短，档案馆将从保管史料的基地发展为名副其实的科学研究和各方面利用档案史料的中心、档案信息的中心。

第三，缩微技术与计算机的广泛运用将给档案的保管带来极大的方便，使档案的体积大为缩小，以计算机输出缩微胶卷（片）的形式提供档案材料，确保档案原件不受损坏。

第四，建立计算机检索终端，提供快速复印和复制服务。使用者可从电脑屏幕上查阅所需要的档案材料，立即获得所需要的复制本，这给使用者使用档案创造了极为方便的条件。

第五，科学地对电子档案进行管理。档案工作者应当了解电子文件管理系统运行的基本原理，熟练掌握电子档案收集、整理、鉴定、保管、检索、利用的具体方法，完整系统地把具有保存价值的电子档案保存下来，更好地为广大使用者服务。

档案工作现代化提高了工作效率和质量，从而使档案工作更好地为社会主义现代化建设服务，从而使档案资源能得到充分开发和合理利用，必将对社会主义事业的发展产生积极的影响。

第二节　档案工作技术现代化

档案工作技术现代化是以计算机为核心，将缩微、复印、声像等新技术和装备广泛应用于档案工作。

一、档案工作计算机化

在世界范围内，大家公认电子计算机是实现档案工作现代化的理想工具。根据国内外的经验，档案工作可以应用各种类型的计算机（大型机、中型机、小型机、微型机）、各种外围设备处理各种业务。具体应用于档案的接收、编目、检索、借阅和归还，库房的管理、辨认，到期档案的销毁、统计、修复和消毒等。各级档案部门应从实际出发，逐步建立起以下自动化系统。

（一）计算机检索系统

计算机检索系统是档案工作计算机化的重点，因为检索在档案馆（室）的业务工作中占有重要的地位。国外许多大型档案馆已建立了计算机检索系统，我国也正在进行实验。计算机检索系统是将每份文件或案卷的内容和外形特征，包括档号（全宗号、案卷目录号、案卷号、件号或页号）、分类号、缩微号、题名（标题）、责任者（作者）、文件种类、文本、文件编号、保管期限、密级、主题词、内容提要、附注等著录项目填写在统一格式的计算机输入卡片上，即将档案原件转化为档案二次信息，输入计算机内，按特定的格式贮存在磁性载体上，形成数据库，需要时利用计算机进行高速检索，最显著的特点是高效率和多用途。计算机可以每秒几十万次、几百万次、千万次、上亿次的运算速度查找档案。对于一个使用者的提问，计算机一般只用一两秒钟可做出响应，检索一份文件或一个案卷只需若干秒，查找一个专题的档案材料，少则一两分钟，多则十分钟左右即可检索完毕，查全查准的可能性非常大，只要标引准确，凡输入计算机内的任何档案材料都能无遗漏地查找出来。检索途径很广泛，能够一种输入多种输出，一次输入多次利用，一处加工多处使用，一种方式加工多种方式应用。计算机依照工作人员的指令，可以将输入的著录项目，自动分别编为按时间、作者、专题、主题、文件种类、文件编号、保管期限、密级排序的目录或索引，用多种载体输出，打印在纸张上的有卡片式和书本式目录，用胶片、磁带和穿孔纸带输出，制成机读目录、缩微胶卷与平片，或在屏幕上显示，能灵活地满足使用者使用档案的多种需求。

随着计算机处理功能的提升以及电信设备的结合，检索系统从成批检索发展到联机检索和网络化。所谓成批检索，就是根据用户的提问和要求，按批量集中地由专职检索人员进行检索操作，然后把检索结果提供给用户。成批检索的缺点是用户不能与计算机对话，修改提问困难，不能立即得到检索结果。联机检索就是把以计算机为主的中心处理装置和分散在各地的多终端用电话线路直接联系起来，由终端装置输入提问并直接得到答案。联机检索实现了人机对话，可以随时修改检索提问，立即从终端得到检索结果。近年来，又产生了由具备独立功能的计算机检索系统用电信线路相互联结，形成巨大的计算机检索网络，每一个档案检索系统是计算机网络中的一个节点，每个节点又可以连接许多终端，使用者可以使用任何一个终端设备检索到网络中任何一个检索系统的档案材料。

（二）计算机借阅管理系统

计算机借阅管理系统一般应具有借阅、预约、查找、统计等功能。借阅功能是识别借阅人是不是本馆（室）的合法借阅者，如果是，则应查明要借什么，是在馆（室）内阅览，还是外借，借期多长，凡准许借用的则做好借阅记录并存储下来，自动计算出归还日期，对于每日外借的档案，能打印出催还的通知。预约功能是指预约登记、预约排队，检查同一使用者是否重复预约或是否有人提前已经预约，能够显示全部预约者名单，告诉预约者何时才能借到所需要的档案材料。查找功能是指能够直接查找档案，回答该档案是否在库房中，是否被借出或正在整理、鉴定、修复。假若库房内有，即打印出借阅单，随同档案传送到阅览室。统计功能可以统计使用者人数、借出档案总数、利用目的、利用类型、利用效果、拒借次数等。具有上述功能的借阅系统已在国外的档案、情报、图书部门中应用。

（三）计算机统计系统

统计是档案工作的一个重要组成部分，基本任务是对档案工作发展情况进行统计调查、统计分析，提供统计资料，实行统计监督，以计量化的管理发挥数学方法在档案管理中的作用。建立统计系统应符合国家档案局制定的统计报表的要求，除了必须将档案机构、人员、馆藏、库房、利用、编研等各方面的基本数字输入计算机存储外，各档案馆（室）还应有更具体的统计，比如单份文件的统计，案卷数量或存放箱、柜、架的长度统计，以全宗为单位和

整个档案馆（室）保存档案情况的统计，各个业务环节现状，利用人次和效果，利用目的、类型、拒借率、馆外未接收档案状况的统计，每年有多少档案要进馆，等等。档案管理机关应将各档案馆（室）档案的构成、档案利用情况、档案人员及其素质、档案经费、档案馆（室）建设、档案的增长和销毁等凡是有用的统计数字输进计算机存储起来，使用时可根据指令制成各种统计报表，及时打印出来，作为领导和业务部门进行组织管理和决策时的依据和参考。

（四）计算机库房管理系统

计算机库房管理系统包括两方面的功能，一方面，计算机可随时把库房的情况反映出来。如库房内存放有什么档案材料，各类档案材料存放在库房何处，每个全宗的案卷和文件数量，每个柜、箱、架上是什么档案，档案保管状况，是否被调阅，库房空间的安排。另一方面的功能是对库房进行自动化管理，库房内的各种自动装置在计算机发出的指令下，进行档案搬运、上架，对库房空气和温湿度进行调节，创造保管档案最适宜的人造"小气候"，自动控制取暖、照明、防火系统、报警装置，确保库房的安全。建立库房管理系统，也需要将入库档案的各种数据、库房设备的各种数据输入计算机存储起来，建立完善的控制系统，需要时可随时打印出库房档案的清单和各种统计报表，实现库房的自动化管理。

（五）计算机行政管理系统

运用计算机进行档案工作的财务管理、人事管理、行政管理、设备管理，情况分析和报告，预测和规划、决策，办公室自动化等。

此外，计算机还可以在档案编研、出版、缩微胶片、声像档案管理等各方面应用。

二、档案缩微化

档案缩微化是档案工作现代化发展的新趋势。由于社会主义建设事业的发展，档案数量与日俱增，给保管和利用带来一系列问题，而缩微技术的应用是解决这些问题的有效办法。

近年来，缩微复制技术在档案部门得到广泛应用，在世界范围内产生了档案缩微化的趋势，成为档案存储的重要发展方向。它不仅能解决档案材料存储的空间问题，.而且在计算机处理档案信息工作中，能不断扩大信息存储量，提高档案利用服务的自动化水平。它的突出优点是能够保持档案原貌，大大缩小档案的体积，节约存储空间，使规格统一，便于保管和利用；有利于保护档案原件，延长档案的寿命；保存时间长，不易损坏和变质；成本低廉，节省人力、物力。人们按照缩微的密度推算，一个保存档案达几十万卷的档案馆可以将档案全部缩微后放在一只手提箱内。近年来，技术发达的国家在光学信息存储技术方面有新的突破，运用激光打点的记录方法把缩微密度提高到更高的程度。

档案缩微制品能不断更新换代，无限期保存下去。实验证明，缩微品可保存长达几百年，比纸张的寿命要长得多，还可以不断复制，达到永久保存的目的。现在，由于摄影技术的进步，摄影机、胶卷、平片价格的降低，冲片过程完全可以实现自动化管理，档案工作人员经过训练就可以自由操作。每个档案馆（室）都可以根据需要进行档案缩微工作。

缩微化与电子计算机相结合是档案工作现代化的重要内容。电子计算机依靠存储器，存储量有限制，价格也比较昂贵，假若把档案的原文全部存储起来是很不经济的，一般只把档案的二次信息输入计算机，而缩微复制可以把档案原件全部缩微，既能节约资金，又便于管理。从某种意义上说，缩微档案库实际就是计算机的外存储器。所以，缩微技术与计算机结合，二者相辅相成，互为补充。从长远来看，为了解决档案数量的急剧增长和载体的不断老化问题以及由此带来的保管和使用上的问题，采用档案缩微化势在必行。技术发达的国家都在大力进行档案缩微化工作。

三、复印技术在档案工作中的应用

近年来，复印技术发展很快，复印的种类和方法很多，如重氮复印法、热敏复印法、兰图复印法、电子扫描复印法、静电复印法等。其中，以静电复印法占主导地位。

静电复印技术在国内外的应用相当普及，档案馆（室）大多备有复印机为使用者复制档案。它具有速度快、效率高、使用方便、价格低廉、保持档案原貌、复印份数不限、不需要阅读器就可以阅读等优点，是档案收集、存储、交流和传播的一种重要手段。从20世纪80年代开始，我国档案馆（室）广泛应用静电复印技术开展复印业务，使使用者不必手抄档案材料，节省了时间和人力。对于珍贵档案、利用频繁的档案，使用静电复印技术，既能保护原件，又方便工作，很受使用者欢迎。

目前，复印技术发展的一个特点是复印设备的系列化和自动化，即印刷品复印、缩微、缩微品放大再复印等工序配套，实现自动化生产，工作效率大大提高，因而受到各行各业的普遍重视，并得到了较广泛的应用。

四、声像技术在档案工作中的应用

随着科学技术的发展，近一个世纪以来，出现了录音带、录像带、电视片、电影片、幻灯片、唱片等新型档案材料，完全脱离了白纸黑字的印刷和书写形式。这些新型的档案材料已正式列入档案馆（室）的收藏范围。它们在档案馆（室）藏量中所占的比例越来越大，总有一天，这些以磁带、胶片为载体的档案材料甚至会达到与以纸张为载体的档案相抗衡的地步。目前，在档案馆（室）的阅览室内，不仅可以借阅纸质档案，还可以戴上耳机听录音档案，在荧光屏前看录像、电视、电影等。声像档案具有能闻其声、观其形的特殊效果，给人以直接的感觉认识，有助于使用者更深刻地理解事物的形态、性质、现象、过程。但它往往不能用肉眼直接阅读和观看，必须借助于特殊器材才能使用。为了适应上述档案材料日益增长的需要，档案馆（室）也要相应地增加设备和专用库房，档案人员也必须掌握保管这些档案的知识，学会操作使用，进行科学管理，才能使其发挥应有的作用。

综上所述，档案工作技术现代化主要体现在档案工作计算机化，档案情报信息传递自动化、网络化，档案存储缩微化，电子档案的科学管理（见本章第四节）以及复印技术、声像技术在档案工作中的应用。

第三节　档案工作标准化

档案工作标准化是指在档案工作领域内，由档案事业主管机关或会同标准化的主管机关以及各有关部门共同协商，对档案工作的管理、原则、方法、质量、概念、设施等制定出科学的、统一的规则和技术规范，并予以贯彻执行，进而修订的全部活动过程。总括地讲，就是科学地制定、贯彻、修订各项标准，使档案工作逐步走向规范化、统一化。这是提高档案工作水平和服务效率、实现档案工作现代化的重要条件之一。

一、档案工作标准化的意义

1979年国务院颁布的《中华人民共和国标准化管理条例》指出："标准化是组织现代化生产的重要手段，是科学管理的重要组成部分。在社会主义建设中推行标准化，是国家的一项重要技术经济政策。没有标准化，就没有专业化，就没有高质量、高速度。"这就十分清楚地阐明了在建设社会主义、实现四个现代化的过程中标准化的地位和作用。

档案工作标准化对实现档案工作现代化有着重要的意义，主要表现在以下几方面。

（一）标准化是实现档案工作现代化的基础

档案工作现代化建立在先进技术、严密分工和广泛协作的基础上，要求各档案局、馆（室）之间，局、馆（室）内部各部门之间，各业务工作环节之间，既有严密分工，又有密切合作。档案事业这样一个复杂的系统单靠行政手段安排是不够的，必须在技术上使工作活动保持高度统一和协调一致。标准化是通过制定和贯彻各种标准，使分工合作有统一的科学准则和依据，是不可缺少的技术纽带，从技术上把各部门、各业务环节有机联系起来，形成一个统一的有机整体，保证各项工作有条不紊地进行。假若没有统一的标准作为共同的依据，各局、馆（室）各自为政，各行其是，必然会出现不统一、不协调、互不衔接、不配套的混乱状况，要实现档案工作现代化是不可能的。档案工作现代化必须建立在标准化的基础上，现代化程度越高，就越需要标准化，而标准化的相应发展，又能促进现代化。从这个意义上说，没有标准化，就无法实现现代化。

（二）标准化是实现档案工作科学管理的重要组成部分

所谓科学管理，就是根据档案的形成规律和特点，运用先进的技术和方法，依据各种科学管理制度对档案进行管理，开展各项工作。这就要求在档案工作中建立起符合档案工作特点的档案管理、技术管理、设备管理、劳动管理、质量管理安全管理等科学管理制度，制定一系列标准，实现档案工作的标准化和科学化，使档案工作的各项业务都按标准要求进行。所以，各种科学管理制度的形成都是以标准化为基础。比如，制定档案鉴定、保管、检索、提供利用、编研等方面的标准，使档案工作规范化。每做一项工作，都有规可循，有法可依，达到高效率、高质量。假若不重视标准化，不按规定的标准去工作，就会出现混乱，工作质量低劣，返工窝工，搞无效劳动。因此，要实现科学管理，必须大力推行标准化。

（三）标准化是提高档案工作质量和效率、节约人力物力的技术保证

通过制定、发布和实施标准，使档案工作领域内需要协调统一的重复性事物和概念达到协调统一，以求获得最佳的效益和良好的工作秩序。档案工作中的整理、鉴定、检索、提供利用等工作，在每个档案馆（室）都周而复始地进行着，虽然在具体的对象和工作内容上有差异，但质量要是相同的。制定统一的标准，将质量、规格、工作程序统一起来，就可以节省很多重复的不必要的劳动，大大提高工作效率。

二、档案工作标准化的主要内容

档案工作标准化是我国档案工作现代化的一项基础性工作，也是档案学中一个比较新的研究领域。目前，对它所研究的内容、范围还没有统一的认识，尚在探索之中。这里仅论述以下几方面内容。

（一）档案工作专业名词术语标准

任何一门专业要阐明其内容，都要使用特定的术语，并且赋予每一个名词术语以特定的含义，作为彼此交流的共同语言，以便研究和讨论问题。档案专业的名词术语都有特定的内涵，不能任意加以解释。但是人们对档案学中的许多名词术语还在探索中，如对最基本的"档案"这一概念讨论过多次，至今在具体表述上仍有不同看法。对档案的种类也是众说纷纭，莫衷一是。名词术语的含义不清，给档案学理论研究和档案工作实践带来混乱，影响档案学和档案工作的开展。现在制定的《档案工作基本术语》标准，明确了最常用的一些名词术语和概念，这对统一档案界的认识、繁荣和发展档案科学都有重要的意义。

（二）代号代码标准

代号代码又称标记符号，是利用文字符、数字符、颜色、图像来表示一个具体概念。档案工作中的许多著录项目都采用统一的代号代码或缩写形式来加以准确地表示。代号代码的使用对档案工作有重要的意义。比如，分类号、档号、档案馆代码等，对档案的整理与编目，科学管理与提供利用，实现档案工作标准化和现代化都具有重要的作用。使用代号代码代替文字，简单明了，易读、易记、易认，易于输入计算机，易于存储和检索，易于传播和利用，好处很多。档案工作的代号代码标准主要包括档案馆代码、档案工作的名词术语缩写代码、档案类型与档案载体代码、档案著录的代号代码等。

（三）档案著录标准

制定档案著录标准，是为了建立健全我国统一的档案检索体系，开展档案的报道与交流，充分发挥档案在社会主义建设事业中的作用。国家标准《档案著录规则》于1986年1月1日起施行。经过十余年的实践检验，经修订后，根据工作需要，1999年暂改为行业标准发布。

（四）标引语言标准

标引语言标准是指档案的标引和检索语言标准。标引语言标准主要包括档案分类

表、档案主题词表、档案分类标引规范、档案主题标引规范等。目前，已制定了《中国档案分类法》《中国档案主题词表》《档案分类标引规则》等标准。

（五）档案收集、整理、鉴定标准

收集、整理、鉴定是基础性的工作，制定这方面的标准，对于提高档案工作的质量、效率和水平都具有重要意义。我国已经制定了《关于文书档案保管期限的规定》《文书档案案卷格式》《科学技术档案案卷构成的一般要求》《各级国家档案馆收集档案范围的规定》等标准和规范性文件，但数量有限，尚需制定更多的标准。

（六）档案统计、提供利用标准

档案统计和提供利用工作也应实现标准化。针对档案统计工作标准，国家档案局已制定了《档案事业基本情况统计年报》，但还需进一步完善统计指标体系。档案提供利用方面的标准，目前只制定了《档案馆开放档案暂行办法》，还需制定利用范围、手续、保密、阅览、展览、档案外借等标准。

（七）档案工作现代化建设方面的标准

这一方面的标准涉及的面比较广，包括计算机、缩微设备以及其他有关设施的一系列标准，如计算机程序语言、计算机接口标准、磁带交换格式标准、缩微复制和技术规格标准、档案保护技术设备标准等。

（八）档案装具和库房建筑标准

国家档案事业管理部门为解决档案装具、档案库房自行设计建造中出现的问题，在调查研究的基础上，已制定出技术先进、经济合理的《档案装具》《档案馆建筑设计规范》等标准，为档案装具与库房建设的标准化提供了依据。

（九）档案的制成材料与书写材料的标准

档案的制成材料与书写材料的优劣是决定档案能否长期保存的一个重要因素。档案的制成材料与书写材料，无论是纸张、胶片、磁带、磁盘还是各种字迹图像材料都是物质的东西，不断地发生变化，要想延长档案的寿命，必须解决耐久性问题，因此要制定适合档案使用的纸张、墨水、圆珠笔、复写纸、胶片、磁带等各种记录和书写材料的标准。

三、我国档案工作标准化的现状

新中国成立以来，我国先后发布的《机关档案室工作通则》《技术档案室工作暂行通则》《县档案馆工作暂行通则》《省档案馆工作暂行通则》《国家档案局关于几项不归档的文书材料的销毁暂行规定》等文件，为档案工作标准化奠定了基础。但在"文化大革命"时期中，许多规章和标准被废除。十一届三中全会以后，随着档案工作的恢复、整顿，中共中央办公厅、国务院办公厅颁布的《机关档案工作条例》、国家档案局发布的《档案馆工作通则》《文书档案保管期限表》《机关档案工作业务建设规范》等重要规章条例，为进一步发展档案工作标准化提供了有利条件。

1979年9月，国务院颁布了《中华人民共和国标准化管理条例》。1979年12月，建立了中国文献工作标准化技术委员会，负责图书、情报、档案方面的标准化工作。在中国文献工作标准化技术委员会下，建立七个分委员会。档案工作者参加了中国文献工作标准化技术委员会及七个分委员会的工作，积极制定标准。1979年12月召开的中国文献工作标准化技术306委员会第一次会议明确提出，要做好标准化工作，必须处理好自动化与基础标准工作的关系，国家标准与国际标准的关系，图书、情报、档案、出版以及其他有关部门之间的协作关系，标准化专职队伍与各业务部门的关系。在国家标准局的领导与支持下，通过全国协作形式开创了我国文献标准化工作的新局面，取得了制定文献工作国家标准的良好成绩。

1983年，中国文献工作标准化技术委员会秘书处草拟的《全国文献工作标准体系表》，正式提出档案工作标准化的有关内容。同年2月，国家档案局局务会议讨论了档案工作标准化问题。会议认为，档案工作要适应社会主义建设事业的发展，必须积极开展档案工作标准化的研究与实践，加速标准的制定工作，决定建立档案工作标准化的专门组织——档案工作标准化领导小组，负责领导和协调标准化工作。同年4月，档案工作标准化领导小组第一次扩大会议初步研究了档案工作标准化的内容、方法和步骤，并考虑到逐步组织全国各级各类档案目录中心、建立健全档案检索系统和档案管理应用计算机技术的迫切需要，决定首先建立档案著录、分类法与主题法标引名词术语三个标准化工作小组，着手制定档案工作标准。

1991年3月，全国档案工作标准化技术委员会（以下简称档标会）正式成立，委员会的主要任务是受国家档案局的委托，对档案工作领域内的国家标准、行业标准的立项进行评议，对标准的送审稿进行审核。从1991年开始，档标会几乎每年召开一次年会，审查标准立项，审核与通过国标、行标。档标会在各级档案机构的支持下，在广大档案工作者的努力下，已制定了一系列国家标准和行业标准，这些标准涉及档案工作的方方面面，已初步构筑起中国档案标准化体系。

（一）已颁布的国家标准

1.《档案著录规则》，国家标准局1985年5月10日发布，1986年1月1日实施。该标准对档案著录范围、著录项目、标识符号、著录格式、著录方法做了统一规定，是各种档案著录的依据，也是建立健全我国档案检索体系的基石。该标准经修订后，根据工作需要，1999年暂改为行业标准发布。

2.《文书档案案卷格式》，国家技术监督局1988年9月5日批准，1989年3月1日实施。该标准规定了案卷卷皮格式、卷内文件目录格式、卷内备考表格式、案卷各部分的排列格式以及填写方法。它适用于我国各级档案馆（室）和文书处理部门。

3.《照片档案管理规范》，国家技术监督局1989年10月25日批准，1990年7月1日实施。该标准规定了照片档案的收藏范围与要求，照片档案整理的程序与方法，照片档案的保管条件与保管要求。该标准适用于常规照片的管理。

4.《科学技术档案案卷构成的一般要求》，国家技术监督局1989年10月25日批准，1990年7月1日实施。该标准规定了科技档案案卷的组卷，案卷内科技文件材料的排列，案卷的编目、装订，卷皮、案卷表格的规格及其制成材料的质量要求。它适用于一般科学技术档案的案卷管理。

5.《全宗单》，国家技术监督局1992年12月17日批准，1993年7月1日实施。该标准规定了全宗单的内容构成、格式及栏目填写方法。该标准适用于各级各类档案馆。

6.《档案交接文据格式》，国家技术监督局1992年12月17日批准，1993年7月1日实施0

该标准规定了档案交接文据的格式及填写方法。它适用于档案馆、档案室。

7.《缩微摄影技术用35mm卷片拍摄技术图样和技术文件的规定》，国家技术监督局1994年4月1日批准，1994年12月1日实施。该标准规定了用35mm卷式缩微胶片拍摄前准备、拍摄技术图样和技术文件的方法和要求。它适用于全国档案馆（室）拍摄A系列幅面尺寸的技术图样和技术文件，其他幅面尺寸的原件也可参照使用。

8.《档案分类标引规则》，国家技术监督局1994年12月28日批准，1995年8月1日实施。该标准规定了档案分类标引的基本原则，各种类型档案、各种主题档案的分类标引规则和标引方法，档案分类标引工作程序及质量要求。它适用于各级各类档案馆、档案室对所藏各种类型的档案进行分类标引，编制档案分类目录、索引以及建立档案目录中心和数据库的档案分类标引工作。

（二） 已颁布的行业标准

1.《档案工作基本术语》，国家档案局1992年7月20日批准1992年10月20日实施。该标准规定了档案工作基本术语及其定义。它适用于档案工作、文书工作及有关领域。该标准经修订后，于2000年发布。

2.《科学技术研究课题档案管理规范》，国家档案局1992年7月20日批准，1992年10月20日实施。该标准规定了科学技术研究课题文件的形成、积累、整理、归档和档案管理的要求。它适用于自然科学研究课题档案管理，社会科学研究课题档案管理可参照执行。

3.《档案馆指南编制规范》，国家档案局1992年7月20日批准，1992年10月20日实施。该标准规定了档案馆指南的编制原则、结构和编写细则3它适用于各级各类档案馆。

4.《缩微摄影技术在16mm卷片上拍摄档案的规定》，国家档案局1992年7月20日批准，1992年10月20日实施。该标准规定了在16mm卷式缩微胶片上按全宗系统拍摄档案的程序和要求。它适用于拍摄A3或A3幅面以下的档案。

5.《缩微摄影技术在A6平片上拍摄档案的规定》，国家档案局1992年7月20日批准，1992年10月20日实施。该标准规定了在A6平片上按全宗系统拍摄档案的程序和要求。它适用于拍摄A3或A3以下幅面的档案。

6.《档案装具》，国家档案局1992年7月20日批准，1992年10月20日实施。该标准规定了档案装具尺寸规格、技术要求及试验方法。它适用于钢类、木类、纸类等材料的档案装具，其他材料的档案装具亦可参照执行。

7.《直列式档案密集架》国家档案局1992年7月20日批准，1992年10月20日实施。该标准规定了直列式档案密集架的型号、规格及结构形式、技术要求试验方法、检验规则、标志、包装、运输以及储存。它适用于直列式手动档案密集架和直列式电动档案密集架的设计、制造、检验和验收。

8. 《明清档案著录细则》，国家档案局1995年6月12日批准，1995年10月1日实施。该标准依据国家标准《档案著录规则》的原则和基本概念，结合明清档案的特点和明清档案工作的实际，具体规定了明清档案的著录方法。它适用所有保藏明清档案的部门进行明清档案的著录。

9. 《明清档案档号编制规则》，国家档案局1995年6月12日批准，1995年10月1日实施。该标准是参考了行业标准《档号编制规则》的原则，结合明清档案的特点及整理工作的实际情况而制定的。它规定了明清档案档号的编制原则、结构及编制方法。该标准适用于各级档案馆对明清档案的著录和档号的编制。

10. 《高等学校档案实体分类法》，国家档案局1995年6月12日批准，1995年10月1日实施。该标准规定了高等学校档案分类原则，体系结构，档号编制的原则、结构及方法。它适用于高等学校档案的实体分类。

11. 《文件用纸耐久性测试法》，国家档案局1995年6月12日批准，1995年10月1日实施。该标准规定了纸在100±2t：下的干热加速老化方法。它适用于公文、科技文件材料归档用纸的测试。

12. 《全宗卷规范》，国家档案局1995年6月12日批准，1995年10月1日实施。该标准规定了全宗卷的编制原则，主要内容和整理、管理方法。它适用于各级各类档案馆和机关档案室。

13. 《档号编制规则》国家档案局1995年6月12日发布，1995年10月1日实施。该标准规定了档号的结构、编制原则和编制方法。它适用于各级各类档案馆、档案室编制档号。

14. 《全宗指南编制规范》国家档案局1995年6月12日发布，1995年10月1日实施。该标准规定了全宗指南的编制原则、结构以及编写方法。它适用于综合性档案馆和机关档案室。

15. 《磁性载体档案管理与保护规范》，国家档案局1996年3月1日发布，1996年10月1日实施。该标准规定了对磁性载体文件的积累、归档要求和磁性载体档案的管理、储存、保护的要求。它适用于机关、团体、企事业单位的磁性载体档案文件的管理与保护。

16. 《档案字迹材料耐久性测试法》，国家档案局1996年3月1日发布，1996年10月1日实施。该标准规定了墨水、圆珠笔用油墨和复写纸字迹，在干热、紫外光照、水浸、酸和碱下的加速老化测试方法。它适用于档案文件书写用的墨水、圆珠笔用油墨和复写纸等字迹材料耐久性的测试。

17. 《革命历史档案著录细则》，国家档案局1996年2月26日发布，1996年10月1日实施。该标准规定了革命历史档案文件级著录项目、标识符号、格式和方法。该标准适用于全国各级各类档案馆编制革命历史档案文件级机读目录。

18. 《革命历史资料著录细则》，国家档案局1996年2月26日发布，1996年10月1日实施。该标准规定了革命历史资料篇名级著录项目、标识符号、格式和方法。它适用于全国各级各类档案馆编制革命历史资料级机读目录。

19.《革命历史档案资料主题标引规则》，国家档案局 1996 年 2 月 26 日发布，1996 年 10 月 1 日实施。该标准规定了对革命历史档案资料进行主题分析、标引词的选定、审核工作、质量管理的内容和方法。它适用于依据《革命历史档案主题词表》进行革命历史档案资料的主

20.《革命历史档案资料分类标引规则》，国家档案局 19% 年 2 月 26 日发布，19% 年 10 月 1 日实施。该标准规定了革命历史档案资料分类标引应遵循的规则、分类标引工作程序、分类表的管理。它适用于依据《革命历史档案分类表》进行革命历史档案资料的分类标引；适用于各级各类档案馆馆藏革命历史档案文件级和革命历史资料篇名级的分类标引；适用于计算机检索系统和组织机检档案资料分类目录。

21.《革命历史档案机读目录软磁盘数据交换格式》，国家档案局 1996 年 2 月 26 日发布后 1996 年 10 月 1 日实施。该标准规定了以软磁盘作为载体交换数据时所使用的格式。它适用于全国档案部门的革命历史档案机读目录数据的信息交换。

22.《档案主题标引规则》国家档案局 1999 年 5 月 31 日批准，1999 年 12 月 1 日实施。该标准规定了档案主题分析方法和依据《中国档案主题词表》及各种专业主题词表进行档案主题词标引的方法。它适用于建立档案的机读式检索工具和手工式检索工具所进行的人工标引。

23.《民国档案目录中心数据采集标准民国档案著录细则》，国家档案局 1999 年 5 月 31 日批准，1999 年 12 月 1 日实施。该标准规定了文件级、案卷级民国档案的著录项目、著录条目格式、标识符号、著录用文字及著录项目细则。它适用于各级档案馆馆藏民国档案的著录。

24.《民国档案目录中心数据采集标准民国档案主题标引细则》，国家档案局 1999 年 5 月 31 日批准，1999 年 12 月 1 日实施。该标准规定了使用《民国档案分类主题词表》对民国时期各种类型、各个级次的档案进行主题标引的原则和方法。它适用于民国档案目录中心和各级档案馆编制民国档案主题目录、索引以及建立民国档案数据库的档案主题标引工作。

25.《民国档案目录中心数据采集标准民国档案分类标引细则》，国家档案局 1999 年 5 月 31 日批准。1999 年 12 月 1 日实施。该标准规定了使用《民国档案分类表》对民国时期各种类型、各个级次的档案进行分类标引的原则与方法。它适用于民国档案目录中心和各级档案馆编制民国档案分类目录、索引以及建立民国档案数据库的档案分类标引工作。

26.《民国档案目录中心数据采集标准民国档案机读目录软磁盘数据交换格式》，国家档案局 1999 年 5 月 31 日批准，1999 年 12 月 1 日实施。该标准规定了以软磁盘作为载体交换民国档案机读目录数据时所使用的格式。它适用于全国民国档案目录中心，机读目录信息交换。

27.《档案缩微品保管规范》，国家档案局 1999 年 5 月 31 日批准，1999 年 12 月 1 日实施。该标准规定了档案缩微品的贮存环境、贮存设备、包装的技术要求和保管要求以及缩微品制作档案的建立和立卷方法。它适用于以聚酯、三醋酸纤维素、酯片基材料制作的银—明胶型黑白影像档案缩微品的保存。

28.《档案馆建筑设计规范》，是中华人民共和国建筑工业行业标准，于2000年发布并实施。它是为代替 JGJ25-1986 中华人民共和国城乡建设环境保护部中华人民共和国国家档案局标准《档案馆建筑设计规范（试行）》而颁布的。制订该标准是为适应档案馆建设的需要，使档案馆建筑设计符合功能、安全、卫生等方面的基本要求。它适用于新建、改建、扩建的国家综合性档案馆的建筑设计，其他专门档案馆、部门档案馆也可参照执行。

29.《归档文件整理规则》，国家档案局 2000 年 12 月 6 日批准，自 2001 年 1 月 1 日起实施o该标准规定了归档文件的整理原则、质量要求和整理方法。它适用于各级机关、团体和其他社会组织在其职能活动中形成的、办理完毕、应作为文书档案保存的各种纸质文件材料的整理。

此外，国家档案局还颁布了《地质资料档案著录细则》《无酸档案卷皮盒用纸及纸板》《档案修裱技术规范》《挥发性档案防霉剂效果测定法》《档案防虫剂防虫效果测定法》等行业标准。于 2Q00 年 12 月 6 日批准，自 2001 年 1 月 1 日起实施。

上述标准的颁布和实施使我国档案标准化初步形成体系。

第四节　电子档案管理

一、电子档案的含义及存储介质

电子档案是指利用计算机技术形成的以代码形式存储于电子介质上的档案。电子档案所采用的存储介质主要有硬磁盘、软磁盘、磁带和光盘。

（一）硬磁盘

硬磁盘是计算机的外存储器，一般装在计算机主机内，具有不同的存储容量。由于硬磁盘不易拆卸和脱机保存，因此，很少用于保存永久性文件，一般也不用作归档文件的存储介质。

（二）软磁盘

软磁盘是一种很薄的磁性盘片，便于插入计算机记录信息或调用原来存储的信息，使用完毕后取出单独保管。它具有体积小、便于脱机存放、价格低、易传递等优点。许多机关都用它存储电子文件。

（三）磁带

磁带又称盘式磁带，可以脱机保存，存储容量大，但使用它存储档案需要配置相应的磁带机。

（四）光盘

光盘是利用激光进行写人和读出的圆盘形记录载体。光盘的容量很大，种类也很多，作为文件记录载体主要有写人式光盘和可擦除式光盘。用光盘作为计算机的外存储设备必须配置光盘机。

二、电子档案的特点

（一）信息的非人工识读性

电子档案的全部信息是以数字代码进行存储的，只有借助计算机才能解码，才能转换成人们可识读的信息。

（二）信息存储的高法度性

磁盘、磁带、光盘存储的密度都大大高于过去的各种信息介质，特别是光盘，更有"海

量存储"之称。随着科学技术的发展，这些存储介质存储信息的密度还会继续增大。

（三）信息与式体之间的可分离性

电子档案信息不一定具有固定的物理位置，可以非实体形态进行加工和管理。这种信息和载体的可分离性使电子档案易于更改而不留痕迹，易于复制而难分辨原件与复制件，易于传输可异地调阅或输出文件。

（四）多种信息媒体的集成性

以往档案一般只能记录一种或两种信息媒体，使用多媒体计算机，可将图文、音频、视频等不同媒体形式的信息记录在同一份文件中，使其达到图文并茂，真实再现当时的情况。

（五）系统依赖性

电子文件从制作处理到档案的全部管理活动，都必须借助于电子计算机系统才能实现。此外，不兼容的计算机和应用软件生成的文件在交换使用时会遇到很大困难。

三、电子文件的种类

电子文件按照信息存在形式和用途，可分为如下类型。

（一）文本文件

文本文件是在计算机上使用文字处理软件在磁介质上生成的文件，如行政文件、生产工艺文件等。

（二）数据文件

数据文件一般以数据库的形式存在。数据库的生成通常有两种方式一是人工输入数据，利用相应的数据库应用程序形成数据库；二是使用条形码扫描器、A/D变换器等传感设备自动采集数据。

（三）图像文件

图像文件是指扫描仪等设备录入的文件，如照片、各种原件画面等。

（四）命令文件

命令文件是指为处理各种事务用计算机语言编写的程序，也是一种"计算机软件"。

（五）声音文件

声音文件是借用音频设备录入或用编曲软件生成的文件。

四、电子档案管理的原则与体系

（一）电子档案管理的原则

根据电子档案的特点，在管理活动中应遵循如下原则：

1. 完整性原则

电子文件可由各部门或个人独立制作，使其形成呈分散状态，而信息不是固定在特定的物理位置上，"文件实体"的概念不再存在，对其完整性的把握不像纸质文件那样直观。因此，要从各个管理环节上采取相应措施，确保其完整齐全。不仅存储在电子介质上的信息要完整，与其相关的程序、软件及纸质文件也应完整地归档和接收。

2. 可读性原则

电子文件在存储和识读方面对系统有依赖性，脱离了赖以支持的硬件、软件系统，有些文件会成为无法识读的"死文件"。因此，要对支持软件、信息格式、可读性技术分析等方面予以特别关注，以确保档案的可读性。

3. 可靠性原则

由于电子文件易于修改，可不留痕迹，人们对电子文件的证据性和可靠性存在疑虑。这就需要采取各种技术措施，建立一套制度，国家也要制定必要的规范，从收集、整理、鉴定、复制、调阅等诸多环节上遵守操作规程，建立必要备份等，以确保电子档案的可靠性。

（二）电子档案管理体系

1. 集中统一管理电子档案

目前，大部分机关将电子文件转换成纸质文件，经正式签署后归档保存，原电子文件保存在形成部门。为此，各机关档案室应积极创造条件，逐步实现将具有保存价值的电子文件归档，实行对电子档案的集中统一管理，这也是落实档案工作基本原则的具体体现。

2. 纸质文件和电子档案双套归档

在没有充分的技术保障和整套科学管理制度的条件下，纸质文件和电子档案双套归档的做法是合理的，这是文件介质转换时期不可避免的现象。但是，随着电子信息技术的成熟和各方面条件的具备，会有越来越多的电子文件独立地转化为电子档案，多种介质档案并存的局面将会长期存在。

3. 文件档案管理一体化

电子文件与电子档案的关系比起纸质文件和档案的关系更为密切，文件档案一体化管理势在必行。计算机软硬件的配置、网络和节点的规划、文件格式和数据库结构的确定、索引的编制方法等大量的"档案管理性工作"也需要在文件阶段完成。这使多年来档案界呼唤的文件档案管理一体化进入了具体实施阶段。

五、电子档案的收集

（一）电子档案的归档

1. 归档方式

电子档案归档有逻辑归档和物理归档两种方式。逻辑归档是在计算机网络上进行，机关内各部门将自身形成的电子文件的存址通过网络传输到机关档案室，完成归档程序，而电子文件仍然分布在形成者的存储器中。物理归档是指各部门将自身形成的电子文件存储在软磁盘、磁带或光盘上交档案室保存。各机关可根据需要先进行逻辑归档，以方便机关内部查阅，到一定时间再进行物理归档，以实现电子档案的集中管理。

2. 归档范围

目前，归档范围大体有：（1）在行使本机关职能活动中形成的具有保存价值的各种文本文件；（2）利用计算机辅助设计、辅助制造、检测、仿真实验等技术形成的有查考价值的数据文件、图形文件、模型文件；（3）本机关制作的各种数据文件；（4）与本机关制作的文本文件、图形文件、模型文件、数据文件有关的各种命令文件；（5）设备运行所需要的操作系统（重复的只归一份）；（6）与电子文件有关的各种纸质文件。

3. 归档时间

电子文件的归档时间可与机关的纸质文件相同。

4. 归档要求

完整齐全，真实有效，经过整理和划分保管期限，按统一规定的载体形态和质量要求填写归档电子文件登记表，履行归档手续。

（二）档案馆对电子档案的接收

档案馆接收电子档案的情况比较复杂，主要是因为各种格式的电子档案进行转换的工作站技术比较复杂，价格也比较昂贵，要求各机关按照统一要求自行完成格式转换是比较困难的。因此，档案馆需要配置专门的电子文件格式转换设备，对进馆档案进行统一转换，以解决识读问题；要配置专用的介质检测设备，以检测进馆档案的载体质量情况；要对进馆档案的存储介质、数据结构等进行充分研究和规划，使接收进馆的电子档案达到可利用状态。

六、电子档案的整理

（一）电子档案的分类

第一步，将电子文件按其形成规律和特点通常划分为一般文件、科技文件、数据文件、命令文件等类。

第二步，对各类电子文件进一步划分和归类。对一般文件可根据文件形成部门或文件内容进行分类；科技文件有图形文件（图纸），也有文本文件（说明材料），应根据成套性原则按项目整理；数据文件根据其相关性进行整理；命令文件也按成套性原则进行整理。

在各种计算机的操作系统中已经为用户管理文件设置了目录系统，文件分类后可将其类目逐级放在相应的目录中。文件形成者随时把新形成的文件放在相应类目的"文件夹"中，以方便日常调用和日后归档。

第三步，为目录和文件命名。在计算机操作系统中，目录和电子文件名的长度通常是有限度的，一般不能表达完整的题名，而只是目录或文件题名的简称或代称。因此，应为目录和文件命名，命名时应尽量减少重名，以降低误检率。

（二）电子档案的保管单位和保管单位清单

电子档案的保管单位。软磁盘以"盘"为保管单位，磁带以"卷"为保管单位，光盘以"盘"为保管单位。归档时，应把电子文件按照一定的联系（通常按计算机中的目录结构）存储于各保管单位中。

电子文件清单类似于纸质文件的卷内文件目录，通常以盘、带为单位编制，并可录于盘、带中，同时打印一份置于盘、带盒中。保管单位清单，类似于纸质文件的案卷目录，是机关全部电子档案的"总账"。

七、电子档案的鉴定

电子档案鉴定和纸质档案鉴定都是判定和预测其保存价值，不同之处是电子档案鉴定还需要对文件进行技术分析。电子档案的价值鉴定可分为内容鉴定和技术鉴定。

（一）内容鉴定

电子档案内容鉴定的原则、标准、方法与纸质档案大体相同，不同之处表现在以下几方面。

1."微观文件"问题

所谓"微观文件"，是指所记载内容范围较小或时间较短的文件。纸质文件对"微观文件"一般不予归档，这主要是为了控制文件的保存数量。科学研究中微观文件的利用日益突出，电子档案以其信息存储的高密度特性，可在一定程度上缓解存储空间的紧张适当放宽对微观文件的保管期限。

2."保存效益"问题

保存档案总是要考虑保管成本与利用效益之比。电子文件的保存效益主要是从实现文件的可读性所付出的资金量上考虑，若要通过购买软件或采用转换格式才能阅读的文件，就要考虑成本问题。如果是无法解决阅读问题的文件，原则上一般不予归档。

3."依附价值"问题

电子档案中的命令文件的价值及其保管期限多是根据它所支持的文件来决定的，

因而其价值是一种"依附价值"。如果原文件不再需要它的支持，它也就没有继续保存的必要。

（二）技术鉴定

技术鉴定主要是进行可读性鉴定、无病毒鉴定、介质状况鉴定。

八、电子档案的保管

1. 电子档案的保管条件

第一，库房温湿度要相对稳定。温度控制在14T　24T之间，相对湿度控制在45%　60%之间；

第二，库房内要清洁通风，无腐蚀性气体，装具洁净无尘；

第三，库房装具有防火、防尘、防水性能；

第四，远离磁场，防止紫外线直接照射电子档案。

2. 电子档案的日常管理与维护

第一，电子档案与纸质档案实行统一归档，分库保存；

第二，归档两套电子档案，一套封存，一套利用；

第三，档案馆、档案室禁止使用来历不明的软件，以防感染病毒；

第四，建立健全保管制度；

第五，对磁带定期进行倒带，以缓解卷绕张力和避免发霉；

第六，定期进行检测，对受损磁带、软磁盘予以及时修复。

九、电子档案的检索与利用

（一）电子档案的检索

1. 著录标引工作由文件形成部门完成

电子档案的著录标引工作由电子文件形成部门完成，并与电子文件同时归档，以保证及时将归档电子文件的数据纳入数据库，实现多途径检索。

2. 纸质档案与电子档案对应查找

为解决纸质档案与电子档案的对应查找，通常做法是制作电子文件时，在最后一页的右下角录入该文件在计算机系统中的电子文件名，打印在纸质文件上，并在案卷目录的备注项中注明。对电子文件则可在计算机上使用检索数据库查找纸质文件的存址。

（二）电子档案的利用

1. 电子档案利用的特点

（1）电子档案可以根据需要在计算机显示屏上显示，或在纸上打印；（2）利用形式多种多样，既可以提供原件阅览，也可以分类、统计、汇编、打印复制，从而多角度、多层面满足使用者的需要；（3）便于传输，可以通过计算机网络进行远距离传输，用户不受时间、地点的限制；（4）电子档案对其生成系统有很大的依赖性，计算机识读不相兼容系统生成的电子档案必须借助转换程序，有时这种转换还是相当困难的。

2.电子档案利用应注意的事项

（1）电子档案利用应提高安全意识，防止出现泄密、信息失真丢失以及病毒入侵等问题；（2）制定利用制度，包括利用资格审查、利用权限控制、阅览操作要求、软磁盘外借、复制等方面的内容。

参考文献

[1] GARA.绝密原型档案 [M].北京：人民邮电出版社，2016.

[2] 卜鉴民.改制企业档案管理实践与创新 [M].苏州：苏州大学出版社，2017.

[3] 陈琼.各国私人档案管理法规研究 [J].档案学通讯，2003，（06）：14-19.

[4] 陈永生，杨茜茜，侯衡，etal.电子政务系统中的档案管理：问题与思考 [J].档案学研究，2015，（02）：28-37.

[5] 陈媛华.大数据时代的高校人事档案管理创新 [M].四川：四川大学出版社，2015.

[6] 程巧玲.事业单位档案管理中存在的问题及对策分析 [J].科技创新导报，2011，（20）：198.

[7] 崔海莉."大数据"时代档案信息安全管理新思考 [J].档案学研究，2015，（01）：93-96.

[8] 丁红.新形势下医院档案管理现代化问题及相应对策 [J].中国现代医生，2014，52（02）：116-118.

[9] 丁华东.档案记忆观的兴起及其理论影响 [J].档案管理，2009，（01）：16-20.

[10] 冯惠玲.电子文件时代新思维《拥有新记忆——电子文件管理研究》摘要之六 [J].档案学通讯，1998，（06）：3-5.

[11] 葛红.企业档案信息化建设的实践与思考 [J].档案学通讯，2011，（01）：92-94.

[12] 关宏玉.数字时代档案管理对企业记忆支撑作用分析 [J].云南档案，2020，（11）：43-45.

[13] 郝小红.新时期人事档案管理信息化建设研究 [J].办公室业务，2012，（15）：142-143.

[14] 胡鸿杰.中国档案职业的形成与确立 [J].档案学通讯，2006，（01）：15-18.

[15] 李长林.人力资源视阈下干部人事档案管理工作优化研究 [J].商讯，

2020（34）：191-192.

[16] 黄霄羽. 国外人事档案管理的特点及启示 [J]. 北京档案，2006，（01）：20-23.

[17] 库俊平. 大数据环境中企业文书档案的信息化管理及利用 [J]. 创新科技，2013，（09）：50-51.

[18] 兰祝刚，惠英，李刚. 大数据时代下的档案工作 [J]. 中国档案，2013，（09）：74-75.

[19] 乐利珍. 浅谈事业单位档案管理的现状及对策 [J]. 科技风，2008，（24）：88.

[20] 李国兰. 提高档案管理科学化水平的路径选择 [J]. 山东社会科学，2011，（01）：174-176.

[21] 李靖，王峰. 数字化信息技术在社会保险档案管理中的创新 [J]. 科技风，2020，（34）：104-105.

[22] 李小晨. 大数据时代背景下的档案管理探讨 [J]. 云南档案，2013，（06）：48-50.

[23] 李亚琴. 做好地勘单位人事档案管理工作的具体策略分析 [J]. 科技风，2020，（34）：178-179.

[24] 李颖. 档案记忆观视野下的企业档案管理探析 [J]. 档案学通讯，2013，（01）：31-34.

[25] 刘琴. 人事档案管理研究述评及趋势展望 [J]. 档案学研究，2011，（05）：20-23.

[26] 肖理婷，郑斯予. 数字化背景下干部人事档案管理思考与探析 [J]. 办公室业务，2020（22）：160-161.

[27] 刘阳. 大数据时代档案管理模式变化研究 [D]. 湘潭大学，2015.

[28] 刘智勇，张学文. 对我国现行档案行政管理体制的反思与完善 [J]. 档案学通讯，2008，（03）：15-18.

[29] 罗文妍. 浅析文书档案管理工作的创新 [J]. 东北农业大学学报（社会科学版），2011，9（03）：117-119.

[30] 吕元智. 国家档案信息资源"云"共享服务模式研究 [J]. 档案学研究，2011，（04）：61-4.

[31] 莫若琦，杨力. 事业单位人事档案管理中存在的问题及对策思考 [J]. 经济与社会发展，2007，（05）：153-155.

[32] 邱均平，马瑞敏. 基于CSSCI的图书馆、情报与档案管理一级学科文献计量评价研究 [J]. 中国图书馆学报，2006，（01）：24-29.

[33] 宋淑琴. 大数据视野下档案管理思维方式的转变 [J]. 档案学研究，2015，（03）：36-39.

[34] 苏红. 事业单位档案管理信息化建设存在的问题与解决措施 [J]. 理论观察，2014，（05）：127-128.

［35］孙凤玲．事业单位档案管理创新与改革探讨［J］．改革与开放，2012，（04）：6-7．

［36］特里·库克，刘越男．电子文件与纸质文件观念：后保管及后现代主义社会里信息与档案管理中面临的一场革命［J］．山西档案，1997，（02）：7-13．

［37］王莉，肖兴．基于物联网在档案管理中的应用研究［J］．科技风，2020，（34）：100-101．

［38］王玲玲．新形势下事业单位档案管理创新与服务模式的改革研究［J］．办公室业务，2015，（12）：74-75．

［39］王敏超．大数据时代档案文化资源的开发利用［M］．天津：天津科学技术出版社．

［40］王旭东．论档案文化资源的开发利用［D］．云南大学，2013．

［41］王学平．浅议我国档案数字化建设实践与发展策略［J］．档案学通讯，2011，（06）：54-57．

［42］王艳玲．浅谈高校档案管理信息化建设［J］．现代情报，2007，（06）：63-67．

［43］王英玮，周艳．我国人事档案管理改革若干问题的思考［J］．档案学通讯，2007，（01）：12-15．

［44］吴竞华，陈根才．基于三层结构模式的档案管理系统设计及实现［J］．计算机应用，2000，（08）：63-65．

［45］武敬，杨建华．实验室信息管理系统（LIMS）初探［J］．资源环境与工程，2004，（03）：68-73．

［46］夏燕玲．档案信息化建设与档案管理的几点思考［J］．云南档案，2010，（03）：29-31．

［47］谢方．数字音像档案研究与开发应用［M］．北京：中国广播影视出版社．

［48］徐拥军．档案记忆观的理论与实践［M］．北京：中国人民大学出版社．

［49］徐拥军．档案管理与知识管理的关系研究［J］．山西档案，2008，（01）：17-19．

［50］杨来青，徐明君，邹杰．档案馆未来发展的新前景：智慧档案馆［J］．中国档案，2013，（02）：68-70．

［51］袁兆春．孔府档案的法律史料价值研究［M］．北京：中国人民大学出版社．

［52］张荣亮，王君正，张牧．基于PMIS系统的建设项目电子文件管理探析［J］．浙江档案，2020，（11）：61．

［53］张勇．数字档案信息安全保障体系研究［D］．苏州大学，2007．

［54］赵艳阳．信息开放制度下的档案数字化管理探讨［J］．档案管理，2020，（06）：90-92．